許永中
日本の闇を背負い続けた男

Mori Isao
森功

講談社

プロローグ

「当職は、許永中《きょえいちゅう》氏から依頼を受けた代理人として貴殿らに対し、下記のとおり御通知・御連絡致します」

記録的な猛暑となった二〇〇七（平成一九）年の夏の終わり、唐突に届いた内容証明郵便は、こんな書き出しで始まっていた。八月二九日付。葛飾区小菅の東京拘置所に繋がれている許永中から、彼の顧問弁護士を通じて送りつけられた抗議文だ。

文書で「貴殿ら」と抗議の相手が複数になっているのは、宛先が二人いるからである。ひとりは彼の盟友《めいゆう》だったはずの、あの田中森一《たなかもりかず》。それにもうひとりが私だ。

抗議の原因は、この年の六月に田中が上梓《じょうし》した自叙伝《じじょでん》『反転　闇社会の守護神と呼ばれて』（幻冬舎《げんとうしゃ》）だった。著者の田中は、かつて東京、大阪両地検の特捜部でエース検事として名を馳《は》せた人物だ。バブル時代に弁護士へ転身し、許らとともに石橋産業の約一七九億円という巨額手形詐欺事件で、古巣の東京地検特捜部に逮捕される。二〇〇八（平成二〇）年二月、最高裁で懲役三年の実刑が確定し、その収監《しゅうかん》からわずか一週間後の四月七日、大阪地検特捜部が田中を再逮捕したのは、記憶に新しいところだろう。貸金業者から九〇〇〇万円の預かり金を詐取《さしゅ》した詐欺事件である。ヤメ検のスター弁護士の収監、さらにその後の再逮捕という前代未聞の事件が世間の耳目《じもく》を集めた。

この田中森一の存在を、広く世に知らしめたのが『反転』である。二〇〇七年六月に発売されるや、半年足らずで発行部数は二七万部に達した。ヤメ検弁護士の代表選手の自叙伝として、各界に波紋を投げかけた話題作といえる。

むろんそこには、かつて田中の盟友だった許永中も登場する。そして、許は『反転』で描かれた自らの姿に対し、敏感に反応した。発売二ヵ月後に送りつけられてきたのが、冒頭の抗議文である。

「そのなかにはまったく事実に反する部分、あるいは通知人の名誉を著《いちじる》しく傷つけるといわざるを得ない部分等が多々含まれております」

弁護士を介しているせいか、言葉づかいこそ柔らかい。だが、その行間からは、塀のなかで業《ごう》腹《はら》を煮やす彼の姿が目に浮かんだ。こう続く。

「通知人としては、貴殿の書籍を拝読し、強い怒りすら覚えております」

当人が怒るほど、『反転』のなかの許永中は悪くは書かれていない。むしろ、バブル期のイトマン事件、その後の石橋産業事件を舞台にし、激動期を潜《くぐ》り抜けてきた闇社会のヒーローといった描き方をされている。

にもかかわらず、許はこの本にいたく腹を立て、不便な塀のなかから弁護士に指示し、抗議文まで送ってきたのである。抗議文では「まったく事実に反する」と指摘していながら、その具体的な記述内容を指摘しているわけでもない。そして、怒りの矛先《ほこさき》は私に向かう。

なぜ、許が私に対して怒っているのか。理由は二つある。ひとつは、私の名前が『反転』の編集協力者として、本のクレジットに載っていること。もうひとつは、同書の発売当時、新聞広告に載せていた私のコメントである。

「本件書籍は貴殿ら両名の合作であると判断せざるを得ません」

抗議文はそう記している。つまるところ、私がこの本にタッチしていたこと自体が気に入らないようなのだ。

文書は、出版元の幻冬舎宛にはなっていない。そもそも版元を飛び越え、いち編集協力者に対して抗議文を送りつけるなど、聞いたことがない。じつに妙な抗議文なのだ。換言すれば、明らかに私を標的にした、意図的かつ無理無体な抗議といえる。決して思い過ごしではなく、彼は私の言動について、異様なまでに神経を尖《とが》らせている。

なぜ、許永中がこれほど私を敵視しているのか。じつはその心当たりがないでもない。

二〇〇八年二月、田中とともに石橋産業事件の刑が確定した許は、田中と違い、改めて収監されたわけではない。戦後最大級の経済事件と呼ばれたイトマン事件を引き起こし、逮捕後にいったん保釈された許は一九九七（平成九）年一〇月、突如行方をくらます。それから二年に及ぶ逃亡生活の末、一九九九（平成一一）年一一月に再び身柄を拘束された。そして、そこから石橋産業事件でも、獄中で再逮捕される。

こうして拘置所内にいながら、イトマン事件と石橋産業事件という二つの大事件の公判に臨んできたのだ。その拘置所暮らしは、じつに八年に及んだ。その間、イトマン事件で七年半の懲役刑が確定し、受刑者という立場に転じる。東京拘置所の独房に繫がれ、囚人服を着て軽作業をしてきた。そんな長い拘置所暮らしが始まった間もないころ、私は本人と書簡のやりとりをするようになる。

塀のなかに繫がれた最初の二ヵ月間、許は外部との接触がシャットアウトされていた。いわゆる接見《せっけん》禁止状態だ。それでもお構いなしに彼へ手紙を出し、取材の申し入れをおこなった。そして、接見禁止が解けた二〇〇二（平成一四）年二月初旬、東京拘置所のなかから初めて返事が届いたのである。

そこには、過去に批判されたマスメディアやジャーナリストたちに対する怨嗟《えんさ》が連綿と綴《つづ》られていた。強烈な恨みを抱いていたようだ。最初の返事は当然、「何も答えない」という取材拒否だった。そうして、許永中との直接的な会話が始まる。

やりとりをしていて感じたのだが、許には非常に律義《りちぎ》な面がある。こちらが手紙を書けば、必ず返事をくれた。こちらが改まって取材を要請すれば、礼を失しないよう礼で答える、というように、生真面目《きまじめ》な姿勢を示す。そういいながら、ときには好き勝手に書いてくれ、と開きなおったりもする。届いた書簡には、常に塀のなかで微妙に揺れ動く、繊細な心理が読みとれる文面も少なくない。書簡の行間から、生来《せいらい》、許永中が秘めてきた神経の細やかさも浮かび上がる。私にはそれが、これまであまり語られなかった許永中の実像のようにも、思えてならなかった。

許永中は当初、手紙による取材の申し入れを拒み続けた。しかし、一切こちらの申し入れを受けつけないかといえば、そうでもない。そこで強引に接見《せっけん》を求めたこともあった。

取材拒否の返答をもらった直後の二〇〇二年二月一二日と一三日、二日つづけて午前八時の面会受付に並んでみた。もちろん、いったんは面会を拒否される。二日目の一三日に申し込んだ後にも、現時点では何の話もしたくない、と断りの電報が届く。しかしそこには、「現時点では……」という含みを残している。

そうかと思えば、手紙を受け取ることすら拒もうとした時期もある。

鈍いのか、図々《ずうずう》しいのか、許はそういう。いったいどういう神経をしているのか、そう罵《ののし》り、書簡の交信そのものが迷惑千万《めいわくせんばん》だ、とまでいった。こちらの取材依頼に対し、許が申し出を退《しりぞ》ける。数ヵ月の間、押したり引いたりの状態が続いた。

しかし、そんな許の頑《かたく》なな心が少しずつ開きはじめる。そこから一時は、凝り固まっていた当人のジャーナリズム観が解けていったかに見えた。それは、もしかすると石橋産業事件の裁判が影響したのかもしれない。二〇〇二年六月二八日、約一七九億円にのぼる石橋産業の関連手形を許らが詐取したとする事件の一審判決が下る。事件において許は、一貫して無罪を主張してきた。

無罪を勝ち取ったあかつきには、それまでの事件報道に対してもの申す、そう気勢をあげていた。かなり気持ちが高ぶっていた時期だといえる。

だが、結果は懲役七年の実刑判決だった。許は強烈なショックを受ける。そしてこれを境に、お互いかなり突っ込んだ内容を手紙で交わすようになっていったのである。

石橋産業事件に触れるのはもちろん、在日韓国人という自らの出自や、三〇〇〇億円が闇に消えたと伝説的に語られてきたイトマン事件の真相、さらに、被差別部落への思いや在日韓国人実業家としてのあり方、と話題は幅広かった。こうした書簡の交信は、一年半近くに及んだ。

当初、頑《かたく》なに取材を拒み、私のことを相容れない立場といっていた本人は、明らかに変わっていった。

立場は違えど、お互いの意見をぶつけ合うのは有意義なのではないか、許はそのようにいい、そこまで踏み込んできた。ときにはレタックスや電報まで駆使《くし》する。往復書簡は、じつに六〇通あまりにのぼった。許永中から届いた「獄中書信」だけでも、優に三〇通を超える。

しかし、いまにして思えば、しょせんは相容れないままの立場だったのかもしれない。やがて交信を通じた許永中との関係が破綻《はたん》する。

二〇〇三年五月、私は石橋産業事件をテーマにし、月刊誌「新潮45」の六月号へ「許永中の告白」という記事を寄稿《きこう》した。「独占!『許永中の告白』」と題した特集記事である。そこで、これまでの書簡のやりとりを部分的に紹介した。

「先のイトマン事件とは違い、この事件は、あまりにも無茶な〝詐欺〟被疑事件であり、何が何でも、この詐欺師なる不名誉極まりない〝冠〟だけは受ける訳にはいきません」(「新潮45」より引用)

そう判決前の心境を綴《つづ》った文面を掲載する。

「ひたすら〝悪漢《あっかん》〟を目指して生きてきたつもりの私には、詐欺の二文字は死んでも死にきれないのです」(同)

記事は許の生の言葉を紹介し、事件の真相に迫ろうとしたつもりだった。掲載にあたり、その旨《むね》はあらかじめ本人へも通知した。本人からは掲載の了解を得ていたはずだ。

ところが、許永中は「新潮45」の記事を読み、そして烈火《れっか》の如《ごと》く怒ったのである。ここで、それまでの手紙とはまったく違う対応を見せる。同年五月二七日付、私と新潮社に宛て、いきなり配達証明付の書留速達が届く。

「森功《もりいさお》の卑劣《ひれつ》極まりないやり方は断じて許せない」

そう罵倒《ばとう》してきたのである。交信の公表を了解していたように見えていた許は、ここから一転した。これまでの書簡のやりとりについて、私信だから一切公表してはならないという。許永中と私との関係が完全に崩れた瞬間である。

もっとも、それは必然だったといえるかもしれない。書く側と書かれる側。やはり、お互いの言い分の違いが表れていった。

むろん、私自身は恥じ入るところはない。こう反論した。

「貴文書でご指摘のとおり、貴殿とは一昨年末に私から差し出した書信を貴殿が読まれ、翌平成一四年二月になって書簡をいただいたことにより、交信が始まったものに相違ありません。以来、およそ三〇回の書簡のやりとりを経て今日にいたっております。しかし、当初から貴殿には、当方の趣旨《しゅし》が貴殿の人物像を描くことがもっとも大きなテーマだと申し伝えております。その趣旨の前提での交信であったことは、理解されているものと思料《しりょう》します。

にもかかわらず、貴通知書には『森氏よりの書簡にも明記されている通り、これらの書簡は記事化等絶対してはならず、飽くまでも個人的な〝私信〟としての物』とあります。さらに、本件記事をもって『卑劣極まりない』『騙《だま》し討ち』とし、私が『不穏当な企み』を抱いてきたかのような指摘までなされています。

何を根拠に『不穏当な企み』と指摘されているのか、私にとって、このご指摘はまったく理解できません。敢《あ》えて申し上げれば、妙な勘繰《かんぐ》りをなされているものとしか推察できませんが、むしろ、なぜこのようなお考えを持つようになったのか、その背景が気にかかるほどです」

以来、許永中とは決裂したままである。

冒頭の田中森一著『反転』に対する彼からの抗議文は、それから四年後のことだ。たしかに、『反転』を出版するにあたり手助けはした。だが、編集協力者という立場に変わりはない。そこへ許が敏感に反応した背景には、書簡のやりとりを通じたこうした事情があるのだ。先に届いた文書は、「これ以上、許永中という人間に触れるな」という私に対する牽制《けんせい》にほかならない。あるいは脅しとも取れる。

もとより、書簡のやり取りは取材要請から始まっている。いわば書簡の交信は取材の記録でもある。その公開については、なんら問題がないように私は思ってきた。

しかし残念ながら、本書では許の書簡をそっくりそのまま披露《ひろう》することはできない。著作権法に問題が生じるからだ。厳密に著作権法上からいえば、取材結果は文書なら書いた本人、録音録画なら話し手に帰属《きぞく》するとされる。取材内容について、それが事前に一度でも公表されていたなら、公表権侵害の対象から外《はず》れ、引用が可能になる。あるいは公表するに際し、未公開の私信であっても、そこに創作性や独創性がなければ問題はない。が、それ以外だと法に抵触する恐れがあるという。

そのため、本書では書簡の直接引用を避けた。書簡をはじめとした取材結果については、むしろん趣旨やニュアンスを変えてはいない。また、書簡のやり取りで得られた事実は忠実に本文に反映している。そして、こうした作業と諸々の事情により、この原稿は長期間、封印されることになってしまった。

「謎の韓国人青年実業家」から始まり、「裏経済界の帝王」「最後の黒幕」「アングラ社会の代理人」……。かつて老舗《しにせ》商社イトマンを舞台にして一躍名を馳《は》せた許永中は、そう呼ばれてきた。さらに石橋産業事件以降は、「稀代《きたい》の詐欺師」というレッテルまで貼られている。だが、それらの異称は、どれも彼の本質に迫っていないような気がしてならない。

許永中を語るとき、在日韓国人としての彼の生き方を避けては通れない。在日韓国・朝鮮人や同和など被差別部落出身者のなかには、世間からドロップアウトし、裏社会に足を踏み入れるケースもある。かつて、それはさほどめずらしいことではなく、許永中もそのひとりだった。

内に秘める被差別意識や、目の当《ま》たりにしてきた被差別体験がドロップアウトの原因だと、したり顔で解説する向きもある。だが実際には、むしろ、歯を食いしばってまともに生きてきた在日韓国・朝鮮人のほうが多い。

難民でも棄民《きみん》でもない。日本における在日という存在は、ひと括《くく》りに語れるほど単純でもない。時代に応じ、当人たちの意識はむろん、周囲の見方も変化し続けている。

在日韓国・朝鮮人を差別してきた日本人は、いつしか韓流ブームに乗り、韓国観光を楽しんでいる。キムチや焼き肉は広く庶民の人気メニューとなった。在日韓国・朝鮮人社会は、三世どころか四世世代が増え、被差別意識も急激に薄れてきている。

許自身、そんな時代の流れを感じとりながら生きてきた。書簡では、そうした在日における世代間の感性の違いを何度も語っている。「一世と二世、三世の世代間格差」や、もっぱら「二世世代における戦前、戦中、戦後生まれの違い」などを分析し、自覚している。

許永中は、戦後生まれの在日韓国人二世である。昨今の会社社会では、団塊《だんかい》世代のリタイヤが話題になっているが、ちょうどその世代にあたる。グループサウンズや学生運動華やかなりし時代、日本社会のなかで在日二世として育った。

朝鮮部落と呼ばれる被差別部落は、日本人社会から隔絶《かくぜつ》されてきた集落だとされる。多くの在日韓国・朝鮮人たちが暮らしてきた場所だ。許の生まれ育った大阪市北区中津《なかつ》は朝鮮部落ではないが、自らは、戦中、戦前派の両親や姉たちが受けてきた、在日の不条理《ふじょうり》に疑問を抱いてきた。そこには、戦後生まれの団塊世代独特の苦悩がある。

目次◉許永中　日本の闇を背負い続けた男

第三章　政商との出会い

第四章　大物フィクサーとして

許永中

日本の闇を背負い続けた男

第一章　差別とスラムからの脱出

受け付け番号四一番の方、七番の部屋へお入りください──。

スピーカーから事務的なアナウンスが流れた。待合室の私はそれにしばらく気づかなかった。

待合室の片隅には、申し訳程度に設けられているガラス張りの喫煙コーナーがある。その長椅子に腰掛けたところだった。三畳ほどしかない狭苦しい囲いのなかで煙草《たばこ》に火をつけ、落ちつかない気持ちを静めようとしていた。喫煙コーナーの向かいの席には、三人組の男が並んで座っている。いずれも、とうに六〇歳を過ぎているように見える。アナウンスに気づかなかったのは、向かいの三人組の談笑《だんしょう》に聞き入っていたからだった。

「このごろは務《つと》めがきびしくなってな。ちょっとしたカツアゲでも、八年ぐらいは当たり前になったなぁ」

最年長と思われる小柄な男が、隣に座っているほかの二人に話しかける。

「そうそう、初めてでもきびしいもんです」

いちばん若そうな男が相槌《あいづち》を打つ。

「殺しだと、ひとりだけでも大変なもんです。一五年、二〇年。たまらんですな」

もうひとりも話を合わせる。

「二〇代や三〇代の若い時分ならいいけど、五〇を超えた懲役はきつい。なんか可哀相でね、接見するにも気を使います。なかなか会いにくいですな……」

男たちの会話はなかなか興味深い。そこへ大きなアナウンスが流れた。

受け付け番号四一番、受け付け番号四一番の方、七番の部屋へお入りください――。

二度目の呼び出しだと気づいたのは、その音がやけに大きかったからだ。

ふと、我に返り、慌《あわ》てて煙草の火を消して振り向くと、天井に設置されたスピーカーの下には、五歳ぐらいの女の子がいた。派手な服装の若い女性が、左手でその小さな手を引いている。指先には極彩色《ごくさいしき》のマニキュアが厚く塗られていた。女性のもう一方の手は、ガラス張りの台に肘《ひじ》をついたまま、ボールペンで差し入れ品目を書類に書き込んでいる。おそらく下着類でも入っているのだろう、床には大きな紙袋が無造作《むぞうさ》に置かれていた。

そんな光景を右手に眺めながら、急いで待合室の奥に向かう。奥の廊下は、蛍光灯《けいこうとう》の具合がよくないらしく、やや薄暗い。二〇メートル近くある細長い廊下のその右手には、ドアがズラリと並んでいる。七番のプレートが貼られた扉は、ちょうどその中間あたりにあった。

丸い金属の取っ手をひねってドアを開く。なかは意外に明るい。部屋全体が白っぽく、一瞬、靄《もや》がかかっているかのように見え、瞬《まばた》きをする。そのとき、入り口とは反対側のドアから、刑務官に付き添われて大柄な男が入ってきた。縄を打たれた両手をぶらりと垂らしたまま、男がペコリと頭を下げる。頭を上げて向き合うと、額《ひたい》には刀で切られたような深い古傷が刻まれていた。

スキンヘッドに金縁《きんぶち》めがね。やや擦れたような、柄の入った緑色の作務衣《さむえ》を着ている。

「初めまして」

男は、そういい、愛嬌《あいきょう》のあるテレ笑いを見せた。紛《まぎ》れもなく、許永中だ。

許永中が石橋産業の手形事件を引き起こしたのは、一九九六（平成八）年のことである。同社の石橋浩《いしばしひろし》社長らが、約一七九億円もの手形を騙《だま》し取られたとして、東京地検に訴え出たことから事件に火がついた。許は捜査が始まった矢先に失踪《しっそう》し、世間を啞然《あぜん》とさせる。イトマン事件の刑事被告人という立場でもあった許の逃亡生活は、じつに二年に及んだ。ひょっとすると、すでに死亡しているのではないか、などと噂された時期もある。が、ひょんなことから東京台場のホテルで発見され、警視庁の捜査員に身柄を拘束される。

ここから「石橋産業事件」の幕が開いた。事件は中尾栄一《なかおえいいち》元建設大臣の受託収賄《じゅたくしゅうわい》事件にまで発展する。許は紛れもなく石橋産業事件の主役だった。そうして、改めてその政界人脈がクローズアップされる。

その許永中は、一九九九（平成一一）年一一月五日に身柄を拘束されて以来、ずっと塀のなかである。「イトマン事件」の控訴審のため、ときには大阪へ移送されることもあったが、基本的には東京都葛飾区の小菅にある東京拘置所で暮らしてきた。敷地内には懲役のための施設もあり、受刑者となったいまも、労務はここでこなしていると聞く。

交信を続けてきた私が、拘留《こうりゅう》中の許永中と面会できたのは、石橋産業事件の一審判決があった後だった。事件の公判そのものは粛々《しゅくしゅく》と進んだ反面、彼が歩んできた足跡には謎が多い。捜査の渦中になぜ失踪したのか、二年も行方をくらましたのはなぜか。そして、無実を訴えてきた石橋産業事件の判決についてどうとらえているのか。

二〇〇二（平成一四）年六月二八日におこなわれた判決の言い渡しの最中、許は気を失った。接見は、それら多くの謎を尋《たず》ねる狙いもあった。

接見室

刑事被告人を収容する日本全国の拘置所は、どこも雰囲気《ふんいき》が似ている。なかでも東京拘置所は、とりわけうら寂しいムードが漂う。いまでは近代的なビルに改築されているが、二〇〇二年当時は古ぼけた収容所そのものだった。

家族や近親者が接見をするため、専用の門を潜ると、そこには見上げるような四メートルほどのコンクリートの、ぶ厚く高い塀がある。その塀が周囲に異様な威圧感を与えていた。接見手続きをするための入り口は、まるで、そのぶ厚い塀をえぐってつくったような頑丈《がんじょう》な鉄のドアだ。

全国に点在する拘置所には、暴力団組員や刑事被告人の情婦《じょうふ》といった関係者たちが接見に訪れるが、なかでも小菅の東京拘置所の来訪者は多様だ。国際都市東京という土地柄のせいかもしれない。オウム真理教さながらの異様な新興宗教のユニフォームをまとった団体関係者や東南アジア系の情婦、西洋人の接見希望者などがやたらと目につく。ほかの拘置所では、なかなかお目にかかれない光景だ。ある種、近年の犯罪事情を反映している現象ともいえる。

東京拘置所に拘留されている者に接見するためには、まず接見希望者が、申請書と引き換えに受け付け番号の入った紙片を受け取る決まりになっている。そこから空港にあるような金属探知機を潜り、待合室に通される。

二〇〇二年九月一〇日——。受け付け番号四一番と書かれた紙片を手渡され、私が七番の接見室に入ったのは午後一時三五分のことだった。

四畳半にも満たない狭い接見室。刑務官がひとり、許のすぐそばでなにやらメモを取っている。

「初めてお目にかかります。私が許永中です」

「どうも、初めまして。森です」

こんな普通の調子で、許永中との会話が始まった。

テレビドラマでお目にかかるような、ポコポコ穴のあいた透明の板を隔《へだ》てて向かい合う。互いの顔を三〇センチぐらいに近づけて話した。

石橋産業事件の第一審判決がいい渡された二〇〇二年六月二八日は、この日から二ヵ月半前のことだ。事件の主犯に下された懲役七年の実刑判決は、彼にとって予想外の衝撃だったに違いない。

許永中は裁判長による判決の朗読を聞きながら、天を仰いだ。白目を剥《む》いたまま、卒倒《そっとう》してしまったのである。二〇〇六（平成一八）年一月の控訴審判決の際も似たような光景が見られたが、いずれも法廷内が大騒ぎになった。卒倒の原因は、判決を聞いたショックによる持病の狭心症《きょうしんしょう》の発作とされる一方、演技という説もある。それをたしかめたいとも思った。

一審判決後、狭い接見室のなかでおこなった許との会話は、その話題からはじまった。

「顔色いいですね。お元気そうで、なによりです」

「まあ、あのときはお恥ずかしいところを見せました。後から聞くと、心臓が停止していたそうですわ。一分か二分か……、気を失っとったんで、わかりませんでしたけど」

終始笑顔を絶やさない。柔らかい口調で話す。巷間《こうかん》伝えられてきた強面《こわもて》のイメージとは、かなりかけ離れた人懐っこさである。

ただ、私は強い違和感を覚えていた。なぜか妙に窮屈《きゅうくつ》で張りつめた空気が漂っている。それが、違和感に拍車《はくしゃ》をかけていた。構わず、許が話す。

「たまたま判決のとき、付き添っていた刑務官がここで世話になっている人でした。ラッキーでしたわ。気を利《き》かせてくれたんです。とっさに、狭心症に使うニトロを私の口のなかに放り込んでくれたんです。命拾いですわ」

心停止という、生命にかかわる話の中身とは裏腹に、じつにアッケラカンとした語り口だった。判決を聞き、卒倒したときの状況を自分なりに分析してみせる。

「いってみれば、『うちなる闘い』に負けたということです。ショックといえばショックでしたから。ちょっとした、パニックになってしまったんです」

彼はそんな話を続けた。

「でも、もうこの病気は二〇年以上というか、三〇年近く

許永中

付きおうとるんです。これまで死にかけたことも三回ぐらいある。だから、ニトロをいつも携帯していています。いまもここにありますよ」

　胸のあたりを叩いていう。許の話題は、自分の病気のことから離れない。

「じつは、大阪（地裁）のイトマン事件のときも、狭心症で三回ぐらい公判を欠席したことがあったんですわ。池田市の病院へ入院しとった。眠れないんで、夜は家に帰って寝てた。それで、許永中は仮病《けびょう》を使うとるって、検察からいわれたもんです。でも、ホンマやったんですわ」

　そう呟《つぶや》きながら、笑みを浮かべる。それ以上突っ込みようがない。そこで次に二年間、彼が行方をくらましていたときのことを尋ねてみた。

　許は、一九九七（平成九）年九月、イトマン事件の刑事被告人という身でありながら、韓国に渡った。大阪に在日韓国人の内縁《ないえん》の妻がいて、彼女の実家の法事がある、という名目《めいもく》で渡航、そこで急遽《きゅうきょ》入院する。あげく、病院からいなくなったのだ。

「たしか、一九九七年に韓国から失踪《しっそう》したときにも、ホテルのサウナで倒れて入院したという話でしたね。そのときも同じ症状だったんですか。世間では、あのときは仮病を使ったとなっていますけど」

　そう話をふる。すると、ついさっきまでの饒舌《じょうぜつ》さが消えた。

　刑務官は、ときおり隣に座っている大柄な男を横目で見ながら、机に向かって鉛筆を走らせている。その筆先のわずかな摩擦音だけが狭い室内に響いた。

　目の前の男はあくまで笑顔を絶やさない。だが一瞬、目の奥が鋭く光ったように見えた。その目は笑っていない。闇社会を渡り歩いてきた男の冷酷さを垣間《かいま》見たような気さえした。お互い視線をはずさない。妙に沈黙が長く感じられた。

そして、それまでにも増して大きな笑みを浮かべ、ようやく許が口を開いた。

「イトマン事件の大阪地裁の裁判長がいい人でしてね。公判のときも家で寝ていることを認めてくれたし、（公判中の）韓国への渡航も許してくれたんですわ。海外へも行っていいと。韓国への渡航許可をもらえた。それで、結局向こうのサウナで倒れてしもうた。それだけです。許永中は仮病を使うといわれるけど、ホンマは違うんですわ」

そして、自ら話題を法廷で卒倒したことに戻す。

「あのとき倒れたんは、まあ、興奮し過ぎて精神的な抑えがきかへんかったからでしょうな。あんな判決になるとは思えへんでした。正直、判決には期待しとりましたから」

許は、石橋産業事件における無罪を主張し、本心から無罪判決を期待していた。それだけに、こと判決の一件になると、雄弁《ゆうべん》になる。

「ふだんニトロを常用しとるんですけど、ついそれを使うんを忘れとったんです。それほどパニックやったんでしょうな」

再び、病気の件を繰り返した。

「それで、気を失ったんでしょう。こちらの刑務官は私の病状を知っていた。公判にも付き添っていたから、気を利かせてくれたんです。倒れたとき、すぐに私のそばに寄って、口のなかにニトロを放り込んでくれたそうです。それで意識が戻って助かったと、後で聞かされました。そうでなければ危なかったかもしれませんなぁ。心臓停止していましたから、あまり長くなると脳障害ぐらいはあったかもしれへんですね。ラッキーでしたわ」

隣で筆記していた刑務官が、ふと顔を上げ、一瞬、許永中の顔を見る。だが、すぐに目線を書類に戻した。

イトマン事件で七年六ヵ月の実刑判決を受けた許にとって、石橋産業事件における七年の懲役刑は、耐えられなかったに違いない。このときすでに五五歳、一〇年以上の刑務所暮らしを強《し》いられれば、年齢は七〇近くになる。

事件の判決を言い渡されたとき、そうした長い刑務所暮らしのことが、頭のなかをよぎったのかもしれない。公判中のパニックの要因として、それもあったのではなかろうか。

許は公判で卒倒した後、警察病院で精密検査を受けた。異常は見られなかったが、そのショックは明らかだった。

「警察病院で検査を受け、原因は結局わからへんかったけど、動脈に異常はないそうです。ご心配おかけしました。私はいろいろいわれるけど、嘘はつかんし、ホンマは不器用なんです。頭も悪いし」

「そんなことないでしょう。関係者に聞くと、みな頭が切れるといいますよ」

こう水を向けると、彼は肩を落としていった。

「頭がいいんが、こんなことになりますかいな。ホンマに頭のいい人はこんな風にはなっとらんですよ。私はイトマン事件でこうなって……」

接見の時間切れが迫ってきた。

「一連の事件では、まだまだ隠されたことがあるはずです。本当の日本の闇とは……」

そう口を挟もうとすると、とたんに許の表情が曇った。それまでの笑顔が消える。そして、やや興奮気味に話し始めた。

「みな、なんでもかんでも謎めいたことになると、闇、闇、いう。ごっちゃにしとるんです、わからん人は。ものごとには暗いところがあるから明るい場所があって、光があるから影がある。やっぱり闇はどうしてもあるわけです」

許永中は、まさしくその闇と光の世界の狭間《はざま》を泳いできたのである。

「そうかもしれませんね」

私がこういったところで、隣の刑務官が立ち上がった。接見の制限時間が過ぎていることを無言で伝える。

「ちょっと、あと少し。あと二〇秒でええから……」

許がその刑務官を制す。早口で言葉を繋いだ。

「でも、その闇と光が、いまはこんがらがっとって、わけがわからんようになっとる。本来、棲み分けができとらんといかんのに。問題はそれが絡み合っとることとちゃいますか。ホンマは、それを解きほぐすことが大切なんとちゃいますかな」

そこまで一気にいうと、元の笑顔に戻った。無言で部屋の奥にあるドアを自ら開け、振り返らず立ち去った。

許にとって、石橋産業事件の判決は、それまでの拘置所暮らしのなかでも、もっとも辛《つら》い出来事だったといえるかもしれない。

自ら「天下の大犯罪者の立場」と自虐《じぎゃく》的に語る。許永中は、イトマン事件の判決について、半ば覚悟を決めていた。しかし、石橋産業の手形詐欺事件に対してはそうではない。

「なんとしても詐欺師のレッテルだけは受け入れられない」

そう判決に望みを託《たく》してきた。石橋産業事件で無罪を勝ち取った後、復活を果たそうと考えていたフシもある。

そんな許永中の原風景は、大阪市北区の中津にある。中津小学校の校門をくぐった右側の二宮《にのみや》尊徳《そんとく》像――それが、許永中が生まれ故郷を語る際の決まり文句のひとつだ。

許永中の生まれ育った大阪市北区中津は、戦中から戦後にかけ在日韓国・朝鮮人が住み着いた地域である。いわゆる朝鮮部落ではないが、貧困にあえぐスラム街といえた。そして、許は自らの歩んできた場面をこう表現した。

「レールのない真っ暗なトンネル」

日本人社会で成りあがろうとした在日韓国人二世にとって、生きるための道しるべはなかったという意味だろう。トンネルのような暗闇を手探りで前に進み、ようやくトンネルから抜け出せた、と思ったのが、バブル景気という幻の繁栄だった。しかし、華やかな世界にたどりついたと本人が思ったその先には、足をつける場所すら消えていた。トンネルの出口の先は刑務所という奈落《ならく》の底。トンネルのたとえ話は、的外れ《まとはず》ではない。

すり鉢の底のような街

一九七〇（昭和四五）年の万国博覧会を数年後に控えた大阪は、博覧会景気に沸《わ》いていた。国際イベントはある時期、国に活力をもたらす。日本社会は一九六〇年代の半ばを過ぎ、高度経済成長時代を迎えていた。人々は、東京オリンピックによって終戦の混乱期にピリオドが打たれたと実感し、欧米の豊かな生活に憧《あこが》れるようになっていく。そんな時代の大阪万博は、東京オリンピックに匹敵《ひってき》するほど、大きな国民の期待を担《にな》っていた。欧米への仲間入りを果たす、そのための一大イベントである。

まさに人々の活力がみなぎっていたそんな大阪で、許永中は大阪工業大学の学生になっていた。だが、単なる学生ではない。二〇歳そこそこにして、すでにいっぱしの愚連隊《ぐれんたい》の親玉になっていた。阪急梅田《はんきゅううめだ》駅前の阪急東通商店街を根城《ねじろ》にして徒党《ととう》を組み、パチンコ屋に頻繁に出入りする日々。四〇人ものチンピラを率《ひき》いていたという。大学生でありながら、パチプロを束《たば》ねて、みかじめ料をせしめていた。

戦後のドサクサから脱し、華やかに見えた日本経済。その裏では、暴力団同士が勢力を争い、文字どおりシノギをけずっていた。繁華街ではヤクザやテキヤがそれぞれの縄張りを争い、パチンコ屋や風俗店などから用心棒代を巻きあげる。いまのように、経済ヤクザが知恵をしぼり、株や不動産取引で儲《もう》けている時代ではない。みかじめ料は、裏社会にとって大事な資金源だった。許は大学生でありながら、そんな世界に身を置いていた。

しかし、いくら四〇人の愚連隊を率いているとはいえ、学生が暴力団のシノギの現場で通用するわけがない。やがて、暴力団組員のリンチに遭う。

あるとき、許は阪急東通商店街のパチンコ屋に呼び出された。二階事務所のドアを開けて入ったとたん、いきなり三人組に襲われる。ひとりが、テーブルの上にあったビールグラスをつかんで、許の横っ面《つら》を思い切り殴りつけた。

グシャッ――。

鈍い音とともにグラスが砕けた。と、同時に許の顔面がザクロのように割れ、頬《ほお》に穴があくほどの大きな傷口から鮮血が噴出した。みるみるうちに顔中が真っ赤に染まっていく。そこから袋叩きにされる。

騒動の通報を受けた曾根崎《そねざき》警察署の警官が現場に駆けつけたときには、許は半殺しの目に遭わされていた。大けがを負ったまま、警察署に拘引《こういん》されたという。

このときの暴力団組員とのやりとりが、伝説的に語られている。それを本人に尋ねたことがあるが、大けがを負った後、三〇万円の見舞金を巻きあげたというのである。

これだけではなく、不良学生時代、喧嘩《けんか》に明け暮れていた許永中は、数え切れないほどの傷害事件を引き起こした。ときには現役の暴力団組員とやりあい、警察沙汰《ざた》になった。しかし、警察の取り調べに対し、相手の暴力団組員のことをいっさいしゃべらなかった。それが裏社会における彼に対する一種の信用になったのかもしれない。

「警察に自供《じきょう》していたら、もっと違った人生になっていたかもしれない」

許はそう話した。大けがを負ったときも、後日、相手側の暴力団組員から三〇万円の見舞金を受け取ったのは、黙秘を通したおかげもある。

二〇歳そこそこの許永中は、無鉄砲《むてっぽう》な暴力沙汰を重ねながら、自堕落《じだらく》な生活を続けていた。この時期の自分自身の生活について、「酒とバラの日々」と半ば懐かしんだ。

仮に許の言葉どおり、警察の取り調べに対し、「暴力団から襲撃された」と訴え出ていたら、後の許永中の歩みは、ずいぶん違ったかもしれない。しかし、やはりそれはあり得なかっただろう。在日二世の青年は、進んで裏社会の世界に足を踏み入れていた。すでに裏社会における人間関係のしがらみにはまっていたともいえる。

すり鉢の底のようなスラム街――。許は自らの故郷をそう表現する。大阪市北区中津には、許永中のアンダーグラウンドコネクションを支える土壌《どじょう》があった。

許永中は、終戦から二年後の一九四七（昭和二二）年二月二四日に生まれた。出生地は、現在の大阪市北区にあたる旧大淀区中津である。

日本には、戦中から同和部落、朝鮮部落と呼ばれて蔑視《べっし》された居住地域が点在してきた。特殊部落といわれる被差別部落は、東京を境に西の都市部に多く見られる。とりわけ大阪や京都、福岡などには、地域住民の多い大規模な被差別部落があり、地域社会における差別、被差別意識が根強く残ってきた。

大阪の代表的な朝鮮部落といえば、生野区の日本最大のコリアンタウンである。ここには二万人が住むといわれた。その生野区のコリアンタウンの一角をしめる鶴橋は、焼き肉の本場として知られる。昨今の韓流ブームのおかげですっかり有名になった地域だ。焼き肉を食べるため、わざわざ東京からここを訪れる観光客も少なくない。観光客は、古ぼけた軒先《のきさき》を売り物にした朝鮮料理屋を好んで選ぶため、人気があるようだ。こうして、かつて、日本社会から隔絶されていた被差別部落は豊かになり、すっかり様変わりしている。

もちろん、許永中が生まれ育った大阪は、現在のそれとはずいぶん異なる。許の育った時代は、戦中戦後の影を引きずり、厳然として朝鮮人差別があった。それは、生野区のような大集落に限ったことではない。在日の韓国・朝鮮人が数世帯ごとに寄り合い、居住するケースも少なくなかった。戦中から戦後にかけ、在日韓国・朝鮮人たちは、日本人による差別と迫害を受けながら、自らの身を守るため、あるいは生活のために、こうした狭い居住地域で暮らしてきたのである。そんな被差別部落は、ときとして驚くほど都会に隣接しているケースもある。

許の生まれた中津は、まさしくそんな都会に近いスラム街だった。戦後のヤミ市から復興をとげた大阪の中心地、梅田の繁華街から目と鼻の先だ。いまのJR大阪駅の裏手にあたる。そこでは、差別され、不遇をかこっていた住民たちが集い、暮らしてきた。

許が少年時代に見た中津は、戦時中に在日韓国・朝鮮人の一世たちが住み着いた地域である。多くは日本へ強制的に連れてこられた人たちだが、いわゆる在日韓国・朝鮮人だけが住む朝鮮部落ではない。同和の被差別部落出身者なども住む「特別な場所」だった。日本社会から疎外されつづけてきた人たちが手を携《たずさ》え、力を寄せ合って生きてきた親たちの姿が、少年時代の許永中の胸に刻み込まれている。

忘れられない中津の原風景

大阪は戦災で大部分が焼け野原になり、そこから復興をとげて街全体が新しくなった。JR大阪駅の裏手にあたる中津は、駅からゆっくり歩いても一五分程度しかかからない。電車で行くには、阪急梅田駅からほんのひとつ先、中津駅が最寄《もよ》り駅である。

だが、そこは、いまでも高層ビルが林立する大都市梅田周辺とは趣《おもむき》が異なる。大阪の中心地といってもいい場所にありながら、ここら一帯だけは、現在にいたるまで復興前のにおいがする。いまだすすけた色のトタン屋根の長屋が残り、あたりは妙にうす暗い。まわりの空気はなんとなく湿り気がある。木造の古い建物は、傾《かたむ》いたり壁が剝《は》げ落ちたりし、見るからに傷《いた》んでいる。細い路地は水茎のようにくねり、そこはほとんど人影がない。近くの商店街はひっそりと静まり返っていた。

「戦時中の中津駅は、軍事貨物を運ぶ拠点やったさかい、駅から五〇メートル四方は住めへんかったんです。そやから、戦中は線路付近が広場みたいになっとった。その空き地には家もあらへん。それで空襲で大阪中が燃えたときでも、ここらだけは戦火が広がらへんかったんです。古い家が焼け残ったのもそのおかげなんですわ」

年配の雑貨屋の主人が、古い記憶をたどる。

「このあたりも昔は韓国や朝鮮の人たちがぎょうさんおって、長屋に住んでましたんや。まあ、あっち側に朝鮮人の人たちがいて、反対側には同和の人たちの家があるいう感じでした。けど、いまでは朝鮮の人も数えるほどですなぁ。たいてい亡くなったり、引っ越しはって、家だけが残っとる。寂しいもんですわ」

すぐ近くに淀川《よどがわ》が流れ、戦後改修されたであろう土手は、戦前から残っている家屋の屋根より高い。許が生まれた終戦間もないころの中津の集落は、淀川から引いた運河が流れる海抜ゼロメートルに近い低地帯にあった。許永中自身がいうように、土地がやや窪《くぼ》んでおり、「すり鉢の底のような」形になっている。薄暗く湿ったような地面の上に、まるで蘚苔《せんたい》類のように小さな家屋が密集していた。

いまでこそ道路はアスファルトで整備されているが、当時は赤土《あかつち》が剝き出していたり、よくて砂利道《じゃりみち》だった。許の幼いころは、大雨が降るたびに家屋には床上浸水し、浸水後の掃除が大変だったという。

むろん、いまは彼の少年時代とはかなり様子が異なる。比較的新しいマンションがいくつか建っている。だが、当時の面影《おもかげ》は確実に残っていた。密集している古い家屋の多くは、一間ほどの玄関に奥行きも五メートルほどしかない。表札を見ると、そこに八人の家族の名前が書かれている家もある。

許永中の生家《せいか》は、こうした貧しい部落の一角にあった。二階建ての一六軒棟《むね》割り長屋だ。戸籍上は六人きょうだいの四番目。許には父親が韓国に残してきた許百中《きょひゃくちゅう》という長兄《ちょうけい》がいる。腹違いの兄は許の成長後、一緒に事業をするが、中津の長屋では、一緒に暮らしていない。この長兄をのぞき、許は兄と姉、弟と妹の五人きょうだいの真ん中として育った。じつはもうひとり、許の生まれる前に死んだ姉もいるが、それは後に触れる。

父親の名前は許正樅といった。戦前に釜山《プサン》から日本へ渡ってきた在日韓国人一世である。一九四〇（昭和一五）年、「天皇の臣民《しんみん》」という名のもと、日本政府の植民地占領政策で強いられた創氏《そうし》改名《かいめい》により、父親は湖《こ》山《やま》正夫《まさお》という日本名を名乗るようになった。そのため、許は結婚するまで湖山姓を名乗っている。

母親は裵外生という後妻である。苗字が異なるが、韓国社会では夫婦別姓が普通で、たいてい子供たちは父方の籍に入って父親の姓を名乗る。

許が少年時代を送った棟割り長屋は、狭苦しい借家だった。二階建てとはいえ、一階が炊事場と六畳間、二階が四畳半と三畳間しかない。おまけに一階は両親の仕事場として使われていたため、生活の場は二階の四畳半と三畳間しかない。

そのうえ、家のつくりがきわめて粗《そ》末《まつ》だった。襖《ふすま》の建て付けがとても悪く、どの部屋も傾いているほどのあばら家である。そこで、五人のきょうだいと両親の七人家族が身体を寄せ合い、それこそ、ひしめき合うように暮らしていた。

「このあたりの当時の暮らしは、たいていそんなもんでしたわ。湖山さんの家は、お母さんが働き者やったから、まだマシやったんちゃいますか」

古くから中津に住む近所の人は、そう笑い飛ばす。住民全体が、貧困を極め、生きていくだけで精一杯。そんな時代だった。

それでも、許の両親は人一倍教育熱心だったため、本人は三年保育で幼稚園に通わせてもらっている。日本人でも、幼稚園に通えない子供が少なくない時代である。在日韓国人の子息が、三年にわたり幼稚園に通うようなケースは稀《まれ》だったに違いない。

許の通った幼稚園は、佐伯祐三《さえきゆうぞう》の生家が経営している光徳寺《こうとくじ》幼稚園だった。許は、いまでもそんな両親の愛情がいたく心に残っている。

佐伯祐三は、フランス絵画界で名を馳《は》せた数少ない日本人画家である。許永中にとっては中津に生まれた郷土の英雄といえる。フランス留学後はユトリロの影響を受け、もっぱらパリの古い街並みやパリ庶民の生活を描いた。わずか三〇年の短い生涯のなかで、「ガス灯と広告」や「ロシアの少女」など数多くの代表作を残し、天才画家と海外からも絶賛されている。

その佐伯祐三の実兄が、中津にある光徳寺の住職としてずっとここに住んでいた。寺に幼稚園を併設し、そこに通っていたのが許なのである。地元の名門幼稚園だ。ちなみに、後にイトマン事件や石橋産業事件などで逮捕された許の側近、尾崎稔《おざきみのる》はこの光徳寺幼稚園時代からの同級生である。もともと、それぞれの兄と姉が同学年だった。そのため、弟同士も親しくなったという、きわめてよくあるローカルな話だ。

現在の光徳寺幼稚園は建て替えられ、養護施設となっている。そこを訪ねると、佐伯家のひとりが許のことを記憶していた。こう述懐《じゅっかい》する。

「永中さんや尾崎さんはよく覚えていますよ。といっても別に変わった子供やのうて、普通でした。活発といえば、活発でしたけど、ふたりともとてもいい子でした」

三〇〇〇億円が闇に消えたとされる「イトマン事件」を引き起こした両人が、そろって同じ園児服を着て幼稚園に通っていたとは、なにやら奇妙な光景である。おまけに、事件ではこの佐伯の名も、ある種変わった形で登場している。

イトマン事件では、許らによる絵画の不正取引が、事件摘発《てきはつ》の突破口《とっぱこう》となった。その事件の渦中にも、許は佐伯祐三のことを周囲によく話していた。

「彼が後々絵画に興味を示したのも、佐伯祐三の影響が大きかったからに違いありません。永中さんは口グセのようにいっとりましたから。なにしろ佐伯祐三は大阪が生んだ英雄ですからな、と。佐伯画伯については、まるで自分のことのように自慢げに話しとったですわ」

許の友人のひとりがそう打ち明ける。

「ワシは佐伯先生のところの幼稚園を出とるんですわ。それで絵にも関心があるんです」

イトマンとの絵画取引を始めたいきさつについて、許はこう嬉しそうに語っていたという。もっとも、許にとってその言葉の意味は、絵画に関心を持つきっかけというより、貧しかった時代のある種の憧れを引きずっていたと見たほうが正解だろう。

許永中は数千億円という桁《けた》違いの金を動かすようになってからも、側近たちを引き連れ、しばしばこの中津を訪れた。

中津には道幅三メートルぐらいの古い商店街があり、年老いた魚屋や八百屋の女将《おかみ》が細々と営業している。前述した古い木造長屋は、その周囲に固まっていた。商店街から脇にそれ、さらに入り組んだ狭い路地を入った長屋のはずれに、小さなお好み焼き屋がある。

裕福になった後でも、許はこの店に焼きそばを食べるために訪れた。仕事の合間、暇を見つけては、事務所から社員を連れ、わざわざ黒い大型ベンツでお好み焼き屋へ出かけたという。狭い路地を入って、昔通った馴染《なじ》みの店に横付けし、大きな身体をかがめて暖簾《のれん》をくぐった。

「ここの焼きそばが最高なんや」

焼きそばをつまみにし、ビールをコップであおる。そうして、幹部社員たちを前にして幼いころを懐かしんだ。しばしば高級なダークスーツに身を包んで、このお好み焼き屋に立ち寄ったという。

中津には、件《くだん》のお好み焼き屋もまだあった。うっかりすると見落としそうな入り口。玄関は一間ほどの狭い間口しかなく、アルミサッシの引き戸になっている。引き戸を開けて店のなかに入った。店内もかなり窮屈《きゅうくつ》だ。細長い鉄板の前に、丸いスティール製のパイプ椅子がいくつか置かれている。これだと、客が一〇人も入れば、すし詰め状態になるだろう。

もとは戦争未亡人が店を始めたという。私が訪れたのは二〇〇一（平成一三）年だが、このときすでにこの女主人は九〇歳を超えている。店では未亡人の娘が、焼きそばやお好み焼きを焼いていた。聞くと、中津小学校出身だという。年齢が許より二つ上だというから、六〇歳少し前。

しばらくすると、店主の母親が出てきた。

「この店を始めてから、もう四五年以上になるんですわ。私は永中さんのお母さんと同じ歳ですねん。前は夜も店を開けててな。近くの会社勤めの人が仕事帰りに来て、飲んでいってくれましたけど、いまは夕方六時には店を閉めますねん」

九〇歳を超える女主人は、まだまだ元気で店に顔を出しているという。さっそく焼きそばを注文する。許のいうとおり、その味は格別だった。

「焼きそばもお好み焼きも、昔と変わってませんねん。味はそのまんま。永中さんは子供のころからよく来てくれはって、あのころはお好み一枚五〇円でしたんや。いまは五〇〇円。ちょっと前までは永中さんも来てはりましたけど、このところは無理ですわな。でも、尾崎さんなんか、いまでもよく来てくれますで」

年齢を感じさせないほど元気である。

「お母さんも、前は隣町の中崎町から車に乗って来てました。永中さんが建てはった家に住んでましてね、お母さんにも運転手がついてましてな。最近また中津に移ってこられて、ひとりで歩いて来てます。娘さんが一人歩きは危ないいうて止めるそうで、こっそり来るんです。よく（大阪北部の）箕面《みのお》の風呂（温泉）へ行こうて誘われます。去年の一二月にも来て、そういってはりましたな」

許にとって、中津は生涯忘れられない大切な場所である。

母親のドブロクづくり

許永中の父、正樅は在日韓国人一世として中津に移り住んだ。この時代にあって、正樅は稀に見るインテリだった。論語を読む儒家でもあったという。界隈《かいわい》の住民たちは尊敬の意味を込め、正樅を「先生」と呼んだ。

正樅は家庭内ではとりわけ厳格だった。子供たちの躾《しつけ》にはきわめて厳しい父親だといえる。許のきょうだいは、決まって朝六時半にたたき起こされ、正座をさせられたまま論語を読み聞かされるのが日課だったという。

「永中さんは父親のことが自慢やったと思います。背が高うてスラリとしてて、いつも小奇麗《こぎれい》なカッコしてはったそうです。ひょっとすると、父親はあの人にとって生涯いちばん怖い、かなわへん存在やったかもしれへんですね」

旧友のひとりが話す。

父正樅は、ちょっとした外出でもダブルのダークスーツを着るほどの洒落者《しゃれもの》でもあった。文章の読み書きすらできない近所の住民のために手紙を代筆したり、役所に届ける書類を書いてあげたりしていたという。ろくな薬もない終戦直後の日本で、自宅に「湖山堂」という木札の看板を掲げ、漢方薬局を営んだ。そこで、同胞の病人のために漢方を調合する。生活の場である狭い棟割り長屋の一階の六畳間は、その漢方の調合のために使われていた。もっとも、薬はたいてい無料で提供していたというから、家計にはそれほどの足しにならなかったに違いない。

許の父親世代である在日一世といえば、強制連行されて日本にやって来たイメージが強い。北九州の炭鉱労働者には、強制連行されたまま住み着いたケースが多いとも聞く。

だが、実際は強制連行ばかりではない。日韓併合後、祖国で職を失い、食いぶちを求めて日本へやって来た人もいる。また、なかには、戦前から戦中にかけ、日本の私立大学へ通い、そのまま日本にとどまったインテリ層も稀にいた。関西では、立命館《りつめいかん》大学や同志社《どうししゃ》大学が留学先として彼らを受け入れ、そんな在日一世たちが日本で終戦を迎えた。だが、就職となると、ただでさえ難しい時代だ。それでなくとも、在日の人たちは企業から嫌がられた。かといって大学の研究室に残れるはずもない。

戦後の在日社会では、多くの同胞の男が肉体労働をして一家を養っていた。が、インテリ層はそのプライドの高さゆえ、日雇いの建設現場で働くこともなければ、ヤミ市で商売をすることもしない。そうしたインテリ層の在日一世たちもいたという。

いきおい一家の生活は、母親や子供たちの働きに委《ゆだ》ねられた。三度三度の食事の心配をし、実際にそれを賄《まかな》ってきたのは母親。そんな家庭が意外に多かったのである。

許の一家も似たようなところがあった。幼少期の許一家の生活は、母親の稼ぎで支えられていたという。もっぱら生計《せいけい》は母親のドブロクづくりにかかっていた。

大阪に住むある在日の実業家が述懐する。

「それは儒教の影響やと思います。韓国・朝鮮人は、家では父親が絶対的な権限を持っている。だから、とくに在日一世世代の父親は汚い仕事を嫌って、あまり働かないケースがめずらしくなかったんです。その分、母親は苦労が多い。しぜん芯《しん》が強くなる。永中さんのお母さんも、働き者で有名やったそうですわ。近所ではいまでも語り草やね。貧乏で、大学どころか高校にすら進学できなかった韓国人が多いなか、あの人が曲がりなりにも高校や大学に進学でけたんも、働き者のお母さんのおかげやと思います」

許永中は、インテリの在日韓国人一世の父親の血を引き、働き者で苦労の絶えなかった母親の思いを胸に抱いて育っている。

一家の暮らしを支えた母親のドブロクは、客からの評判がよかった。

許の生まれた終戦間もない日本では、貧しさからくる混乱と、そこから脱しようとする復興への意気込みがない交ぜになっていたといえる。貧しかったスラム街の中津周辺も、そんな復興事業で活気づいていた。とりわけ大阪駅に近かったため、駅付近の鉄道や道路、ビルの工事が盛んにおこなわれたという。そうした復興事業は在日韓国・朝鮮人たちの働き口となる。

中津には、全国から出稼ぎ労働者が集まって来た。飯場《はんば》と呼ばれる作業員宿舎が淀川沿いのいたるところにつくられ、一帯は荒っぽい土木工事の労働者たちであふれ返る。工事を進めるには、そんな肉体労働者たちを腕力で取りまとめなければならない。

そこでは、差別されてきた人たちが持つエネルギーがものをいった。やがて在日韓国・朝鮮人たちが、労働者たちの取りまとめ役になっていく。そうして地元の顔役になっていった在日韓国・朝鮮人一世も少なくない。

中津では阪急京都線の拡幅工事がみるみる進んだ。いまでは民家が建ち並んでいる淀川の南側の中津や豊崎《とよさき》一帯には、日雇い労働者たちが寝泊まりする飯場が建ち並んだ。朝になると、そこから人足たちがそれぞれの工事に向かい、夕刻に戻ってくる。在日一世たちの多くが、それらの飯場を経営していたのである。

その阪急京都線の拡幅工事が完成したのは、許の小学校卒業前後のことだった。母親のドブロクは、もっぱら鉄道工事の日雇い労働者に人気だったという。許永中はそんな少年時代をよく記憶している。

ドブロクづくりは、日が昇る前から始まる。そのため母親は、ひとり、一階の六畳間で寝起きしていた。布団をあげたあとの六畳間にゴザを敷く。そこへふかした米を広げて乾かし、麹《こうじ》と一緒に大きな瓶《びん》に仕込む。これで夏なら三日で発酵《はっこう》し、酒になる。

子どもたちにとっては、母親がドブロクをつくっているあいだは、朝食もろくにとれない。子どもたちは、ふかした米を素手でギュッと固く握った握り飯を母親から手渡され、キムチと一緒に口にほおばって学校へ送り出される毎日だった。

そして母親は、夕方になると長屋の一階の間口に、ドブロクのできあがった大きな瓶を置く。工事帰りの日雇い労働者たちに、ガラスコップで白くにごったドブロクを売った。埃《ほこり》まみれの労働者たちは、瓶から掬《すく》いあげられたドブロクを家の前で一杯一杯母親から受け取り、小銭を払う。

「こりゃあ、生き返るわ」

その場でコップ酒をあおり、何杯も何杯もお代わりする客が珍しくなかったという。それが一家の生活の糧となった。

むろん、密造酒販売である。しぜん税務署や警察から目をつけられ、ときには母親が警察に連行された。幼かった許少年はそれを目の前で見せつけられて育った。

ある日、税務署の職員や警官が許一家の住む長屋にやって来た。中津小学校から家に帰ってくると、家の前は人だかりがしていたという。それをかきわけて土間へたどりつく。警察官が立っている。

「これは酒やな」

警官はそういう。ドブロクの入った瓶を土間で叩き割るところだった。

「アルコールの匂いと一緒にドブロクが長屋の前に一面に広がっていきまんねん。妙にそれが目に焼きついてる。そんな騒ぎのなかで、母親が警察官に連行された姿を忘れられへんのです」

そんな母親の苦労を、許は後々まで親しい友人に語っている。

そのような体験が、許の深層心理に潜み、反社会的な行動に繋がっていったと決めつけるのは、早計《そうけい》に過ぎるかもしれない。だが、日本社会に対する見方を形成するうえで、これらの記憶が大きく影響しているのは、間違いないだろう。

戦後生まれの戦時体験

戦中から終戦、高度経済成長期に生まれ育った在日韓国・朝鮮人には、多かれ少なかれ日本人や日本社会への対抗意識がある。それは差別されてきたという思いの裏返しともいえる。

昭和二〇年代から三〇年代を過ごした許の少年時代――。日本社会には、在日韓国・朝鮮人差別が歴然として存在した。彼の育った関西の子どもたちのあいだでは、韓国・朝鮮人差別を象徴するようなこんな歌が歌われていた。

「朝鮮、朝鮮、バカするな。同じメシ食ってどこ違う。クツの先がちょっと違う」

先が違うクツとは、朝鮮民族衣装の一部である先が尖《とが》ったクツのことだ。それをからかった歌である。炭鉱の多い北九州地方では、それがこう変わる。

「朝鮮、朝鮮、バカするな。同じメシ食ってどこ違う。冷たいメシ食って熱いクソする」

概《がい》して在日の人たちが、こうした韓国・朝鮮人差別に反発し、同胞の結束を促した面は否《いな》めない。対して、日本人はその反発にさらに対抗意識を燃やすか、あるいは在日の行動力や団結力に恐れを抱く。そうして双方の距離がますます広がっていったのはたしかだろう。

しかし、在日問題は、そんな二極対立の単純な構造だけでは片づけられない。日本社会のなかで、どのように生きるか。その命題を前にし、在日の多くは感情が揺れ動き、生活の変化を余儀《よぎ》なくされてきたのではないだろうか。戦後、日本社会そのものが大きく変貌《へんぼう》するなか、個々の生活環境も異なるようになってきた。日本人と同じように、在日社会にも世代間格差が生まれるのである。許永中が生きてきたのは、そんな変化の兆《きざ》しが見え始めた時代だといえる。

一九五三（昭和二八）年四月、許永中は湖山という日本姓で近所の大阪市立中津小学校に入学した。湖山は父親の創氏改名で名乗った苗字である。

許はその半生で名前を永中のほかに「隆史《たかし》」や「永嗣」、さらに「栄中」や「榮中」などと使い分けた。小学生のころ使っていた名はいまひとつはっきりしないが、苗字は東梅田の商店街で暴れまわっていたころまで湖山だった。

「小学校では、在日の子は誰でも日本人の苗字を使っていた。なのに、突然わざと韓国名で呼んだ先生がいました。学期末になると、成績表を渡される。名前を呼ぶとき、成績表に書かれたカッコつきの『金』で呼ぶのです。クラスメイトはそれを聞いて、誰のことかキョトンとしている。結局、それで初めて周囲に私が在日だと知られました」

許よりやや年下のある在日韓国人の述懐だ。むろん、これは許自身の体験談ではないが、似たような体験をしてきた在日の少年や少女は少なくない。許が通った中津小学校では、日本人の児童が大半だった。許は生まれ故郷の中津について、「原風景」だと呼ぶが、その一方で少年時代に感じた在日韓国人としての不条理をしばしば口にした。

湖山少年は、その大きな体躯《たいく》のおかげで、日本人の小学校に通っていても、同級生から馬鹿にされることはなかった。許は非常に記憶力がよく、小学生時代のことを鮮明に記憶している。当時の教師の名前まで覚えており、一年から三年までの担任が本城登美江《ほんじようとみえ》先生、四年生のときが村井《むらい》という男性教師、五年、六年生は金兵英子先生だったという。驚いたことに、松田《まつだ》校長や阪田《さかた》教頭という校長や教頭のことまで忘れていない。

「四年生のとき村井先生の韓国人蔑視が激しかった」

といった記憶まである。そして、その小学校四年生のとき、許には好きな女の子ができたという。だが、悩みがあった。原因は口臭である。

在日韓国・朝鮮人の食卓には、キムチが欠かせない。いまでこそ、どこの食卓にも並んでいるが、当時の日本人家庭では食べない惣菜《そうざい》だ。許が悩んでいたのは、キムチを食べた後のニンニクの臭いだったという。そこで許は、歯磨き粉をそのまま飲み込んで、学校に通い始めたという。

「若いころに頭が禿《は》げたんも、そんなムチャをしたせいかもしれまへんな」

成人した後、本人は知人に当時の体験をそう笑って聞かせた。実際、三〇歳を過ぎたばかりにして、すでにあの風貌《ふうぼう》になっていたから、まんざら冗談とはいえないかもしれない。

「口髭《くちひげ》をボウボウとたくわえて変装している許永中と会った」

一九九七（平成九）年から一九九九（平成一一）年までの二年間に及ぶ逃亡生活の最中には、こうしたまことしやかな怪情報が乱れ飛んだ。だが、その話は怪しい。許はハンチング帽をかぶってシンボルの頭こそ隠していたものの、大人になってからも髭は無精《ぶしょう》髭程度しか生えなかった。ただし、ひょっとすると、付け髭だったのかもしれない。

歯磨き粉を飲み込んでキムチの臭いを消そうとしたのは、少年期に在日韓国人という身の上を気にしていた裏返しともとれる。

その一方、成人し、事業を始めてからは、日本社会への対抗意識を隠そうとはしなかった。同じ世代の同胞のなかでも、ことのほか在日韓国人という意識が強い。アングラ社会に足を踏み入れ、日本の法を犯してきたことについても、悪びれた様子はない。そんな意識の根底にあるのは、やはり日本社会から理不尽な扱いを受けてきた、という思いにほかならない。

しかし、じつは許が心に秘め続けてきた在日韓国人の不条理とは、これまで伝えられてきた朝鮮人差別の概念と異なる。それは許本人が受けてきた体験ではない。許一家は、在日家庭のなかでも特別な体験をしてきたといえる。許永中には、腹違いの長兄も含めて二人の兄とひとりの姉がいるが、もうひとり、亡くなった姉がいたというのは先に述べた。本人が生まれる前、戦時中に亡くなった長女だ。許一家は、在日家庭のなかでも特別な体験をしてきたといえる。

戦前から戦中にかけ、許一家は中津ではなく、隣町の豊崎という地区で暮らしていた時期がある。父親は戦時中、日本の労働力不足を補《おぎな》う労役《ろうえき》に駆《か》り出されていた。そのため、家をあけていることが多かったという。豊崎の長屋にいるのは、兄と二人の姉、母親だけという状態が多かった。

父親の留守中、その長屋を米軍機の焼夷弾《しょういだん》が襲う。豊崎一帯が空襲に見舞われたのである。長屋は文字どおり紅蓮《ぐれん》の炎《ほのお》に包まれ、人々は逃げ惑った。許一家にとっては、父親不在という不運もある。頼るのは母親しかいない。それでも母親は火の海のなか、二歳になるかならないかという幼い長男を抱きかかえて長屋を脱出した。三人のきょうだいのうち、二人の姉はなんとか自力で脱出しようと試みたが、ひとりは命を落とす。焼け跡に残ったのは、無残な黒こげの死体だった。このときの出来事が、一家に消すことのできない暗い影を落としたのである。

もうひとりの姉は命からがら長屋から脱出し、かろうじて一命をとりとめた。だが、顔面から足先まで身体中に大火傷《おおやけど》を負う。左手が溶け、指がくっついてしまうほどの火傷だったという。許の生まれる前の出来事である。だが、歳の離れたそんな姉の姿を否応《いやおう》なくその目に焼きつけながら、少年時代を送った。姉はいまも、空襲で受けた火傷の後遺症《こういしょう》に悩まされている。許はそんな家族への思い、とりわけ姉への特別な思いを抱きながら中津で育ったのである。

いわば戦後生まれの戦時体験。それが、ずっと許永中の心に突き刺さっていた。

一方、歯磨き粉のエピソードが象徴するように、こうした特別な体験以外に、普段の許永中は、むしろ日本社会のなかに溶け込もうとする戦後生まれの在日韓国人少年だった。四年生のときの被差別体験の反面、日本人の小学校に通った時代に優しくしてもらった担任教師のことも決して忘れていない。許永中は父親に連れられ、小学校六年生のときの担任教師の金兵英子の自宅へ卒業の挨拶にまで出かけている。そのとき、めがねをはずしてあふれ出た涙をぬぐっていた教師の姿が忘れられない、という。

許にはごく普通の腕白《わんぱく》少年として育った面もある。許は、淀川の土手で追いかけっこやかくれんぼをして走りまわり、自宅にあった二台の中古のパチンコ台で遊ぶ無邪気な子どもだった。少少「やんちゃ」ではあるが、傍目《はため》にはごく普通の活発な小学生だ。

差別はあったものの、在日一世が受けてきた迫害とは違う。生活そのものもかなり異なっていた。戦後生まれの在日二世世代の子どもたちは、日本人とさほど変わらない暮らしをしていたともいえる。

しかし、じつはそんな少年の心には、戦災によって姉が負った不条理が心に深く刻まれていた。ときにそれが顔を出す。溶けない心の氷として、現在にいたるまで許永中のなかに潜んできたのである。

朝鮮半島の代理対決

許永中が、後に語りつがれるような腕っぷしの強さを発揮し始めるのは、中学生から高校生にかけての時代だった。

一九五九（昭和三四）年四月、許は大阪市立大淀《おおよど》中学校に入学している。父親に似たためか、中学生にして、すでにいまの一八〇センチ近い身長になっていた。ピーク時は一〇〇キロ近い体重になったが、太めの体型そのものは母親似かもしれない。

中学校の成績は中の上といったところだった。むしろ学校で目立ったのは、喧嘩《けんか》の強さだ。しぜん同級生の仲間から頼りにされた。

いわゆる不良グループの番長である。

幼稚園時代からの同級生であり、後に彼の片腕として一連の事件に登場した尾崎稔とは、中学時代から急速に親しくなったという。許と同じグループにいたが、立場はおのずと明らかだった。許はしばしば取り巻きの喧嘩まで買って出る。面倒見がいいのである。

地元では、中学生同士の喧嘩が絶えなかった。許は、殴られ、顔を腫《は》らして学校にやって来た同級生を見ると、

「誰にどつかれたんや」

と聞くや否や、すぐに相手の中学校に仕返しに行った。大きな体軀のおかげで、喧嘩はめっぽう強く、連戦連勝だったらしい。

そうした、喧嘩に明け暮れる不良少年時代、在日社会の状況が急変する。きっかけは一九五〇(昭和二五)年の朝鮮戦争。これ以降の昭和三〇年代から四〇年代にかけ、許のまわりの在日社会も変わっていった。

在日一世は、戦中に日本へ強制連行されたか、あるいは自ら日本に渡ってきたかの違いこそあれ、祖国はみな朝鮮であり、戸籍上も朝鮮人だった。ところが、一九五三年の南北休戦により、

北緯三八度線で朝鮮半島の分断が固定化される。すると日本国内の在日社会もまた、否応なくその影響を受けた。「民団」と呼ばれる韓国系の民族団体「在日本朝鮮居留民団《ざいにほんちょうせんきょりゅうみんだん》」が設立され、と同時に、北朝鮮系の「在日本朝鮮人連盟《ざいにほんちょうせんじんれんめい》（朝連）」、その後の「在日本朝鮮人総聯合会《ざいにほんちょうせんじんそうれんごうかい》（朝鮮総聯）」が旗を揚げた。

　朝鮮戦争以降、在日朝鮮人たちは、大韓民国と朝鮮民主主義人民共和国という二つの祖国の選択に迫られる。出身地が韓国となった在日朝鮮人の多くは、それまでの朝鮮籍から韓国籍へ戸籍をつくりなおし、民団に所属していった。一方、出身地が北緯三八度線以北の在日一世は、朝鮮籍のまま北朝鮮系の朝鮮総聯に加わった。もっとも、出身地が韓国であっても、あくまで祖国は朝鮮だとして籍を変えなかった在日朝鮮人も少なくない。

「北でも南でもあらへん。だからどちらにも肩入れせん。でも、そのせいで民団から意地悪されたり、総聯から白い目で見られたり。意外に複雑なんですわ」

　ある在日二世がこう嘆《なげ》く。つまるところ、在日朝鮮人、在日韓国人と別称で呼ばれる人たちの立場の違いは、このときに生じたにすぎない。出身地は関係ない。韓国籍に変えた人か、朝鮮籍のままか、ということでしかない。親兄弟のなかでも、民団派、朝鮮総聯派、それぞれの活動家に分かれたケースもある。そしてなかには、民団、総聯のどちらにも所属していない人もいる。

　もともと在日韓国・朝鮮人は、世界中でも類を見ない特殊な立場に置かれてきた。日本へ強制連行された数多くの朝鮮人が、祖国へ帰ることなく、差別のなかで独自の連帯社会を築いてきたといえる。それは、ユダヤ系や華僑《かきょう》系をはじめとする移民社会とも性格が異なる。そんな特殊な在日社会の内輪で新たな衝突が生じ、いっそう事情が複雑になっていくのである。

こうした南北対立が、日本人の拉致問題にまで発展したのは知られたところだが、それは在日社会の暗部ともいえた。南北対立が、日本人からの差別と同時に、民族同士の新たな亀裂《きれつ》を生み、その後遺症をいまも引きずっているのである。親兄弟が、主義主張の対立から、引き裂かれたケースもある。北朝鮮の帰国事業にのせられ、身内が日本を脱出していき、そのまま行方知れずになってしまっている朝鮮総聯シンパの在日朝鮮人も少なくない。

その南北の対立が激しくなっていったのは、一九五〇年代の後半からだ。中学生だった許ら、在日二世の子どもたちにも、その影響がもろに出る。

許の本籍は、韓国でも釜山《プサン》に近い慶尚南道馬山《キョンサンナムドマサン》市に置かれていた。つまり父の正樅は、韓国出身ということになる。正樅は南北分断後、いちはやく韓国籍に変え民団のリーダーとなった。そのせいか、中学生時代の許は、日本人の中学生だけでなく、朝鮮総聯系の朝鮮学校の生徒相手にも大立ち回りを演じるようになる。

通常、許ら韓国籍の子どもの多くは日本の学校に通っていた。かたや、朝鮮総聯系の子息たちは朝鮮学校で母国教育を受けていたケースが多い。

近年、朝鮮学校を舞台にし、在日朝鮮人高校生の生活を描いた青春映画「パッチギ!」や『GO』(金城一紀著・講談社)がヒットしたが、あれほど極端ではないにしろ、強烈な差別体験を経てきた親世代の教育もあり、朝鮮学校に荒っぽい生徒が多かったのはたしかだろう。

梅田で事業を営んでいる在日韓国人のひとりが振り返る。

「大阪にある北系の朝鮮学校の生徒たちが、学校の前までやって来て、わざと大声で韓国籍の本名で呼び出すんです」

それが韓国籍の生徒との喧嘩が始まる合図だったらしい。喧嘩の場所は、ＪＲ大阪駅の裏手に立ち並んでいた倉庫やその周辺の空き地、あるいは駅の地下道。現在の北口にあたる一帯だった。いまではオフィスビルやシティホテルが林立し、すっかり様変わりしている。ときには許らのグループが朝鮮学校の生徒を追い掛けまわし、また、ときには相手に集団で待ち伏せされてやられたりもした。当時は喧嘩の場所に事欠かなかったという。

在日一世の親たちは、そんな二世の子どもたちに対し、喧嘩をしても叱《しか》ることはなかった。むしろ、喧嘩に負けて帰ってくると家に入れない。とりわけ、日本人に喧嘩で負けることは言語道《ごんごどう》断《だん》である。それは、子どもたちに論語を読んで聞かせるほどのインテリだった許の父親も、例外ではなかった。

おかげで、許永中は大阪弁で「権太《ごんた》」と呼ばれる不良少年として、近隣で名を馳《は》せた。喧嘩が得意な許にとって、ある意味、中学生活をのびのびと送ったといえる。半面、彼を取り巻く環境は、戦中戦後の傷跡を引きずりながら、高度経済成長期を迎え、さらに祖国の分断、とさまざまな要素が入り乱れ、急激に変化していったのである。

日本人同士、日本人対韓国・朝鮮人、韓国人対朝鮮人――。もつれ合った人間模様のなかを生きてきた許永中は、「未来永劫《みらいえいごう》、人間社会からこの差別感情がなくなることはない」と、ある種のあきらめに似た言葉を吐露《とろ》する。そんな許にとって、差別という言葉の問題意識は、両親の世代の迫害や、姉に対する不条理に根ざしている。戦前、戦中生まれの在日朝鮮人世代は、どれほど蔑《さげす》まれ、迫害されても耐えることしかできなかった時代を生きてきた。ドブロクを売って生計を立てていた母親や、戦災の後遺症で苦悩し続けてきた姉。そして、彼らは息子や弟に精一杯の愛情を注いだ。だからこそ、このころの許は、喧嘩に明け暮れてはいても、心根の優しい少年でいられたに違いない。

許は、好きな映画のひとつとして「砂の器」をあげる。いうまでもなく、ハンセン病患者に対する迫害をモチーフにした松本清張《まつもとせいちょう》原作の作品だ。映画を見ながら何度も涙してきたという。姉の境遇への思いと映像がダブるのかもしれない。

日本社会を見返し、成り上がろうとしたのは在日一世世代と戦後生まれの二世とで共通している。

だが、生き方そのものは、在日一世と二世では明らかに違う。少なくとも、在日二世のそれは不条理に対する抵抗という目的だけではない。許は、成長するにつれ、殺意の芽生えを感じた、などと物騒《ぶっそう》なことを口にする。そして、実際に尋常《じんじょう》ではない冷徹な行動を見せるようになる。許の行動を見る限り、その内面を単純には語れない。

高度経済成長期の影響

「やられれば必ずやり返す」

許は人前で悪びれることなく、こういう。むろん、学生時代の喧嘩を指しているのではない。

裏社会へ足を踏み入れた者としての心構えを表しているのだろう。

許がとった手法は、時として社会のルールから完全に外《はず》れた。そして、許はいつしか裏社会独特の暗く冷酷な一面を見せつけるようになっていく。それはある時期から、闇の社会と表の政財界が密接に絡み合った世界で、ものをいった。

元来、頭が悪くはなかった許永中は、新設されたばかりの普通高校、大阪府立東淀川高校に進学する。入学式の後におこなわれたホームルームで、クラスメイトを前にして許はこう自己紹介した。

「ぼくは韓国人です」

一九六二（昭和三七）年四月のことだ。この時代、日本の学校に通う在日韓国人二世が、自らの出自を明かすのはめずらしい。このとき敢《あ》えて許がカミングアウトしたのは、在日韓国人という自己認識を新たにするためだったのではないか。反面、それは時代の変化に揺れる自らの在日観を、潜在的に感じとっていたからではなかろうか。

このころ、東京オリンピックを間近に控え、世の中が沸き返っていた。首都高速道路や東海道新幹線の建設工事などが次々と着工され、人々は池田《いけだ》勇人《はやと》が打ち出した「所得倍増計画」を歓迎した。日本は間もなく、「いざなぎ景気」と名づけられた高度経済成長時代へと突入していく。

周囲が豊かになるなか、放蕩《ほうとう》を繰り返す許永中も、どう生きていくかについて考えざるを得なくなっていった。

「じつは『許』いう苗字は、韓国が李氏朝鮮になる以前の伽耶《かや》という王朝の君主の名前でんねん。もともと伽耶はインドから中国、そして韓国へと渡ってきた王朝で、ワシはその末裔《まつえい》なんやそうです」

ワイン好きの許は、飲んでほろ酔い加減になると、ごく親しい友人たちにしばしばこんな話を聞かせている。許永中は、在日韓国人二世のなかでも、人一倍負けず嫌いで、プライドが高い。

許の曾祖父《そうそふ》は朝鮮の顕官《けんかん》「両班《ヤンバン》」だった。「両班」とは、官僚組織において特権を与えられた貴族階級を指す。永中の父、正樅はその高官の孫にあたり、次男として生まれた。

だが、正樅が生まれたとき、家はすでに没落《ぼつらく》していたという。一九三五(昭和一〇)年、正樅は釜山から「東洋のマンチェスター」ともてはやされた大阪へ渡る。正樅の六人の子どものうち、長兄にあたる百中はそのとき祖父に預けられ、ひとり釜山に残される。そして、イギリスの産業都市にたとえられた新天地大阪で、正樅は新しい妻を持った。それが永中の母親、褒外生である。

朝鮮半島分断後、大阪民団の草創期から活動に参加し、熱心な民団の活動家になった正樅は、関西の民団が組織した「大阪韓国青年団《おおさかかんこくせいねんだん》」の団長に推《お》される。この「大阪韓国青年団」は、奇《く》しくも、後に許自身が「日韓ロビー活動の拠点」として設立した「大阪韓国青年商工会」という名称に似ている。実際、商工会の命名は父親の活動と無関係ではなかった。

日本へ渡ってきてからおよそ三〇年後、一九六〇年代の半ばを過ぎたころ、正樅は民団の北大阪支部団長に就任した。そのころ、朝鮮総聯では北朝鮮帰国ブームが起きる。正樅はこれに危機感を抱いた。「地上の楽園」と喧伝《けんでん》された北朝鮮への帰国事業に対し、猛烈な反対運動を展開する。それは子ども同士の喧嘩という生易《なまやさ》しいものではなかった。

一方、このころ日本と韓国との歴史にも、大きな変化があった。東京オリンピックの翌一九六五（昭和四〇）年六月二二日、日本政府と韓国の朴正熙《パクチョンヒ》大統領との間で日韓基本条約が調印される。この条約に基づき、在日韓国・朝鮮人の日本での永住権が認められたのである。許永中ら在日韓国人にとって、新たな時代がやってきたといえる。差別が残るなか、南北の在日の団体が日本社会において一定の権利を得ようと運動を始めていった。

許自身はまだ一八歳。高校でも相変わらず喧嘩三昧《ざんまい》の毎日だったが、時代の流行には敏感だった。エルビス・プレスリーやビートルズなど、欧米のポップスやロックンロールが日本へも伝わってきた。ロカビリーが全盛を迎え、街頭テレビでは力道山《りきどうざん》の人気が沸騰していた。

早熟だった許にとって、このころからある意味で心の変化が表れる。平尾昌晃《ひらおまさあき》や佐々木功《ささきいさお》（現ささきいさお）などの人気歌手がはいていた、裾《すそ》の広がったラッパズボンが流行した。許はそうした流行ファッションをいち早く取り入れ、裾広の学生服の黒ズボンを好んではいた。豊かになりつつあった日本経済に対するある種の嫉妬があったのかもしれない。荒っぽいだけの「権太」ではなく、金儲けをしたい、という意識が芽生えていった。

不良はしていても学校の成績は悪いほうではない。許永中は、日韓基本条約が調印されたその年、大学へ進学する。第一志望は大阪府立大学だったが、ろくな勉強もせず、受験に失敗している。そこで、母親の勧めもあり、急遽《きゅうきょ》、私立の大阪工業大学機械工学科の二次試験を受けて合格した。

このときの入学金三〇万円を工面したのが、母親と姉だった。その入学金を許は「母と姉の汗の結晶」という。四〇年以上も前の一九六五年のことだ。一九四七(昭和二二)年生まれの許は、日本人学生でいえば団塊の世代にあたる。多くの在日韓国人が暮らしに困っているなか、まがりなりにも私立の大学へ進学できたのである。

母親のドブロクづくりに頼っていた貧しい生活から抜け出してはいたようだ。大学進学は父親の正樅が、借家だった中津の棟割り長屋を地主から買い取ったころだった。当人は大学入学後、柔道部へ入部した。

しかし、許は、大学に入学させるための「母と姉の汗の結晶」を無駄にする。入学からわずか二ヵ月後の一九六五年六月、傷害容疑で大阪曾根崎《そねざき》署に逮捕されてしまうのだ。

「あそこの大学は箸《はし》にも棒にもかからんようなアホばっかりやった。あんな大学を出ても、どないもこないもならへん。このままやったら先は知れたもんや、そう思うたね」

許永中はイトマン事件後、学生時代を振り返って周囲にこう話している。それゆえか、大学へはほとんど行かなかった。

そうして大学二年生になった一九歳のとき、許は家を出る。両親の元を離れ、近所でアパート暮らしを始めた。高度経済成長期を迎え、大都市の住宅不足を解消するため新たに建設された木造長屋だ。真新しい上に、六畳と四畳半の広さがある。大阪では「文化住宅」と呼ばれ、人気だった。

中津にもこの文化住宅ができ、許はそこへ移り住んだ。大学をサボっては校門の前にあった雀《じゃん》荘《そう》に入り浸る日々。けっこう優雅な暮らしぶりだともいえる。

知り合いの鉄工所で鉄板を切断するアルバイトをする傍《かたわ》ら、ホルモン焼き屋を経営していた父親の愛人から小遣いをもらう。その金でマージャン仲間と遊びほうけた。仲間から誘われ、ときには泥棒までしたという。中之島《なかのしま》にあった倉庫に忍び込み、洋服の生地を盗んだ。それを洋服店に持ち込んで自分自身のブレザーを新調し、残った生地を売りさばいて金にした。

それらの金をそのままズボンのポケットに突っ込んで、北新地やミナミの繁華街へ繰り出す。仲間と「てっちり（ふぐ鍋）」をつつき、キャバレーで豪遊《ごうゆう》した。こうして、二〇歳を前にして、許はいっぱしのチンピラとなる。

暴力団人脈

いつしか許は、四〇人近い愚連隊集団のボスになっていた。阪急梅田駅前の阪急東通商店街で暴力団とトラブルになり、瀕死《ひんし》の重傷を負ったのもこのころだ。

「警察が来て、応急処置だけで曾根崎署まで引っ張られるんですが、私は一切うたわ（供述する）なかった。その後、病院で二〇針か三〇針縫うたんかな。とにかく顔面、ザクロみたいになっておった。相手は、私が柳川《やながわ》の人間じゃないけど、韓国人やから柳川が出てくるやろいうて臨戦態勢を敷いとった」

ジャーナリストの伊藤博敏《いとうひろとし》著『許永中「追跡15年」全データ』（小学館文庫）は、許本人へのインタビューを通じて、このときの様子を紹介している。ここに登場する「柳川」とは在日韓国人の元山口組幹部、柳川組組長のことだ。柳川次郎《じろう》、あるいは柳川魏志《たかし》と名乗っていた。かつて、山口組三代目組長の田岡一雄《たおかかずお》の腹心《ふくしん》だった大物組長である。

暴力団社会には、在日韓国・朝鮮人が少なくない。裏社会は、日本社会からはじき出された一世世代の駆け込み場所だった面も否めない。柳川もそんな在日の一人で、田岡にその度胸のよさを認められ、可愛《かわい》がられたという。山口組が日本全国へ勢力を拡大していった一九六〇年代から一九七〇年代にかけ、その尖兵《せんぺい》を務めたのが柳川組といわれる。柳川組は「殺しの柳川」と異名を取り、柳川本人も、山口組の歴史上でも屈指《くっし》の武闘派組長として知られる。暴力団社会では伝説上の人物だ。

このトラブル以来、許は大阪の組関係者から一目《いちもく》置かれる存在になったという。現役の暴力団相手に三〇万円の見舞金を受け取るような芸当ができたからだろうが、その裏には、もちろんそれなりの理由がある。許がパチンコ屋の二階で暴力団に襲撃された際、頼ったのがこの柳川組組長だという説もある。許が病院から抜け出し、相手の組事務所へ単身で乗り込んで報復したといった武勇伝も周囲に語られている。どれも真偽のほどは定かではないが、少なくとも、暴力団社会との人間関係が、この時代の許永中の行動に影響していたのは間違いあるまい。

こうした許の暴力団社会とのコネクションづくりは、生まれ故郷の中津人脈に根ざしている。かつて中津の一角には、暴力団組織の現役幹部が数多く暮らしていた。なかでも許は、終戦直後、大阪駅前の闇市《やみいち》を取り仕切っていた酒梅《さかうめ》組の大物ヤクザとごく親しい間柄だったという。この暴力団幹部の甥《おい》っ子が許の同級生であり、姪《めい》っ子と許の妹が同級生という近所付き合いだった。そのあたりの許の記憶は鮮明だ。

近所に住んでいた大物ヤクザの姪っ子は在日朝鮮人だったのだろう。朝鮮総聯による北朝鮮への帰国事業がはじまるや、万景峰号《マンギョンボンごう》に乗って海峡を渡ったという。また、この大物ヤクザは、柳川組長と兄弟付き合いをしていたともいわれる。密度の濃い中津の人間関係が垣間《かいま》見える。

じつは許自身、この大物ヤクザの関係する暴力団組織に籍を置いていた時期もあるようだ。組織から足を洗う際、左手の小指を落とした。小指を切断するときに使用したステンレス製の包丁の値段は一四六〇円だった、と許は明かしている。

ちなみに、先の柳川組組長は、警察庁の山口組壊滅《かいめつ》作戦のなかで引退を余儀なくされる。そしてその後、許永中が購入したビルの四階に個人事務所を構えた。一九九〇年代はじめ、柳川はイトマン事件で許が逮捕、拘留されている間に他界するが、後年は右翼《うよく》、民族活動に取り組んだ。許は、柳川の右翼民族活動を継承《けいしょう》しようとしていたという。

許永中が中津を「自らの原風景」と話すのは、中津時代の古い人脈が、後の裏社会におけるコネクションづくりの出発点だったからではないだろうか。ここから大阪の暴力団関係者のみならず、関東の住吉会《すみよしかい》や各右翼団体、さらに同和団体の大物たちとの交流がはじまっていく。それは、その後の許の事業展開にも役立っていった。

そうして愚連隊の親玉は、怪しげな事業を始めるようになる。

短大生との結婚

そんな許には良き相談相手がいた。前述した父、正樅の愛人である。正樅は幼いころから永中だけを連れて、愛人の営むホルモン焼き屋へ通った。永中少年は腹が減ると、この店でご馳走《ちそう》してもらっていたそうだ。

許はこの女性を「もうひとりの母」と呼ぶ。驚いたことに、彼女のことを実の母ではないか、と本気で思っていた時期もあるという。女性が亡くなったときには、父親とともに葬儀の段取りをし、野辺送り《のべおく》をした。彼女は仏教の信仰に篤く、許もその影響を受けている。成人し、大事件を引き起こした許は、その後もずっと女性の信仰していた不動明王《ふどうみょうおう》を崇《あが》めてきた。そこまで思い入れを抱いているのである。

「闇の帝王」「浪速《なにわ》の怪人」などと呼ばれる許永中は、あの巨体からは想像できないほど、繊細なところがある。その繊細な神経を育てたのは、彼の身近にいた女性たちではないだろうか。そう思わせるほど、許永中は多くの女性からさまざまな愛情を注がれている。

意外にも、許は女性に対して生真面目《きまじめ》なところがある。初体験は一九歳のころ。じつは家出し、文化住宅に越した直接の理由は、その女性が身ごもったためだという。許の相手はなんと一六歳だった。女性というより単なる不良少女である。

問題の不良少女は、中津から淀川を越えたあたりの暴力団組員の彼女だったという。それが、ひょんなことから、許と交際を始めた。そして、少女は三ヵ月も経たないうちに妊娠する。本当は許の子どもではなかったが、初体験だった許は、自分自身の子どもだと思い込み、責任を取ろうとした。むろん親兄弟は反対しただろうが、腹の子が別人の子と気づかないまま、実家を出て暮らし始めたというのである。まるで笑い話だ。

それだけ奥手だったということだろう。実家を出て文化住宅を借りたのも、もとはといえば、一六歳の不良少女との生活のためだったのである。

しかし、しょせん、そんな生活が長続きするはずもない。すぐに少女とは別れ、許はここから、自堕落な暮らしにおぼれていく。自ら「酒とバラの日々」というほど、許は数え切れない女性とのセックスを経験し、ときにはニューハーフまで相手にしたという。

そして、最初の妻、藤田《ふじた》紀子《のりこ》とは、そんな放蕩三昧《ほうとうざんまい》の生活を繰り返していた大阪工業大生のときに知り合っている。一緒に遊びまわっていた不良学生仲間からの紹介だった。二人は同い年で、ともに二〇歳。当時、紀子は鹿児島からひとり大阪へ出てきて、短大に通っていた。

紀子と出会ってから間もなく、許は現役の暴力団組員と一緒に傷害事件を起こし、指名手配される。これが大学中退の直接的な原因とも見られるが、一方で、二人の結婚も、この傷害事件がきっかけになる。

指名手配を受け、逃走していた許は、その最中に紀子と待ち合わせをした。最初に学生仲間から紹介されて以来、二人で会うのは初めてだったという。むろんまだ手も握っていない。

待ち合わせ場所は東梅田の繁華街だった。許が用心棒となって面倒を見ていた喫茶店だ。いわば初デートである。夕方六時、紀子は約束の時間より前に喫茶店に到着し、席に腰かけて許が来るのを待っていた。

「待たせたかいな」

許が笑顔で現れた。すると、喫茶店のマスターが慌ててそばに駆け寄ってきた。

「大変なことになってますんや。さっき連絡が入ったところですねんけど、おまわりが大勢でこのあたりをうろついとるらしいんですわ」

そう告げると、マスターは二人を喫茶店の二階にあった同伴コーナーへ案内した。しばらく暗いソファーに隠れるようにして様子を窺《うかが》っていた。情報はたしからしい。窓越しに警察官の姿が見える。

「こりゃあ、あかんな」

許がつぶやく。

「さっ、こっちから逃げてください」

マスターの言葉に従い、喫茶店の裏口から外に出る。紀子は、何が起きたのか、目を白黒させて大きな背中について行く。そして、紀子が下宿している短大の友人宅に向かった。

当時の紀子は、同じ短大に通う友人の家に下宿していた。狭い三畳一間の部屋である。そこにいきなり大きな男が飛び込んできて、二日間、居候《いそうろう》を決め込んでしまった。

そこから二人で鹿児島にある紀子の実家へ向かう。そして、図々しくも、許は知り合ったばかりの彼女の実家で半年も生活するのだ。だが、学生の紀子は大阪へ戻らなければならない。許はひとり鹿児島の実家に残り、紀子の部屋で暮らしていたという。

許は三年生のとき大阪工業大学を中退した。一九六八（昭和四三）年のことだ。それから二人は同棲生活を始めた。皮肉にも、不良少女のために借りた中津の文化住宅が、二人にとって新婚生活の場となる。以来、四〇年来の付き合いだ。

ＪＲ大阪駅に近い中津には、焼き肉屋や一杯飲み屋などが並ぶちょっとした繁華街がある。その街の賑《にぎ》わいを抜けると、すぐに住宅街が広がっている。そこには、大阪万博を前にした一九六〇年代の終わりに建設された文化住宅があったという。大阪府や大阪市が建てた真新しい木造アパートは、人気を呼んだ。

「たしか、永中さんたちは中津のはずれでアパートを借りて暮らし始めたんやったと思います。ちょうど、文化住宅のはしりでな。そこで暮らしてはったはずですわ」

中学校時代の先輩がいう。文化住宅で暮らし始めたものの、紀子は鹿児島の実家から結婚に反対され、一度は短大をやめて郷里《きょうり》に帰る。だが、そのときはすでに子どもを身ごもっていた。一六歳の不良少女のときとは違い、正　真正銘《しょうしんしょうめい》、許永中の実子だ。

許が紀子と正式に結婚したのは、大学中退から二年後の一九七〇年。大阪万博が開催されたまさにその年だ。元号でいえば昭和四五年の七月だった。

奇しくもこの一九七〇年、日本国内は大事件が頻発している。折からの日米安保《にちべいあんぽ》闘争《とうそう》が激化。三月一四日に大阪万博が開催されるや、その一七日後には、ＪＡＬのよど号ハイジャック事件が起きる。いわゆる新左翼《さよく》や団塊の世代が大活躍した時代である。

もっとも、いま振り返ると、当時の左翼たちは過激な行動の割に、どうも地に足がついていない。

「われわれは、『あしたのジョー』である」

世界中を震撼《しんかん》させた赤軍派のハイジャック犯たちが、そう声明を残して日本を後にしたのは知られたところだ。彼らのバイブルが、人気マンガ『あしたのジョー』だった。少年院育ちのボクサーが世界チャンピオンに挑戦するまでの半生を描いた力作である。この年の一一月二五日には、三島由紀夫《みしまゆきお》が市ヶ谷の自衛隊東部方面総監部で割腹《かつぷく》自殺をとげるが、三島もまたジョーのファンだった。

現実の世界は、時としてマンガと変わらないような劇的な展開を見せる。時まさに高度経済成長の真っ只中。急激な社会の変化は、劇画的だったといえるかもしれない。とりわけ大阪の人々は、万博熱に浮かれた。そこでは、いままで体験したことのないような社会の変貌を目の当たりにする。

日本で初めて開かれた国際的な博覧会に、大阪中が沸き返り、万博会場には日本国中から人々が大挙《たいきょ》して訪れた。巷《ちまた》では一〇〇円札に代わって一〇〇円硬貨が流通。急激なインフレのせいで、それまでの貨幣《かへい》価値が大きく変わっていく。アポロ11号の月面着陸《げつめんちゃくりく》記念を売り物にしたアメリカ館では、二時間、三時間待ちの長蛇《ちょうだ》の列が当たり前になり、話題を呼んだ。その長い列がさらに万博人気へ拍車をかけた。

時代の変化は、日本人はもちろん、在日社会にも伝わっていく。

許永中と藤田紀子が旧大淀区役所に婚姻届を出したのは、そんな暑い大阪万博のさなかの七月だ。在日韓国人と日本人短大生との結婚。ともに二三歳の夏の日である。

許は結婚を境に、創氏改名で日本政府から押しつけられた父親の湖山という苗字から夫人姓の藤田を名乗るようになる。さらに永中という名を栄中と改めた。その年、お腹のなかにいた長女が誕生する。続いて女、男と、一男二女をもうけた。長男が生まれたのは一九七四（昭和四九）年のことだった。

その長男誕生と同じころ、許は申順徳《しんじゅんとく》という女性とも関係を持つ。韓国籍の在日二世の女性だった。

「申順徳は、山根という会社員の男と結婚しておりましたが、その婚姻生活も比較的短期間で破《は》綻《たん》し、その後、私が彼女と知り合い、懇意《こんい》になって二人の子供をもうけたのです。山根の戸籍に入っているけど、私の子どもです」

許は後の「イトマン事件」で逮捕されたとき、検事の取り調べに対して、こう供述している。が、旧友のひとりによると、少々ニュアンスが違う。

「彼女が山根という日本人男性と結婚してはったんはホンマです。けど、その後がちゃう。永中さんが横恋慕《よこれんぼ》したようなもんなんですわ」

この内縁《ないえん》の妻、申順徳との間には一男一女がいる。彼女が男の子を産んだのは一九七四年一一月。紀子との間にできた長男が生まれた一ヵ月後だ。許にとっては、ほぼ同時期に二人の長男が誕生したことになる。驚いたことに、この二人の長男は同じ小学校に通う。

クラスこそ違うが、学年は同じだ。二人の長男は小学校六年生のとき、「ぼくのお父さん」という課題で父親の絵を描いた。

「その絵が両方とも禿《は》げ頭に鼈甲縁《べっこうぶち》のめがねをかけたワシの顔なんですわ。それが廊下に張り出されてしもうてね。これには参りました。いっぺんで父親が同じいうことが学校の同級生にバレてもうたんですわ」

許はしばしば知人にこう冗談をいった。結婚当初は、この内縁の妻と本妻の両方の家を行ったり来たりする毎日だったという。

「そうでんな、ワシの子どもたちと一緒に暮らしている申順徳の家には、週のうち半分くらい帰ってましたかな」

イトマン事件の取り調べで、許は検事にそう話している。かたや、申順徳本人は取り調べ検事に、次のように愚痴《ぐち》をこぼしている。

「主人はいつ帰ってくるかわかりません。二ヵ月ぐらい全然帰ってけえへんで、音沙汰なしのときもあったくらいですから」

許が家に帰れなかったのは、女性問題のほかにも理由があった。暴行や傷害事件を引き起こして拘留《こうりゅう》されていたからである。

申順徳は後に野村順子《のむらじゅんこ》と名乗るようになる。名前の由来は、その後の許の人生を決定づける人物との出会いがあるのだが、それはひとまず措《お》く。

許永中はやたらと女性にもてる。じつは大阪には、このころもうひとりの愛人がいた。いまも北新地で「アカラ」という高級クラブを経営している岡西恵《おかにしめぐみ》である。「イトマン事件」の渦中、

「大阪の愛人」と騒がれた。さらに、後の逃亡生活で行動をともにした金美佐子《きんみさこ》と知り合ったのは、もっと先のことだ。

「女房やおかん（申順徳のこと）には、ほかの女のことを知られるとまずいんですわ。今日はおかんのほうへ行くんで、一緒にゴルフをしたことにしといてくれまへんか」

許は浮気をごまかすため、友人や先輩にアリバイづくりを頼んだ。ほかにも何人かの彼女がいたようだが、とくに本妻や内縁の妻には、気を使っていたようだ。

許永中の自宅は、生家のあった中津から徒歩で一五分ぐらいの中崎町にあった。通称、「迎賓館《げいひんかん》」と呼ばれる数奇屋《すきや》づくりの邸宅だ。許が二年間の逃亡生活の後、拘留されていた二〇〇三（平成一五）年春、私はそこを訪れた。

敷地面積にすれば五〇〇坪はある。豪邸の屋敷の前には車数台分の駐車場が広がり、ベンツや四駆《よんく》のジープなどが停まっていた。家の周囲を取り囲む高い塀のいたるところにテレビカメラが設置され、あたりをじっと窺う。さながら要塞《ようさい》のようだ。

許は、この町をこれまで差別を受けてきた貧しい朝鮮部落ではなく、裕福な在日韓国人の「コリアンタウン」にしようと夢見た。主《あるじ》なき後でも、しばらくそこはまるで「許永中村」のような様相を呈《てい》してきた。

周囲はひっそりとして人気《ひとけ》がほとんどない。建物の棟続きに、許と縁の深い空手の極真会館関西本部があった。許は以前、その空手道場のワンフロアーに専用のウエイトトレーニングルームとサウナ施設をつくり、暇さえあればそこで汗を流していた。

本宅の真向かいには、大阪府警の出張署が置かれ、そこで四六時中《しろくじちゅう》、人の出入りを監視している。許本人が拘留されていてなお、独特な緊張感が漂っていた。出張署の隣には韓国系の民族団体である大阪民団本部があり、さらに迎賓館の裏手には、許が事業活動の拠点にした有恒《ゆうこう》ビルがあった。


有恒ビルは人手に渡っているが、ここに専用オフィスを構えていたのが柳川次郎だ。許の後ろ盾《だて》だった山口組系柳川組の在日韓国人の組長である。しかし、その人物もいまはいない。かつての許の仕事仲間がいう。

「有恒ビルはいってみたら永中さんの本拠地でしたわ。ここの最上階には藤田紀子さんも住んではった。娘さんたちと一緒やったね。迎賓館の邸宅ではなく、ここに昔から苦労をともにした女房を住まわせていたのは、いかにも彼らしい話ですな」

許永中は、身内に対して異常なまでの愛情を注いできた。

日本社会のなかで少数民族として生きてきた在日韓国・朝鮮人は、身内意識が非常に強く、家族や親戚を大事にする。友人・知人の間で金を融通《ゆうずう》し合う「頼母子講《たのもしこう》」というシステムが、古くは日本にもあったが、在日の自営業者はつい最近まで、親戚のあいだでこの「頼母子講」を使って商売の資金を調達してきた。

身内で助け合う——。それはある種、就職口もなく、差別されてきた彼らの生きるための防衛手段でもあった。中津のスラム街で、在日一世世代のそうした暮らしぶりを目の当たりにしてきた許永中にとって、彼女たちはまさしく身内である。

内縁の妻である申順徳は少し離れた町に住んでいたが、本宅のすぐ近所には、申の経営する「フェスタ」というパチンコ屋があった。その後、店は競売《きょうばい》にかけられたものの、かつては許のグループ企業の一角を占めていた。

本宅の隣には、クラブ「アカラ」のママ、岡西恵が住む臙脂《えんじ》色《いろ》のレンガづくりの家がある。本宅ほどではないが、岡西の家もかなりの豪邸だ。許は、塀のなかにあって、こうした女性たちのことをずっと案じている。イトマン事件発覚の前後、岡西の経営するクラブに、許の購入した高級絵画が飾られていると報じられたこともあったが、そのように、マスコミが彼女たちのことを書き立てるのをとくに気に病んでいる。

許永中との関わりを世間に知られることについて、彼女たちはどのように思っているのだろうか。ある意味で、許と関わってきた女性たちは被害者かもしれない。しかし、彼女たちが一連の事件とまったく無関係かといえば、それもまた違う。逃亡を手助けした金美佐子ばかりではない。彼女たちが、許の設立した会社の役員になっているケースもある。華やかな女性関係。それも、まぎれもなく許永中の人生の一部である。

「迎賓館」と呼ばれる許の豪勢な邸宅の駐車場脇には、「不動照人」と彫《ほ》られた大きな石碑《せきひ》が建ち、細い道路を隔てたところに鳥居《とりい》がある。まるで小さな稲荷神社《いなりじんじゃ》のようだ。その鳥居を潜ると、不動明王がにらみをきかせていた。

ちなみに、岡西の経営する北新地のクラブ「アカラ」はサンスクリット語だ。ヒンドゥー教のシバ神の別名で、それが漢訳され、不動、不動尊と称される。目を見開き、牙《きば》をむき出して、下の歯で上唇《うわくちびる》を噛《か》む。内外の障害や穢《けが》れを焼き尽くし、悪魔や敵を撃滅して行者を守護する。それは大日如来《だいにちにょらい》の仮の姿とされる。

許はこの不動明王を信仰した。父親の愛人だった「もうひとりの母」が、信じ崇《あが》めた守護神だ。許は自ら不動明王になろうとしたのか、それともそこに救いを求めようとしたのか。

自宅前の「許永中神社」には、いくつもの石碑や石灯籠《いしどうろう》が並び、そこには寄進者の名前が刻まれていた。

「田中森一、山段芳春《さんだんよしはる》、吉永透《よしながとおる》、井出野下守《いでのしたまもる》……」

いずれも、許との関係浅からぬ人物たちだ。

冒頭に紹介したとおり、東京地検特捜部OBの田中森一は、自らの半生を描いた自叙伝『反転』で、一躍《いちやく》、時の人となった。二〇〇〇（平成一二）年、石橋産業事件で許とともに逮捕される。二〇〇六（平成一八）年に懲役三年の高裁判決を受け、二〇〇八（平成二〇）年二月、ともに刑が確定した。吉永透は元大阪地検特捜部長である。許永中の刑事弁護人を担ってきた。山段芳春は京都のフィクサーと呼ばれた人物であり、井出野下守は石橋産業事件捜査の渦中に亡くなった許の懐刀《ふところがたな》である。

「川島国良、境川尚《さかいがわしよう》、田中英寿《たなかひでとし》、金雲龍《キムウンヨン》……」

さらに、石碑にはこうした名前もあった。相撲の境川親方や日大相撲部の田中監督も、かつてはたびたびこの迎賓館に招待されていたという。金雲龍は韓国オリンピック委員会（ＫＯＣ）会長にして、ＩＯＣの元副会長という大物であり、サッカーの日韓ワールドカップ開催の立役者《たてやくしゃ》でもある。いずれも許永中と親交の深かった人たちばかりだ。

しかし、石碑になかった名もある。住友銀行の磯田《いそだ》一郎《いちろう》元会長やイトマンの河村良彦《かわむらよしひこ》元社長。

そして、亀井静香《かめいしずか》や竹下登《たけしたのぼる》の名もなぜかここには刻まれていなかった。

第二章　アンダーグラウンドの世界

朝もやの港に、船は到着した。群青色《ぐんじょういろ》の海から陸を見あげると、急勾配《きゅうこうばい》の斜面が左右に広がっている。斜面に密集する無数の小さな建物が見える。まるで坂を転げ落ちないよう、それぞれが肩を寄せ合ってへばりついているようだ。釜山には地中海の古都、ベニスのような趣《おもむき》がある。

二〇〇三年二月二〇日、私は韓国第二の都市、釜山港の埠頭に立った。そこは、北九州から訪れる日本人の観光客で賑《にぎ》わっていた。玄界灘《げんかいなだ》を時速八〇キロで走る高速フェリー、「ビートル」が、博多と釜山の間を三時間足らずで結ぶ。船は荒れる冬の海でもそれほど揺れない。JR九州自慢の高速艇である。このビートルを含め、博多・釜山間の航路には、一日四〜五便の定期船が行き来している。

許永中はかつて、この釜山港に大阪発のフェリー航路を築きあげた。日韓の架け橋という名の下で設立した「大阪国際フェリー」である。おかげで在日韓国人の「青年実業家」と持ちあげられ、一〇〇社近いグループ企業を率いる謎の会社オーナーとして話題になったものだ。大阪国際フェリーの設立は、藤田紀子との結婚から数えて一六年目のことである。

許永中が在日韓国人の青年実業家と呼ばれるようになるには、いくつかの転機がある。文字どおり紆余曲折《うよきょくせつ》の連続だったといえる。許は若くして事業を始めた。それは、就職差別を受けた結果、やむなく自営のビジネスを立ちあげたという種類のそれではない。はじめは不良学生として自らの放蕩《ほうとう》の末、適当に金儲けしようとしていた程度、といったほうが正しいだろう。当然、どれも大した成果をあげてはいない。

しかし、そんななかで確実に人生の転機を迎えていく。そのたびに、許永中という「怪物像」をつくりあげたさまざまな人物との出会いがあった。

「私は、大学在学中から、知り合いの我部《がべ》広志《ひろし》（仮名）が経営していた建設会社の現場監督のようなことをしていました。もともと、我部さんは父の従兄弟の使用人でした。知り合いでもあったので、中退後に経営を手伝うようになったのです」

イトマン事件で逮捕された一九九一（平成三）年七月、許は取り調べ検事に対して、こう供述している。

遊ぶ金欲しさにひたすら無茶をしていたかのように見えた許は、間もなく会社経営に関心を示していった。その会社が「大淀建設」である。許は後に会社の買収を繰り返し、企業グループをつくっていくが、最初は父親のつてで関係を持ち、その後、オーナーとしてこの建設会社を経営していく。

二一歳のころ、許にとって事業に目覚める最初の転機が訪れた。西村《にしむら》嘉一郎《かいちろう》という怪人物との出会いである。西村は経営コンサルタントとして、和歌山を中心に活動し、右翼《うよく》や同和団体など幅広い人脈を築いていた。

年齢は許の一〇歳以上も上。寅年《とらどし》生まれの七〇歳だ。許はある出来事を契機に、西村と衝撃的な決裂をするのだが、それは後述する。

西村は産経新聞の記者から独立し、その後、裏社会に足を踏み入れた。表向き、「東西通信社」というミニコミ誌を発行する出版社の経営者である。だが、その裏で企業調査や警備会社のオーナーとして、和歌山県内の企業の機密事項をつかみ、にらみをきかせていた。

西村の名前は、バブル景気前後の経済事件にもたびたび登場している。バブル期に計画された和歌山県の「フォレストシティ建設計画」というリゾート開発でも、その名前が取り沙汰《ざた》された。県内最大手の地銀である紀陽《きよう》銀行が、六〇〇億円も投入してブチあげた開発計画だ。その計画が頓挫《とんざ》し、刑事事件に発展する。一九九三（平成五）年には、大阪地検特捜部が紀陽銀行幹部を逮捕し、当時の頭取《とうどり》が辞任に追い込まれた。西村はこの事件の裏で糸を引いていたのではないか、とも疑われ、大阪地検特捜部からマークされていた時期もある。

また、副頭取が自宅前で射殺されるという、ショッキングな出来事で知られる阪和《はんわ》銀行の事件でも、一部で西村と銀行との関係が噂された。阪和銀行は一九九六（平成八）年に破綻し、翌年に和歌山県警が銀行の不正融資を摘発する。だが、結局、副頭取の射殺事件は未解決のまま、二〇〇八年八月に時効が成立した。

許永中は、この西村を大学時代の遊び仲間から紹介された。

フィクサーとの出会い

二〇〇三（平成一五）年初頭、私は西村嘉一郎に会うことができた。事前に電話連絡し、大阪中之島のリーガロイヤルホテルで待ち合わせた。待ち合わせ時間の少し前にホテルに到着すると、すでにロビーラウンジに小柄な老人が腰かけている。初対面にもかかわらず、顔見知りのように右手を上げ、手招きする。それが西村だった。小走りに駆けよって、名刺を受け取ると、「西村嘉一」となっている。以前に名乗っていた「嘉一郎」ではない。どちらが本名なのか定かではないが、かつて許永中の事業パートナーだった人物なのは間違いない。

「永中と初めて会ったんは、彼の愚連隊時代の仲間からの紹介やった。その男はワシの近所に住んどってな。金を貸してやったんやけど、そのままどこかへいのうなっていた。そうして一年ぐらいたって連れてきたんが、永中やった。事務所を開きたいいうんで、ワシのところを使わせたったんや」

西村はホテルラウンジのソファーに身を沈め、三〇年以上前の出来事に思いを馳《は》せた。西村と許が出会ったのは、許に大阪工業大学の籍がかろうじて残っていたころだという。一九六八（昭和四三）年のことだ。許は不良学生仲間と一緒に、住友倉庫の荷役作業を請け負っていた。日雇い労働者や学生アルバイトを集め、作業をさせる。許たちの実入りは請負金のピンハネだ。いまでいうところの人材派遣業である。

前述した「大淀建設」で働いていたころだろう。そんなとき、たまたま出会ったのが西村だったという。許へ西村を引き合わせた「愚連隊時代の仲間」が、木下和政《きのしたかずまさ》だ。イトマン事件でも登場した許の側近のひとりである。木下は大阪工業大学時代、大淀建設で許と一緒に働いていた。

許は、西村と知り合った後、ほどなく大学を中退している。そうして生まれて初めて事業用の事務所を開設した。その段取りをしたのが西村だ。

西村は自分の会社が入居していた向陽《こうよう》ビルという建物の一室を許が借りられるよう手配した。ビルといっても、元警察官の老夫婦が管理していた木造二階建ての古ぼけた建物。そこには、古《こ》参《さん》の総会屋や得体《えたい》の知れない事件屋が頻繁に出入りしていたという。西村は、余っていた古い中古のスティール机と椅子の二セットを調達し、それを許に五〇〇〇円で売って事務所の体裁《ていさい》を整えさせた。

許にとって、西村はビジネスの世界で最初に知り合った先達《せんだつ》といえる。実際、許のグループ企業の元幹部は、西村についてこういった。

「当時の永中さんが、西村さんからいろいろ学んだんは間違いあらへん。昔、永中さんは西村さんのことを『最初の商売の先生や』と話してはったぐらいです。あのころは西村さんの秘書兼運転手みたいな感じではなかったでしょうか」

なぜか許には、西村との関係に妙なこだわりがある。不良学生と名うての経営コンサルタント。ビジネス現場のやりとりで敵《かな》うわけがない。年齢も許より一〇歳以上も上、とずいぶん離れている。にもかかわらず、許永中は西村を語るとき、あくまで立場は対等だったといい張る。

だが、そのころの許が、大阪市内のビルに事務所を構えていた西村のもとで大きな経験をしたのは間違いない。二〇万円の月給ももらっていた。そして、この時期、許は西村というやり手のコンサルタントから、単なるならず者の世界とは異なる、ビジネス社会の手練《てれん》手管《てくだ》を会得《えとく》していった。許は彼のやり方を学んだ。そして後のリゾート会員権の販売などで、そうした西村の手法を取り入れていく。

西村は、情報誌を発行する傍ら、不動産開発に首を突っ込んでコンサルタント料をせしめていた。取引先を信用させるため、しばしば、○×電鉄などと冠をつけた仰々《ぎょうぎょう》しい名の会社を設立し、その代表におさまる。日本国中、鉄道会社の冠があれば、取引先や顧客はそれなりに信用する。東急、小田急、西武、といえば誰しも一流会社と思うのと同じである。西村はそうしたインチキ会社のネームバリューを利用し、取引を有利に運んだ。それが常套《じょうとう》手段だったという。

たとえば「磐梯《ばんだい》電鉄不動産」という別荘地分譲《ぶんじょう》目的の会社を設立。許はこの会社の営業担当専務取締役になるよう誘われ、会社に仲間を送り込んだ。西村は不動産開発や建築、土木事業における裏ビジネスを得意とした。そこでは情報収集やその操作が大きな武器になる。西村は情報操作に長《た》けていた。

その西村には同じ和歌山出身の人物の強力な後ろ盾があった。許は西村を通じ、そんな人脈にも触れている。西村のスポンサーだった大谷貴義《おおたにたかよし》である。大谷は、あの小佐野賢治《おさのけんじ》と並び称されるほどの大物の政商として知られる。

小佐野と田中角栄《たなかかくえい》の関係は広く世に聞こえているが、政界では大谷もまた福田赳夫《ふくだたけお》の刎頸《ふんけい》の友と呼ばれた。百貨店「そごう」の最高顧問の肩書を持ち、数十社の一流企業から顧問料を受け取っていたという。金融界では、旧三和《さんわ》銀行（現三菱《みつびし》東京ＵＦＪ銀行）の裏顧問的な役割を果たしてきたというのが定説になっている。いわゆるトラブル処理の裏で暗躍《あんやく》する黒幕である。

許は、西村を介《かい》してこの大谷と知り合う。

「アンタは、ヤクザかな」

西村に連れられ東京・代々木の大谷の豪邸を訪れた許は、大谷からいきなりこういわれ度肝《どぎも》を抜かれた。と同時に、大谷のことを、これまで付き合ってきた不良たちとはまったく違う種類の人物だと感じる。以来、許は大谷に師事《しじ》していった。自ら大谷に近づいていったのである。

「あんな凄《すご》みのある人に会《お》うたのは、あのときが初めてやった」

こう周囲に漏《も》らし、大谷のことを持ちあげた。許にとって、大谷との出会いはそれほど印象深かったに違いない。そこからおよそ半年間、運転手兼用心棒を務めることになる。

許が知り合った当初、大谷は紀伊《きい》半島の私鉄、「御坊《ごぼう》臨港鉄道」の買収を計画していた。御坊臨港鉄道は戦前に敷設《ふせつ》された過疎《かそ》地《ち》を走る「日本一のミニ私鉄」として、鉄道マニアにはポピュラーな存在だ。西村が設立した「磐梯電鉄不動産」でそこの総発行株数の半分を取得。許は西村とともにこの買収に奔走《ほんそう》した。結果、小佐野と並ぶ政界の黒幕から認められるようになり、大谷の周囲にいる政財界の実力者たちとの対応を任されたという。

日中平和友好条約締結のときの外務大臣だった園田《そのだ》直《すなお》や、福田内閣の坊秀男《ぼうひでお》大蔵大臣秘書など、このころ許が大谷や西村を通じて知り合った人物は数多い。大谷自身の自宅増築祝いの際には、あの松下正治《まつしたまさはる》と二人並んでの受付までした、というから驚きである。改めていうまでもなく、松下正治はその後、松下電器産業の会長となる。

換言すれば、大谷は松下電器創業家の御曹司《おんぞうし》を、自宅増築祝いの受付に座らせるほどの大立《おおだ》て者《もの》だったということだろう。大谷の娘は裏千家《うらせんけ》に嫁《とつ》いだ後に出戻り、外務大臣だった園田直の愛人になった。また、大谷と松下家の関係も、政財界では知る人ぞ知るところだ。

ジャーナリストの伊藤博敏《いとうひろとし》著『許永中「追跡15年」全データ』では、許自身、大谷についてこんな風に語っている。

「政治家から政界、ヤクザに至るまで、あらゆるところにパイプがあり、くさるほどカネを持っている人でした。人の奥さんに手を出して、それが婿《むこ》さん公認で銀座にクラブを出させたり、こっちは純情やったから、『こわい大人の社会があるもんやナ』と、驚くことの連続やった」

このころの許は、年齢にすると、まだ二〇代の若造だ。当時の許にとって、西村や大谷はある意味で裏社会の手本だった。少なくとも、蜜月《みつげつ》の時代を経てきたといえる。しかし、最終的に許は、彼らとの出会いを否定的にしか語らない。同著で、許は大谷のことを以下のようにいって見下している。

「だけど、ある時、犬が庭で『ワン』と吠えただけで、おっさん飛び上がって驚き、庭中サーチライトつけて点検させた。その間、『なにか、なにか』と言うて、よう座らん。大物になってカネくさるほど持って、そのなれの果てがこれか、と思うてね。あほらしくなった。それでおっさんのもとを去るんやけど、カネにこだわらぬ、大きなカネに驚かぬという私の原点は、犬のひと吠えに震えるあの人の姿やったね」

許永中は、最初のビジネスの師である西村嘉一郎についても、可哀相な人間としか思わない、という。そんな二人はやがて決裂する。許がとった決裂の儀式は、あまりにむごいというほかない。

「日本国の抱える宿痾」

許永中は、西村、大谷との出会いを契機に、愚連隊の親玉を卒業する。彼らに刺激を受けたのだろう。これ以降、事業のまねごとをしていく。

数年間、西村や大谷の下《もと》で働いた許は、一九七三（昭和四八）年から一九七四（昭和四九）年にかけ、帝國商工興信所や西日本パトロール警備保障といった会社を設立する。これも表向き広告代理店のほか、企業調査会社を経営していた西村の手法に倣《なら》ったと受け取れる。もっとも企業調査や警備を定款《ていかん》にうたってはいるが、本人も「それこそ詐欺《さぎ》まがいの調査会社」だという。その言葉どおり、まともな事業ではなかった。

許が初期に手掛けた事業のうち、多少なりとも社会に通用しそうなのは、先の大淀建設の経営くらいだろう。もとはといえば、父親のつてで大学生時代に手伝っていた会社だ。一九七五（昭和五〇）年、その大淀建設を買い取り、本格的に経営に乗り出した。このとき、許はまだ二八歳の若さである。

「当時、被差別部落出身の同和や在日は、チンピラや愚連隊になって暴れまわっていたのがめずらしくなかったんや。それから、本チャンの極道になるもんと、まがりなりにも事業を始めようとするもんに分かれていったな。まあ、どっちも根っこはおんなじや。金を持って派手な暮らしをしたかっただけやけどな」

許の知人のひとりはそう解説する。山口組系暴力団の元幹部である。

もっとも、単なるチンピラに過ぎなかった在日韓国人の「権太《ごんた》」が、そう簡単に建設業界で通用するわけがない。そこで役に立ったのが生まれ故郷の中津人脈であり、その縁で始めた同和対策事業である。許は同和問題にも密接に関わっている。

「在日問題には、日本の宿痾《しゅくあ》が内包《ないほう》されている」

許永中は繰り返しそう力説してきた。在日韓国・朝鮮人たちの多くが、同和部落解放運動や右翼活動、暴力団組織と深く関わってきたといってはばからない。

在日、同和、右翼、暴力団には、それぞれ活動団体や組織が個々に存在する。だが、日本社会において、この四つの団体や組織は、脈絡《みゃくらく》なく無関係に存在しているわけではない。それぞれが密接な繋がりを持ち、人間模様が絡《から》み合っている。そして、在日問題には、それらの抱える諸問題が集約されているという。許が在日問題に関し、「日本の宿痾が内包されている」と表現してきたのは、まさしくそういう意味である。

戦後日本が歩んできた裏面史の本質を突いているのではないだろうか。許永中は有機的に交わるそれぞれの宿痾の接点に立ってきたともいえる。

大阪万博の前年である一九六九（昭和四四）年、同和対策事業特別措置法が施行された。同特法と略されるこの法律は、劣悪《れつあく》だった同和地区の生活環境基盤整備の目的で制定されている。当初は法律の有効期間を一〇年とする時限立法だったが、延長に次《つ》ぐ延長を重ね、二〇〇二（平成一四）年まで続いた。およそ三〇年のあいだ、差別解消という旗印《はたじるし》のもと、巨額の税金が投入されていく。過去三〇年間で投じられた同和対策事業費はじつに一五兆円にのぼる。

これらの税金は四五三三の同和指定地区に住む二一五万人の生活改善のために使われたことに

なっている。しかし、実態は同和地区住民のために使われたものばかりではない。むしろ、利権構造のなかにこれらの公金が組み込まれていった側面もある。昨今、京都や奈良で、関係者に対する法外な便宜《べんぎ》を図ってきた事実が発覚し、自治体の同和行政そのものが激しく非難されたのは記憶に新しいところだろう。

だが、それはいまに始まった問題ではない。わけても、表社会の同特法施行間もない一九七〇年代の同和利権は、もっともすさまじかったといえる。高度経済成長という表社会のめざましい発展の裏で、同和対策の建築、土木工事が盛んにおこなわれていった。とりわけ万博が開催された関西は、同和地区が多い。投じられた事業費も巨額だった。

そして、このころ許の経営する大淀建設もまた、同和関連事業を請け負っている。在日韓国人の事業でありながら、なぜか同和利権に食い込んでいるのだ。許は、ことあるごとに「日本の宿痾」に深く関わってきたと話していた。それは、こうした自らの実体験に根ざしているといえる。そこにも、生まれ故郷の中津の人間関係が影を落とす。

在日韓国・朝鮮人だけでなく、同和部落出身者も多く住んでいた中津では、その子ども同士が友だちだった。許の通っていた中津小学校には、在日韓国人の児童もいれば、同和部落出身者の子どもたちもいる。一学年下には、部落解放同盟大阪府連合会の首脳の娘が在学していたという。

通称、解同。その名のとおり部落解放同盟は、被差別部落解放を目的とした活動団体だ。同和問題の団体のなかでは、もっとも長い歴史を持つ。同和部落の差別からの解放を求めて運動を続けてきた。深く同和行政に関わってきた団体のひとつといえる。

許は、少年時代を過ごした中津の人間関係から、解放同盟大阪府連という同和団体の大物を知った。同和関連事業にやすやすと参入できたのも、そうした人脈がものをいったのではないだろうか。現に大淀建設は大阪府や大阪市の公共事業を受注できた。それは、解放同盟の傘下《さんか》に入ったからでもある。

「大阪の同和関連事業で仕事を取るには、同建協を通さなあかんのです。この同建協ていうんが、解同の仕切っとるところで、工事を受注するためにはここへ加盟せなあかんのですわ」

大阪の土建業者が、その仕組みの一部をそう説明する。同建協の正式名称は「大阪府同和建設協会」。同特法の施行後、部落解放同盟が「自主財源獲得の基盤として、重大な役割の一端を果たす」という趣旨で設立した、同和地区内同盟員の業者団体である。同建協は同和関連事業のみならず、一般の公共工事においても影響力を行使してきた。

一九七〇年代前半（昭和四〇年代後半）には、年間一〇〇〇億円を超える大阪府の発注工事のうち、同建協の加盟業者がその二割を受注している。そのため、加盟業者が急速に増えていった。

本来、この同建協のメンバーとなるには、経営者が同和部落出身者でなければならないように思える。しかし、同和部落出身者でもなんでもない許の大淀建設がこの同建協に加盟できた。そこで役に立ったのが中津の人脈だったのは、想像に難くない。大淀建設が同和関連事業を請け負うことができた背景には、やはり裏事情がある。

一九七〇（昭和四五）年には、部落解放同盟大阪府連委員長の上田卓三《うえだたくみ》が行動隊を結成。隊員は戦闘服《せんとうふく》を着て、運動に参加していた。行動長には解放同盟西成《にしなり》支部長だった岡田繁治《おかだしげはる》が就任し、その後、飛鳥支部長の小西邦彦《こにしくにひこ》を副隊長に据《す》える。いうまでもなく、西成地区には日本最大規模の被差別部落がある。老舗《しにせ》の博徒《ばくと》、酒梅組がここを縄張りにしていたが、岡田は元酒梅組幹部だった。かたや飛鳥地区は、梅田と新大阪のあいだに位置する。急速に開発が進んだ地域だ。山口組系金田組の縄張りであり、小西は金田組組長の運転手兼ボディガードから飛鳥支部長になる。岡田、小西の両人は、いずれも被差別部落問題で知らない者がいないほどの有名人である。

西成の岡田繁治元支部長について、大阪府警の関係者が次のように解説する。

「岡田のことはよう知っとる。ひところマークしとったからな。総会屋への利益供与《きょうよ》事件で話題になった、百貨店『髙島屋』の与党総会屋としてな。一九九六（平成八）年のことや」

また小西邦彦元飛鳥支部長は、史上最大の暴力団抗争といわれた「山口組・一和会《いちわかい》抗争」でも、その名前が取り沙汰された。府警の関係者が言葉を継ぐ。

「昭和六〇年の山口組四代目組長、竹中正久《たけなかまさひさ》の事件でも名前が出たで。竹中が愛人のマンションから表に出てきたところをヒットマンに襲われたあの事件や」

愛人宅マンションの名義上の借り主が小西だった。当時、竹中組長の愛人が住んでいたのは、大阪府吹田《すいた》市のGSハイム第二江坂五〇八号室。竹中は小西邦彦を名乗ってこのマンションに出入りしていた。

そして、事件は玄関ロビーで起きた。待ち伏せしたヒットマンたちが、エレベーターから降りてきた女連れの竹中組長をいっせいに銃撃。ボディガードが駆けつけたときにはすでに時遅く、竹中は即死状態だった。ロビーは銃弾が撃ち込まれた穴がいたるところにあき、鮮血がそこかしこに飛び散っていた。これが「山口組・一和会抗争」の幕開けとなる。改めて、事の経緯を小西の知人に聞いてみた。すると、こう話す。

「本人は、マンションの名義について知らんかったいうてました。山口組系のある組長に頼まれて名義を貸したらしいんやけど、まさかそこに四代目の女が住んどっとはな、てびっくりしてましたで。それがホンマのところとちゃいますか」

まだ三〇歳にも満たない許永中は、こうしたアンダーワールドの先輩たちのなかでもまれた。その巧妙な手法を目の当たりにし、それを学んだ。

いまから三〇年以上も前の話である。だが、それは単なる過去の歴史ではない。同特法が廃止されたのは二〇〇二年。これ以降、さまざまな事件が明るみに出ている。

部落解放同盟飛鳥支部長だった小西が、大阪府警捜査二課によって逮捕されたのは、二〇〇六年五月。容疑は大阪市の外郭団体、大阪市開発公社から管理委託《いたく》されていた駐車場の収益の一部を着服《ちゃくふく》していた業務上横領《おうりょう》の疑いだ。駐車場の管理は、同和関連事業の一環であり、ついに同和利権にメスが入った、と世間は拍手喝采《かっさい》した。

換言すれば、許が首を突っ込んだころの同和関連事業は、捜査当局すら手がつけられないアンタッチャブルな世界だったのである。許は彼らとの交わりを通じ、次第にその存在感を増していった。

同和人脈と裏社会への進出

このころ、許は岡本醇蔵《おかもとじゅんぞう》という人物と知り合う。というより、正確には妙な形で再会した、といったほうがいいかもしれない。岡本は近畿大学の応援団長だった。昭和五〇年代にヒットしたマンガ『嗚呼!! 花の応援団』の主人公、青田赤道《あおたあかみち》のモデルだとされている。許より五歳上。許の愚連隊時代の先輩といえる。許と同じようにめっぽう喧嘩《けんか》が強い。マンガでは学生でありながら、暴力団組員も避けて通るような人物として描かれている。

パチプロを束《たば》ねていた許に対し、岡本はパチンコ屋の用心棒をしていた。大阪の繁華街で暴れまわっていた者同士、以前から顔見知りではあったが、許が事業を始めるまでは、これといった付き合いはなかった。

当時、岡本は兵庫県内の精肉業者とともに、アーデル・ホームという建設会社を経営していた。そこで、ある工事の受注を争い、許の大淀建設とアーデル・ホームが衝突した。

「うちとこのこと、知らんのかい」

そういってアーデル・ホームに乗り込んできたのが許だった。許は前述した部落解放同盟の同建協メンバーという看板を盾《たて》にとって岡本のところへ怒鳴りこんだ。

「部落がどないしたいうんかい」

岡本がやり返す。だが、かつての先輩後輩同士、すぐに和解したという。これが縁となり、岡本との付き合いがはじまる。

人脈が人脈を引き寄せるものだ。許はこうして出会った人間関係をフルに利用していく。許が育った中津で影響を受けた組幹部も、同建協に加盟していた。許が同和事業に参入したのも、これらの人物との縁があったからにほかならない。

そして、許は「部落解放同盟大阪府連西成支部長付」という奇妙な肩書を持つまでになる。解放同盟西成支部は小西と双璧《そうへき》をなす強面《こわもて》だった岡田が率いていた地域だ。その名刺の威力はいうまでもない。

同和事業を独占的に受注するために組織した同建協は、その役割を十分に果たしていった。同建協に加盟すれば、大阪府や大阪市の公共事業を優先的に受注できるのは先に書いたが、そこには一定のルールがある。

「同建協では、国誉、中林、友愛、という建設会社がビッグスリーとされ、多くは、まずここが公共工事を受注してきた。阪神高速道路の遮音壁《しゃおんへき》工事などは、一社で二〇億円の受注ができるときもあり、実入りのいい仕事でした。それらを同建協の下請けメンバーにまわす。そこからさらに孫請け、ひ孫請けとまわしていくことにより、それぞれに金が落ちる仕組みです」

ある解放同盟の関係者が事情を話す。一見、元請けのゼネコンが子会社や孫会社へ工事を発注するのと同じような仕組みに思える。だが、そうではない。同建協の加盟業者のなかには、グループ企業としてペーパーカンパニーを設立するケースも少なくなかった。理由は休眠会社だろうが、ペーパー会社だろうが、行政側はノーチェック、トンネル会社として使えるからだ。多くの企業を通せば通すほど、利益が落ちる仕組みなのである。

「だから昭和四〇年代末は、建築会社がたくさんできました。建設業の許可は大阪府の知事登録ですが、相談に行くと窓口が申請書類まで書いてくれた。許可登録ができると、翌日から仕事が入るといった状況でした」

その例に倣《なら》ったのだろう。許も大淀建設のほか、秀吉建設や西大阪環境開発といった会社を次次とつくった。そうして許永中は、同和関連事業でもその名前を売り、いつしか在日韓国・朝鮮人だけでなく、同和人脈がとりまくようになる。それらの人脈は右翼や暴力団とも密接に繋がっていた。許永中は、そんな在日韓国・朝鮮人や同和人脈を通じ、さらに裏社会における橋頭堡《きょうとうほ》を築いていくのである。

許は暴力団組員ではない。意識のなかでは、暴力団と一線を画《かく》してきた。だが、少なくともその関係はすこぶる深い。わけても有名なのが、山口組系の古川組との関わりである。古川組は山口組のなかで直参《じきさん》と呼ばれる名門の二次団体だ。

その組長だった古川真澄《ふるかわますみ》との縁は、許が大淀建設の経営に乗り出したころにさかのぼる。許永中自身、イトマン事件の検事の取り調べで、古川との出会いを語っている。

「建設関係で私のところの社員が山健組と揉《も》めた折、古川組長にあいだに立ってもらったのが、古川組長と知り合った最初でした。当該の社員が古川組にいたことがあり、組長にやっかいになったのです」（一九九一＝平成三年七月二四日事情聴取）

繰り返すまでもないが、「建設関係の揉め事」とは大淀建設における荷役などを指している。トラブルの相手の山健組は、山口組の系列組織のなかでも最大級の勢力を誇る。初代組長の山本《やまもと》健一《けんいち》は、山口組三代目組長である田岡の最有力後継者と目《もく》されていたヤクザ社会の大物だ。取り調べで許は次のようにも話している。

「このときの相手方の山健組若頭が後の山口組の五代目であり、このころに面識《めんしき》はありました」

その難関を乗り切るために頼ったのが、同じ山口組系の古川組長だったのである。許の言葉どおり、その後、古川と許は急速に親しくなっていく。一九八三（昭和五八）年四月、許と古川は、東急建設の地上げに絡んだ恐喝《きょうかつ》事件を引き起こした。これを境に、許は捜査当局から「古川組相談役」と認定される。

「この共同脅迫容疑の事件を契機に、私が古川組の企業舎弟《しゃてい》だとか、相談役だとか報道され、大変迷惑しております」（一九九一＝平成三年七月二四日事情聴取）

イトマン事件当時、許は取り調べの検事に対してこうも話しているが、世間からすれば、やはり暴力団社会の住人に見えるのはやむを得ない。

「世界タイトルマッチ」の仕掛け

大淀建設の経営に乗り出したころの許は、興行の世界にも足を踏み入れる。世に聞こえた美空ひばりと山口組三代目、田岡との間柄を例に挙げるまでもなく、そもそも興行の世界と暴力団社会は表裏一体ともいえる。

このころの許が関わったのはボクシングだった。興行の世界では、不思議と暴力団同士の棲み分けができている。ボクシングは関東の住吉会が全国の興行を掌握していた。住吉会は、いまも東京近郊を中心に勢力を誇り、稲川会や山口組と並び称されるほどの広域暴力団である。

許永中は住吉会と交流を持つことによって、ボクシングの興行に一枚かんだ。またしても、中津人脈がその足掛かりをつくっている。

あるとき、近所の酒梅組幹部のところへ、東京の別組織の組員が厄介《やっかい》になっていたという。その筋の世界でいう「わらじを脱いでいた」わけだ。やがて許は、東京から来たその客分と北新地やミナミの繁華街を飲み歩くようになる。そして、この東京の組員から住吉会の若い構成員を紹介された。住吉会の若手組員は、後に会の最高幹部になるが、三人はその世界でいう「兄弟付き合い」を始めた。

この若手組員が、大阪入りした住吉会の総裁を許と引き合わせたという。事情を知る許の知人が話す。

「住吉の総裁が大阪に来るときは、かならず永中さんが大阪駅まで車で迎えに行ってましたんや。永中さんは車の運転が好きやさかい、苦にならんかったんと違いますか」

許は住吉会総裁のボディガード兼運転手を務めた。こうして総裁の身のまわりの世話をしているうち、許は総裁から可愛がられるようになったともいわれる。

「いっぺん藤田（許の日本名）にやらせてみたらどうか」

総裁は、許の「兄弟分」に許に興行を仕切らせるよう指示した。

もっとも初めての興行はボクシングではない。二八歳の許が最初に手掛けたのは、「北島三郎《きたじまさぶろう》ディナーショー」だ。会場は、中津駅から歩いても一〇分ほどのホテルプラザだった。そして、その次に関係したのがボクシング興行である。それも世界タイトルマッチだ。階級はジュニアミドル級。許は日本人チャンピオンに韓国人挑戦者をぶつけようとした。そのため、新たにジムまで設立したという。

だが、所詮《しょせん》、興行の世界では素人である。やはり成功は難しかったのかもしれない。リングサイドの席ひとつとっても、関係者の配置に気を配らなければならない。暴力団幹部を招待したが、そのしきたりに苦労が絶えなかったようだ。トラブルが絶えず、結局、ジムまでつくったボクシング興行も中途半端に終わったという。

もっとも、これが縁で、許は現在にいたるまで、住吉会とは切っても切れない関係になる。

住吉会は高級クラブがひしめき合う東京・銀座のネオン街を縄張りにしている。ひところは「銀座警察」と異名をとり、店のトラブル処理を引き受けた。こんな話がある。

田岡一雄

すでにバブル景気が遠い日になった一九九〇年代末のある晩のことだ。銀座六丁目のビルの地下一階にある有名なナイトクラブで、許の秘書たちが四人で飲んでいた。座っただけで一人あたり五万円はする高級店である。店の女の子も五〇人近くいる。世は平成不況に突入していたが、この店は繁盛し、毎晩のように酔客《すいきゃく》が大金をはたいていた。

四人組は、いかにも座り心地のいいソファーで、ピンク色のドン・ペリニヨンというフランスのシャンパンを飲んでいた。そこに同席していたひとりが話す。

「ソファーの後ろからトントンと肩をたたく男がいたんですわ。たぶん、店のなかにいてはったんやろうけど、気がつきませんでした。で、振り返ったんです」

立っていたのはほかでもない、かつての許の「兄弟分」だった。すでに住吉会最高幹部になっていた。

「まあ、ゆっくりしていってください」

「あっ、こらどうも」

四人が全員立ちあがり、すっかり恐縮して頭を下げる。それを手で制しながら、住吉会の最高幹部は何もいわずに立ち去った。

「永中さん本人に対してならいざ知らず、日本でも指折りの大物の極道《ごくどう》が向こうから挨拶に来るんやから、びっくりしましたわ。それほど永中さんは住吉に顔がきくいうことでしょう」

許がイトマン事件の公判中に行方をくらましたさなか、二年間の逃亡中の出来事である。

許と暴力団の関係を示すエピソードは数多い。山口組の構成員と一緒に東京へ乗り込んできたこともある。

一九七〇年代後半、東証二部上場の「横須賀《よこすか》メリヤス」という会社が経営危機に陥った。この会社の手形が山口組系暴力団関係者に出回り、大騒ぎになったことがある。

「手形はここにありまっせ。なんなら、買い取ってもらえまへんか」

東京・青山にあった横須賀メリヤスの本社ビルへ、山口組系の組員たちが大挙して乗り込んだ。その迫力に恐れをなした社員たちが会社から逃げ出すほどだったという。残ったのは会社防衛を依頼された関東の右翼団体幹部たちだけとなった。

この攻撃側の山口組関係者に混じっていたのが、許永中だ。当時二九歳。二〇人ほどでぞろぞろとやって来た組員の中に混じった許はいちばん若く、もっとも威勢がよかった。ひときわ声を荒らげ、すでに禿《は》げあがりかけた頭から湯気を立てんばかりにして凄《すご》んだ。

「なんなら、（手形は）額面《がくめん》やのうて割り引きしてもろうても構いまへんで。とにかく引き取ってもらわな、お互い困るんとちゃいまっか。せやないと、手形を（交換所へ）まわすでぇ。するとおたくらは倒産でんなぁ」

防戦する右翼もやり返す。

「なんでアンタらが手形を持っとるのか知らん。けど、こっちは買い取る気は金輪際《こんりんざい》ない」

こんな押し問答《もんどう》を繰り返した。結果、横須賀メリヤスは東京地裁へ自ら破産申請し、難を逃れた。許にはこんな暴力団の取り立て屋みたいな仕事をしていた時期もある。

こうして許はアングラ世界で確実に名を売っていった。しかし、巷間《こうかん》で伝えられるように、この時期、飛躍的に事業を拡大していったわけではない。大淀建設など、自分自身の会社経営は相変わらず楽ではなく、資金繰りに追われた。同和事業を手掛けていたとはいえ、現実はそれほど甘くはなかったのである。

当時はまだまだ裏社会を利用したビジネスで稼ぐには力不足だったと見たほうが正解だろう。

資金繰りのため、大淀建設が振り出した数億円分の手形が、暴力団の元へ渡ってしまう。そこから会社が倒産の危機に瀕《ひん》した。

それを救ったのが愚連隊の先輩、岡本醇蔵である。こうして岡本は大淀建設の経営にタッチし、許との関係を深めていく。

兵庫県出身の岡本は、資金繰りに窮《きゅう》した大淀建設を傘下《さんか》におさめる。自分自身の経営するアーデル・ホームの親会社であるアーデル建設に吸収合併させ、大淀建設の監査役には部落解放同盟兵庫県連委員長が就任。大淀建設はそこから「岡本建設」へと社名変更した。こうして許は、父親のつてで経営を始めた会社を手放す羽目《はめ》になる。やはり、同和事業そのものには失敗したといえる。

許にとって、大淀建設を通じて同和事業を受注していたころは、むしろ苦しい時代だったのだろう。このころの事業について、許は「差別されたもの同士の闘い」と表現する。

それからずっと後になって許は、この大淀建設を買い戻し、「新日本建設」に商号を変更する。イトマン事件当時、許の企業グループの中核となる会社だ。たしかにこの時代の同和事業は大した金儲けにはならなかった。しかし、ここで築いたアングラ人脈が、後の許にとって大いに役立ったのもまた事実である。

むろん、このままの許永中なら、所詮、在日韓国人の経済ヤクザでしかない。いわば裏社会の住人として終わっていたに違いない。だが、その後、許は曲がりなりにも表の経済活動を始めるようになる。なぜ、それができたのか。

「私には神様がひとりいます。その人には一生かかっても報いることができない恩を受けました」

許は友人たちに口癖のようにこう語っていた時期がある。

この「神様」こそが、許永中に人生最大の転機をもたらした人物といえる。そこから許は表社会の財界人と出会っていく。祖国韓国と日本を繋ぐ懸け橋という言葉を旗印《はたじるし》にし、単なる裏社会の歯車や経済ヤクザとは違う、特異な存在に見られるようになっていく。許はアンダーグラウンドから身体半分抜け出し、その姿を世間に現すようになる。

関西の大立て者との出会い

和歌山の怪人物、西村嘉一郎と出会った前後の帝國商工興信所や西日本パトロール警備保障、同和事業を受注した大淀建設や秀吉建設――。許永中は三〇歳までに、会社だけはいくつも設立している。だが、大したノウハウもなければ、やる気もない。会社をつくったといっても、本格的に事業に取り組んだわけではない。暇さえあれば、北新地やミナミを飲み歩くばかりだった。いきおい、大した実績をあげられるわけもなく、会社は閉鎖するか他人へ手渡すというパターンを繰り返す。

西村はそんな許に愛想をつかした。西村は許と一緒に始めた「磐梯電鉄不動産」をあきらめ、和歌山に戻っていっさい許と連絡をとらないようになる。

そこで許は西村から離れ、新たに「西友不動産」という不動産会社を独自に始めた。スーパーマーケットの西友をもじってつけられた社名だ。有名会社に似せた社名を使い、取引相手から信用を得ていた西村の手法を取り入れたに相違ない。だが、いくらはったりだけの事業とはいえ、経験の浅い許永中やその仲間だけで、ビジネスとして成り立つわけがなかった。

そんななか、許は遊び仲間とともに、またしても新しい会社をつくった。それが、「東邦エンタープライズ」だ。会社の設立は一九七九（昭和五四）年三月。表向き、リゾート会員権の販売会社で、社長は野村雄作《のむらゆうさく》といった。

許は大淀建設に関わり始めた不良学生時代から、しばしば、大阪北新地の「あすか」というサウナでマンガ本を読みふけっていた。そこは、部落解放同盟飛鳥支部長の小西邦彦が設立したサウナだ。建設関係者は、この同和団体の幹部に会うため、「あすか」に通い詰めていたが、許が仕事に役立てようとサウナに行っていたわけではない。たまたまこの「あすか」で知り合ったのが野村雄作である。

人一倍自尊心の強い許は、東邦エンタープライズを設立したとき北新地やミナミの繁華街で一緒に遊びまわるようになった野村を社長に据え、自分自身は社長室長にとどまっている。そこにはある種の計算が働いたのかもしれない。

許は結婚後、夫人の紀子の藤田姓を名乗る一方、ときによって野村という苗字も使った。いまでも、野村栄中あるいは野村榮中と名乗ることもある。内縁の妻である申順徳もまた、野村順子という日本名を使うようになる。それはこの野村雄作の姓だ。

なぜ、野村姓を使い続けてきたのか。それは、雄作の父、野村周史《ちかし》の影響が大きい。その出会いが許の人生を大きく変えたといっても、過言ではないのだ。野村は大阪政財界のフィクサーと呼ばれた関西の大立《おおだ》て者《もの》である。

新興化粧品メーカー、「アイビー化粧品」会長という肩書を持っていた野村周史は、「東邦産商」という東邦生命の保険代理店を経営していた。政界では、岸信介《きしのぶすけ》大阪後援会の世話役として知られている。そうした関係から長年、元大蔵大臣、渡辺美智雄《わたなべみちお》の大阪後援会会長を務めてきた。長男の雄作が渡辺の秘書をしていた時期もある。一九七九（昭和五四）年の大阪府知事選で、共産党の黒田了一《くろだりょういち》を打ち破って当選した岸昌《きしさかえ》の後ろ盾だったともされる。

許は、この野村周史によって表舞台に躍り出るきっかけをつかむ。

「なんで、藤田、野村、いう二つの苗字を使い分けてきたんや」

イトマン事件のとき、大阪地検の取調室において、許は検事とこんなやりとりをしている。

「藤田は結婚した藤田紀子の苗字なのはわかりまっしゃろ」

「なら、野村はどうなんや」

「野村姓を名乗るようになったんは、野村周史さんと養子縁組《ようしえんぐ》みする寸前《すんぜん》までいったからなんです。長男の雄作氏と遊び仲間でおましたから、知りおうたんです」

これまで許が野村姓を名乗るようになった契機は、関西のフィクサー、野村周史に可愛がられ、養子縁組みをしたからだ、とされてきた。だが、許永中と野村周史は正式な養子縁組みなどしていない。事実は伝聞《でんぶん》とやや違う。取り調べの際、許はいった。

「けど、はじめ親父の周史さんとはあんまり親しゅうはありませんでした」

「それなら、いつごろから養子縁組みみたいな、そんな関係になったんや」

「雄作氏が東京の福本邦雄《ふくもとくにお》先生のところに秘書として修業に出るようになりました。そのころから、私も親父と次第に打ち解けていったんです」

ここに登場する福本とは、元首相、竹下登の盟友として知られた政商、福本邦雄のことだ。許は福本とも雄作を通じて知り合い、親しくなったが、その関係が深まるのは、もうしばらく先のことである。

「永中さんが野村周史の養子になったんは、雄作のお姉さんとの関係やと聞いとりましたけど、違いましたんか。お姉さんといい仲やった、ちゅう話でしたねんけど」

こう話す許の知人もいるが、実際のところは定かではない。許の遊び仲間だった雄作は許の一歳下だった。雄作の下には耕二《こうじ》という弟がいた。

「ワシは野村（周史）さんから、『おまえは雄作や耕二の兄貴のつもりで付き合うてやってくれ』ていわれたんや。『二人の長男としてな』て」

後に許は、周囲の人間にこう自慢するようになる。

「それで、ワシは仕方のう野村さんの息子として養子縁組みしたんや」

そう話してきた。だが、イトマン事件の際、取り調べ検事に話した内容とは違う。

「で、養子縁組みはどうなったんや」

そう尋《たず》ねる検事に許はいった。

「私のほうが判をつけば養子縁組みができるところまで手続きが進んだんですけど、私はすでに藤田紀子と婚姻していましたから。養子になるには、夫婦そろってということでしたさかい、その障害があって、縁組み自体はできずじまいになってしもうたんです」

それでも許は野村姓を名乗った。正妻の紀子は藤田のままで、内縁の妻である申順徳に野村姓を名乗らせるようにする。このころ許は、紀子と暮らしていた中津の文化住宅から豊崎のマンションに引っ越した。これ以降、場面場面に応じて正妻の藤田姓と野村姓とを使い分けていく。

そして、許はこの野村周史との出会いを境にして、変貌《へんぼう》していった。裏社会における付き合いだけでなく、表社会に向けた顔もつくりあげていったのである。とともに、本人は複雑な二面性を持ちはじめる。

凄惨な報復リンチ

社長野村雄作、社長室長藤田栄中の体制でスタートした東邦エンタープライズには、専務に西村嘉一郎が就いた。かつて、許自身が友人に「最初の商売の先生」といっていた和歌山出身の怪人物だ。許のいい加減さに愛想を尽かし、いったん和歌山に帰っていた西村を、改めて許が招いたという。

会社の設立に際しては、東邦生命の代理店である東邦産商を経営していた野村周史が後ろ盾になっている。雄作を社長として前面に立てたのは、父親の威光を借りるためだったのだろう。おかげで会社は、大阪の東邦生命ビルのなかに置くことができた。そうして、東邦生命の生命保険とリゾート会員権をセットで販売しようとしたのである。

やがて許たちは、東邦生命のシンボルマークであるカンガルーをもじり、会員権を「かんがるうくらぶ」と名づけた。すでにテレビコマーシャルや新聞広告なども準備し、大々的に宣伝する手はずをつけていたという。とりあえず、そこまではよかった。

ところが、そこでも許は大失敗をする。というより、この東邦エンタープライズそのものが、デタラメな会社だった。リゾート会員権の販売会社と銘《めい》打ちながら、肝心のホテルやゴルフ場など、提携先の施設すら見つけていない。にもかかわらず、そのまま平気で会員権を販売していたのである。これでトラブルにならないわけがない。

しかも、東邦生命の許しも得ず、勝手に会員権を販売していたという。カンガルーのシンボルマークを使う許可はおろか、生命保険とのセット販売も無許可だった。そのせいで、東邦生命は、監督官庁の大蔵省（現財務省）から大目玉を食らうことになる。

西村はそんな許たちに付き合いきれなかったのだという。改めて本人に聞いてみた。大阪中之島にあるリーガロイヤルホテルのロビーラウンジで会った西村は、こう話した。

「永中らは金ばかりかき集めておいて、何にもせえへんのや。このままやったら後ろに手が回る、そう思うたね。それで逃げ出したんや」

そうして二人は完全に決裂する。その別れ方が強烈である。事業の面はいざ知らず、裏社会では、すでに許は西村より顔がきくようになっていた。西村にとっては、それが悲劇だったかもしれない。

許と西村が決裂したトラブルは、東邦エンタープライズのテレビコマーシャルをめぐるいさかいのようだ。許はリゾート会員権を売るため、関西テレビでコマーシャルしようとした。ところが、西村の不手際《ふてぎわ》でＣＭが打てなかったという。それが原因かどうかは定かではないが、あげく東邦エンタープライズは、設立からわずか数年で倒産する。一説によると、このときの負債額は二〇億円といわれている。

そして、会社設立時から起きたこうしたトラブルのさなか、西村は東邦エンタープライズの専務から退いた。わずか二ヵ月で許のもとを去り和歌山に逃げ込んだ。

このとき許は西村に一〇〇〇万円を貸し付け、それを持ち逃げされたように話す。もっとも、西村本人に聞くと、その金額はもっと多いという。

「彼らのもとを離れるとき、一億円の借り入れをおこなって、そのまま持って逃げたんや。それで奴は怒ったんや。けど、あのままやったらこっちが危なかったんや。だから、しゃあないやろ」

むろん許は烈火《れっか》のごとく怒った。

「西村だけは許さへん」

許は部下や関係者に命じ、西村の行方を探させた。

かつて西村の後ろ盾だった大谷貴義は他界し、すでにこの世にはいない。かたや、許は山口組系古川組をはじめとした裏社会の大物たちに顔を売り、怖いものはないほどになっていた。二人の立場は完全に逆転している。知り合ってから一一年が経ち、学生のころの指南役《しなんやく》は、すでに裏社会では許の敵ではなかった。

西村は、和歌山県選出の自民党代議士、中西啓介《なかにしけいすけ》に応援を頼んだ。選挙区が和歌山だった中西は、西村とは旧知の仲である。和歌山県が計画して失敗したリゾート開発「フォレストシティ建設計画」には、西村とともに中西の関与も囁《ささや》かれた。地元の紀陽銀行が、六〇〇億円を投じた開発計画が頓挫し、銀行幹部が逮捕された事件だ。

「中西先生と西村さんは、お互い弱みを握り合っている仲でしょう。二人の関係はそれほど深いのです」

和歌山県のあるジャーナリストがこう解説するほどの間柄だ。

ちなみに、中西はかつて自由党の小沢一郎《おざわいちろう》党首の側近として自民党を飛び出し、新生党、新進党などを経て自由党の旗揚げに尽力《じんりょく》した。小沢一郎率いるその自由党と許との間には、奇妙な縁がある。イトマン事件後、許は突如失踪《しっそう》した。逃亡中の資金づくりに、同じ自由党のある代議士が関与している。

話をもとに戻す。

東邦エンタープライズの資金を持ち逃げした西村に対する許の怒りはおさまらなかった。裏人脈に精通した許が、西村をあぶり出すのは、それほど難しい問題ではない。そうして見つけ出し、連れ戻した。結果、彼に対する執拗なリンチがはじまるのである。

「決別の儀式」

許自身は、西村に対するリンチをこう呼ぶ。このときの出来事を鮮明に記憶していた。その仕打ちについても、後悔はしていないという。西村へのリンチとはどういうものだったのだろう。許の話をもとに再現すれば、次のような凄惨《せいさん》な場面が展開されたという。

「おんどれ、絵、かきやがったな。どないして、仕舞いつけたろか」

鬼のような形相《ぎょうそう》の許永中が、西村の前に仁王《にお》立《うだ》ちし、声を荒らげた。腰のベルトを抜いて拳に巻きつける。西村の顔面を何発も何発も殴りつけていく。みるみるうちに、顔がドッジボールのように膨れあがっていった。

ぐったりし、すっかり戦意を失った西村に対し、今度は着ていた服をはぎ取ろうとする。

「ちょっ、ちょっと待て」

「待てもヘチマもあるかい」

西村は身長一六五センチあまりの小柄な体格だ。体力ではかなわない。あっという間に下着姿にさせられる。

「これも取ってまえ」

ついにブリーフまではぎ取られてしまった。そうして、素っ裸にされ、そのままの格好で庭に引きずられていった。そこには、大きな日本犬のいる檻《おり》がある。

西村は丸二日間、凶暴な犬のいる檻で素っ裸のまま監禁された。食事はドッグフードしか与えられない。ぐったりしていると、大きな身体の許が、檻のなかに二本の竹刀《しない》を手にして入って来た。それで徹底的に西村の身体を打ちつけた。竹刀が完全にささくれ立つまで、リンチが続けられたという。

あまりに残忍《ざんにん》だといわざるを得ない。しかし許は、彼に対して詫《わ》びる気持ちはまったくないという。西村にこのときの様子を尋ねてみた。すると、顔を真っ赤にして否定する。

「そんなことはありえへん。まったく嘘っぱちのつくり話や」

興奮はなかなかおさまらなかった。


許にとって、東邦エンタープライズのトラブルは失ったものばかりではない。この時期の許永中人脈のなかで、忘れてはならない人物がもうひとりいる。街金融業者「アイチ」の森下安道《もりしたやすみち》である。森下が率いるアイチは、ひところ、仕手筋やバブル紳士の駆け込み寺とまで呼ばれた。裏社会とのパイプも太い。バブル当時は、一兆円もの貸付資産があった。

アイチは、バブル崩壊後、特別清算され、サラ金のアイライフやイ・エスという不動産業を営んできたが、本人は再び絵画事業を興し、復活している。すでに七〇代後半だが、意気軒高《いきけんこう》である。

バブル当時は、数多くのゴルフ場開発を手掛けた。週末になると自社のゴルフ場へ自家用ヘリコプターで出かける。東京都新宿区四谷《よつや》に新築した本社屋の二階ワンフロアーには、まばゆいばかりの豪華な会長室をしつらえた。

会長室は、さながら映画『007シリーズ』の『ゴールドフィンガー』に登場するようなきらびやかな部屋だ。そこに面会希望者がひっきりなしに訪れる。面会者は構内アナウンスで呼ばれた後、畳六畳はあろうかという大きな自動ドアが開いて、五〇畳ほどある広い会長室に通される。それほどの権勢を誇っていた。

許はその幅広い人脈を誇ってきたが、事業を拡大する過程で資金的な面倒を見たのが、この森下である。許との交友は長い。森下が許に融通した資金は、トータルで数千億円といわれる。

「もう二五年くらい前でしたかな、永中と初めて会ったのは。まだ三〇そこそこだったけど、風貌はほとんどいまと変わっていませんでしたね」

街金融業者のアイチの元会長、森下本人がこう述懐《じゅっかい》した。許とは対照的に細身で小柄な体軀《たいく》だ。ゴルフ焼けした顔には、深いしわが何本も刻まれている。穏やかな表情を崩さない。だが、目は話し相手の表情の変化を見逃さない。

マムシとアダ名された森下は、「街金融界の帝王」との異名を持つ。半面、小佐野賢治など大物フィクサーとも懇意《こんい》にし、自宅に遊びに行く仲でもあった。

森下安道

「うち（アイチ）の八重洲支店が永中に金を貸して、それが焦げ付いていたんです。焦げ付いたのは、あのころですから、三〇〇〇万円程度だったかな。それで、八重洲の支店長へ、そいつを一度連れてこい、と命じて本社へやって来たのが永中でした。まだ藤田栄中と名乗っていました」

当時の許は、東邦エンタープライズの東京支店を開設したばかりだ。支店は大手町の皇居《こうきょ》前にあるパレスホテルの一室を借りて事務所にしていた。許は若いころから、これぞと思った人物に取り入る術に長けている。

「この場で焦げ付きをきれいにしろ」

アイチ本社に呼びつけられ、森下からこう迫られた。だが、マムシの森下に凄まれても、怯《ひる》まない。

「わかりました。ついては新たに一億円ばかりファイナンスしれくれまへんやろか」

森下はあまりの図々しさに半ばあきれながら、半分はその並外れた人懐こさに魅力を感じた。

「おまえは頭がおかしいのと違うか。なんで三〇〇〇万円焦げ付いている相手に追加で金を貸さなければならんのか。まあそうやな、担保《たんぽ》はあるのか」

結局、森下は三〇〇〇万円の返済を受ける代わり、新たに不動産を担保にして一億円を許に貸し付けた。おまけに、この融資話を機に許は森下とも急接近する。ひと月に一度のペースで四谷にあったアイチの本社を訪ね、森下と親しくなっていった。

あるとき、許がニコリと笑顔を見せながら、口にした言葉を、森下は鮮烈に覚えているという。

「私には、何かことが起これば必ず面倒を見てくれる人がおるんですわ。東邦生命の太田社長……。私にとっては神様なんです。この人がついているから、何があっても大丈夫なんです」

太田《おおた》清蔵《せいぞう》、東邦生命創業者一族の六代目当主である。日本でも指折りの名家に生まれている。

この太田との出会いを通じ、許永中は自ら生涯を決定づけたという大きな岐路《きろ》に立つ。

許は太田を「神様」と呼ぶ。財界における許の最大の理解者であり、政財界人脈を形成する過程において、最重要人物のひとりとなる。この「日本屈指《くっし》の名士」と「闇の世界に生きた在日二世」は、いつしか二人三脚で道を歩んでいく。太田は許に対し、「日韓の架け橋」になるよう励ました。

そうして、許永中は在日二世として生まれた大阪と父親の故郷を結ぶ、念願の「大阪国際フェリー」を設立する。謎の在日韓国人実業家――。ここから許永中の怪物伝説が徐々にできあがっていく。

第三章　政商との出会い

そのビルのテラスは、二〇代で謎の死を遂げた伝説のロック歌手が気に入り、しばしば訪ねていた場所だという。渋谷駅に向かって下る、六本木通りと青山通りが合流するあたりにそびえ立っている渋谷クロスタワー。白と茶色の壁が際立つ三二階建ての高層ビルだ。

生前の尾崎豊《おざきゆたか》が青山学院高等部に通っていたころ、帰宅途中にビルに立ち寄り、テラスから夕陽を眺めていた。テラスには、いまも尾崎を偲《しの》ぶモニュメントが置かれ、ファンのたむける花束が絶えない。日がな一日渋滞が続く幹線道路に面している渋谷のランドマークだ。

その竣工《しゅんこう》は意外に古い。一九七五（昭和五〇）年に完成した、高層ビル建築のはしりである。かつて、ここは「東邦生命ビル」と呼ばれていた。後に破綻した老舗《しにせ》の中堅《ちゅうけん》生命保険会社、東邦生命の本社ビルである。むろんそれを知る尾崎豊ファンはめったにいない。

一九八四（昭和五九）年の暮れ、ここで許永中の人生を大きく左右するある会議が開かれていた。渋谷の街を見おろす東邦生命の大会議室。会議には午前一〇時から取締役たちの招集がかかった。緊急の取締役会議だ。そこには部外者もいた。

「これから、東邦生命グループと三洋興産《さんようこうさん》との事業提携の計画をお話しします」

冒頭、広い会議室でマイクを握り、司会役の男がこう切り出した。濃紺《のうこん》のダークスーツに身を包んでいる。かなりの大柄だ。鼈甲縁《べっこうぶち》の分厚いレンズのめがねをかけ、頭は禿げあがって艶《つや》めいている。三七歳の許永中の姿がそこにあった。

取締役会議には、二〇人近い重役たちが出席していた。楕円形《だえんけい》の大きなテーブルを囲むように、座についている。五〇代後半から六〇代の東邦生命の重鎮《じゅうちん》ばかりだ。その重役たちが、大きな身体の男の唐突な登場に、目を白黒させていた。しかも、男は三洋興産という得体の知れない会社との業務提携を提案している。

立ったまま話す許のすぐ隣には、社長の太田清蔵が座り心地を確かめるように、深々と椅子にもたれかかっていた。座ったまま見あげるようにし、許に目で合図を送る。許はそれをチラリと横目で見ながら、話を続けた。

「三洋興産は現在、産業廃棄物処理や小型モーターなどの事業を展開しております。東邦としてそれをバックアップしていくことは、大変有意義なのではないかと思う次第です」

不意の議題に驚きを隠せない。居並ぶ重役たちは呆気《あっけ》にとられたままだ。許は構わず続けた。

「安井会長、太田社長、よろしいでしょうか。ほかに、異存のある方はおりますか」

むろん、許はこの話について事前に太田の了解を取りつけていた。安井は太田が大蔵省から招き役所から天下った、形ばかりの会長にすぎない。会社の実権はあくまで社長の太田が握っている。その太田は頷《うなず》くのみだ。

許が東邦生命との事業提携をブチあげた相手の三洋興産とは、いわくつきの仕手グループだった。もともと石油の卸会社で、回転取引と呼ばれる商品の先物《さきもの》取引を得意とした。「石油転がし」「マグロ転がし」、果ては「墓石転がし」まで手掛けてきた。要するに、現物取引ではなく、先物商品の売り買いを繰り返して儲けるのである。儲けた資金を使い、東証二部上場の「東洋端子」や「オート」、「大日産業」などを傘下《さんか》におさめ、兜町《かぶとちょう》で話題をさらった。最終的には詐欺まがいのそうした取引が破綻し、グループ一〇〇社が連鎖倒産するのだが、それは東邦生命のこの緊急取締役会議の二年後のことである。

むろん、居並ぶ重役たちは突然の提携動議に驚きはしたものの、まだこの仕手グループの危険性に気づくことはなかった。東邦生命では、創業家のオーナー社長である太田は絶対的な存在である。むしろ役員会における重役たちの関心は、オーナー経営者である太田が、これほど全幅《ぜんぷく》の信頼を寄せる男とはいったい何者なのか、そこに集中した。少なくともこの取締役会議において、ほかの重役たちが男の提案に異論を差し挟む余地はまるでなかった。

許永中は完全に東邦生命のワンマン経営者、太田を籠絡《ろうらく》していた。というより、太田本人も許が持ち込んでくる事業をまんざら悪くは思っていなかったのだろう。許は太田のことを常々「恩人」あるいは「神、仏のような人」と奉《たてまつ》ってきたが、客観的に考えると、それだけとは見えない。太田が許に対して多大な便宜を図ったのは間違いない。それは彼に対する慈愛というより、二人の狙いや思惑が一致していたからではないだろうか。

そのころ、高度経済成長期はすでに去っていた。一九七〇年代の目覚ましい経済発展により、日本は先進諸国の仲間入りを果たす。欧米と肩を並べた日本は、世界経済の一翼を担《にな》うまでになっていた。世界中が日本の動向に注目していた。

日本経済と同様、このころから許永中の人生もまた、大きなうねりを描いていく。

経済界進出への足掛かり

許が大阪政財界の大立て者、野村周史を通じて東邦生命の太田と知り合ったのは、三洋興産グループと東邦生命の提携話があった二年ほど前のことである。先の、東邦エンタープライズの損失処理がきっかけとなる。

一九七九（昭和五四）年に野村周史の長男、雄作とともに設立した東邦エンタープライズは、一九八二（昭和五七）年に倒産してしまう。その二〇億円近い負債をどう処理するか。それが緊急課題だった。

許永中たちは、東邦生命の許可も得ず、提携契約も結ばないまま勝手に東邦生命の関連施設のリゾート会員権を販売している。いきおい顧客から東邦生命本体へ苦情が殺到した。

「どないなっとるんや。お前らのやっとることは」

野村周史は、息子の雄作と許を怒鳴りつけた。野村は関西における東邦生命の保険代理店をとりまとめていたのだ。社長の太田とも旧知の仲だ。息子の不始末《ふしまつ》を黙って見過ごすわけにはいかない。

「こんなはずやなかったんです」

「太田社長の前で申し開きできるんか」

息子を叱りつける野村に許が割って入った。

「すんません。ワシがなんとかしますよって。太田社長にそういうてもらえまへんか」

結果、許は会社の清算とともにトラブル処理に奔走《ほんそう》した。許のグループ企業の元幹部が話す。

「リゾート会員権を買い戻すか、あるいは賠償金を払って和解する。そんな処理のために、会長は自分で経営しとる会社で手形を振り出し、それをマチキン（街金融）で割り引いてもらって資金をつくっていったんです。もともと会社の資金繰りは火の車。いつ追い込みがかかるかわからへんような状態やった。けど、それでも、なんとかしてまうんやから、ホンマ、会長は大したもんですわ」

許永中グループ企業の関係者たちは、許のことを「会長」と呼ぶ。手形は、大淀建設など自身の会社で振り出すこともあれば、知人から借りて街金融に持ち込むこともあった。むろん自転車操業には違いない。しかし、独特の度胸と、それまでに培った人脈が役に立った。許は、この件で東邦生命に損害を与えることなく、三年かかって負債処理をしたという。それが太田の目にとまった。

「驚いたのはその先ですわ。永中さんは、太田社長に『社長のところの不良債権をぜんぶ引き受けましょう』といい出した。なんて調子のいいことをいう人か、って思いました」

許の古くからの知人のひとりがそう話す。保険会社は預かった保険料を運用するため、不動産投資をするケースが多かった。不動産開発業者へ融資するのだが、その結果、巨額の不良債権を抱え込む場合もある。すると、経営者の力量を問われる。それだけに、誰かに不良債権処理を引き受けてもらえれば、願ったり叶《かな》ったりなのだ。

「実際、永中さんは四〇億円、五〇億円といった規模の不良債権を『任せておくなはれ』と東邦生命からポンと買い取ったんです。買い取り資金は、どこかの会社の手形を使って支払う。すると東邦生命にとっては、いったん帳簿上から不良債権が消えたことになるでっしゃろ。大助かりなんですわ。東邦生命は、そうやってどんどん永中さんに不良債権を押しつけていきましたな。だから東邦生命では、彼のことをすっかり信用していくわけです」

東邦生命の創業家である太田家は、代々の当主が清蔵を名乗る。

太田は幼名を新太郎《しんたろう》という。一九二五（大正一四）年一二月、当時、会長だった父清蔵の長男として生まれた。一九四七（昭和二二）年三月に東京大学経済学部を卒業。いったん東京電力の前身である日本発送電に入社する。それからハーバードビジネススクールへ留学した後、一九五三（昭和二八）年に東邦生命入りし、三〇歳を前にして重役となっている。

「太田さんと知り合ったときは、もう彼は東邦生命にいました。でも、まだ新太郎という名前でした。清蔵を名乗るようになったんは、社長になってからでしょう」

ある財界人がこう語るように、一九七七（昭和五二）年六月、太田家六代目の当主として東邦生命の社長に就任した新太郎はその後、清蔵を襲名した。日本でも指折りの名門財界人だ。

福岡出身の太田清蔵は、地元選出の自民党代議士、太田誠一《おおたせいいち》とは従兄弟《いとこ》同士にあたる。太田誠一の叔父《おじ》が元衆議院議長の桜内義雄《さくらうちよしお》である。

そんな太田家の影響力は、地元福岡の金融界はむろん、県内の鉄道や流通業界にまで及んだ。福岡だけではない。太田の実姉は関西の鴻池《こうのいけ》家一三代目当主、鴻池善右衛門《ぜんえもん》に嫁ぎ、姻戚関係を結んでいる。三〇〇年の歴史を持つ鴻池家は旧三和銀行を設立した名家だ。

さらに、太田の叔母《おば》はヤマサ醬油《しょうゆ》の濱口家に嫁いでいる。清酒「菊正宗」の造り酒屋である嘉納家や百貨店「松坂屋」の伊藤家とも姻戚関係にある。太田家は正真正銘《しょうしんしょうめい》の名家だった。

太田清蔵の率いた東邦生命は、そんな太田家の家業といえる。前身を第一徴兵《ちょうへい》保険といい、富《ふ》国強兵《こくきょうへい》の国策として軍備増強に邁進《まいしん》した明治政府が、福岡の富豪である太田家に依頼して設立した。文字どおり、徴兵される兵隊のための生命保険会社だ。以後、六代目太田清蔵の代にいたるまで、東邦生命は八〇年にわたり太田家によって運営されてきた。太田がオーナー社長といわれるゆえんである。

従来、日本の生命保険会社は相互会社が多い。保険業法に基づき、保険加入者が出資し合って団体を構成する社団法人だ。出資者が会社のオーナーとして配当を得る株式会社とは経営の形態が異なる。相互会社では、文字どおり加入者同士の相互扶助《ふじょ》の精神を基本とし、本来は保険契約者が株式会社の社員や株主という立場にあたる。だが現実には、社員総代会という組織が会社運営を牛耳《ぎゅうじ》っている。そのトップが社長であり、絶大な影響力を持つ。東邦生命の太田家は、創業以来、この社員総代会の頂点に君臨《くんりん》してきたのである。

しかし、太田本人は単なるボンボン経営者ではなかった。保険業界で万年一〇位程度の中堅に甘んじていた会社を憂《うれ》い、自ら事業の拡大路線を邁進した。ミシンメーカーのリッカーが倒産すると、その株を買い取って再建に乗り出したこともある。太田は不動産や株式への投資を繰り返し、そのワンマン経営ぶりはつとに有名だった。

悪くいえば山っ気がある、よくいえば大胆だ。いきおい融資が不良債権となることも少なくなかったのである。

そんな太田は、許永中と妙にうまがあった。強引なワンマン経営者と無鉄砲《むてっぽう》な許には共通点があったからかもしれない。

「あんたは韓国人として立派に生きていきなさい。韓国の国士として」

知り合ったばかりの許に、太田はこんな言葉をかけた。許はこの言葉に感じ入り、後々まで知人にこう話した。

「ワシにとって太田社長は大恩人です。一生かかっても返せへんほどの恩を受けました」

許は東邦生命の太田を通じ、明らかにその生きる世界を広げていった。育ちも家柄もまったく異なる二人は、この後、抜き差しならぬ形で生きていくのである。

資金的なバックボーン

許永中はしばしば、東邦生命の太田清蔵との出会いがなければ、とうの昔に死刑台にあがっていたのではないか、などと物騒《ぶっそう》なことを口にした。むろん、二人が親密になっていくには、それなりの事情もある。

一九八三（昭和五八）年四月、許は東急建設と兵庫県内の不動産業者が進めていた県内の山林開発を巡り、脅迫容疑で逮捕される。許が捜査当局から「古川組相談役」と認定されるきっかけになった事件である。

このとき、東急建設は兵庫県における山林開発を計画していた。開発における設計の変更をいい出した東急側と地元の不動産業者とのあいだでトラブルが発生する。不動産業者側は設計の変更に対し、これまでの設計料である七五〇〇万円の支払いを要求。それを東急建設側が拒んだという単純な紛争だ。

そこで一役買ったのが許永中だった。許は支払いを拒《こば》んだ東急側に頼まれ、不動産業者を脅した。いわば、東急建設と許がタッグを組んで引き起こした脅迫事件である。ここで、許とともに脅迫容疑で逮捕されたのが、山口組直参《じきさん》古川組の組長だ。

事件における言い分は、どちらも五十歩百歩だった。事の始まりは、相手の不動産業者が山口組系の暴力団に依頼し、設計料を支払うよう東急側に脅しをかけたことによる。そこで東急側の対抗手段として、許に白羽《しらは》の矢《や》を立てたのである。

許は相手の不動産業者のところに乗り込んだ。

「おまえ、どこの馬の骨や」

こう尋《たず》ねる相手の山口組系組員を前にし、許は丁寧に切り出した。

「私、東急の下請けでメシ食わせてもろうてるもんでんねん。設計が変わってしもうたんやから、支払いは堪忍《かんにん》してもらえまへんか」

「あとで小遣いやるから、怪我せんうちにはよいねや。こっちは代紋《だいもん》しょっとるんやど」

これにはさすがの許もどうしようもない。

「なら、ちょっとそこで待っとくなはれ」

許はここで旧来の裏社会人脈を使う。それが旧知の、同じ山口組系の古川真澄組長だった。許は糖尿病で病院に入院している古川のところまで行き、古川を引っ張り出した。ガウン姿のまま、その日のうちにタクシーに乗せ、不動産会社にとって返した。

「アンタ、何もんや」

会社に陣取っていた相手方の組員も、すぐに同じ世界の人間だとわかる。古川は平然といった。

「そんなことどうでもええから、はよ、おまえんとこの事務所へ電話せいや」

その電話一本で話のカタがついた。

こうして結局、許と古川は脅迫容疑で逮捕される。おかげで許は事件以来、警察庁から古川組の相談役と認定されたわけである。

「じつは、この事件には裏があるんですわ。このとき、永中さんは東急建設の地上げを任されとったんです。それで、永中さんは東急に肩入れしたんやけど、もともと東急に永中さんが食い込んでいくきっかけになったんが、太田清蔵さんからの話なんですわ」

前出した許の知人の話だ。

東急グループと東邦生命。そもそも許永中が東急建設のトラブルに関与したのも、きわめて日本的な企業同士の繋がりがあったからこそだった。

生命保険会社には、保険加入者の資金が集まるため、その資金を企業の株などに投資する。日本の企業社会では、生損保が機関投資家として、数多くの上場企業の大株主になっているのはそうした事情からだが、結果、株主である生損保は投資先の企業に対し多大な影響力を持つことになる。東邦生命の太田清蔵と東急グループの五島昇《ごとうのぼる》も、そうした日本の企業文化のなかで深い繋がりを持っていた。そんな生保と建設会社が、手を取り合ってひとつのプロジェクトに乗り出すこともめずらしくない。許の知人が続ける。

「たしか、東急の五島昇さんは東邦生命の社員総代のひとりでもあった思います。その東急グループが、梅田の大阪駅前の再開発事業に乗り出していた。いまの駅前第四ビルあたりの場所です。しかし、どうもそのための地上げがうまくいかん。それで、五島さんが、太田さんに相談したいう話ですわ。そうして太田さんが五島さんに永中さんを紹介しはった。そんな経緯で、永中さんが東急の地上げを任されるようになったらしい。なんでも五島さんが個人口座から六〇億円を捻出《ねんしゅつ》し、それを地上げ資金にしたいう噂でした」

すでに五島昇は鬼籍《きせき》に入っており、この話は確認のしようがない。が、実際に許自身と東急グループとの関係は知られたところでもある。許は三番目の「妻」、金美佐子の親族に、赤坂東急ホテル（現赤坂エクセルホテル東急）で葡萄亭《ぶどうてい》ワインセラーという高級レストランを経営させていた。それも東急グループとの深い関係を示す一例だろう。さらに不動産業者の話を続ける。

「でも、当時の梅田の地上げはうまくいかんと、土地はまとまらへんかった。永中さんにはそういう借りがあった。だから、兵庫県の山林開発の一件で、永中さんたちは東急のために働いたんとちゃいますか」

結果、許は脅迫事件で逮捕された。しかし、逆にこのことで、太田や五島の信頼をさらに勝ち取っていったといえなくもない。

この件は新聞でも報じられた。当時の記事の一部を引用する。

「逮捕されたのは尼崎市武庫元町一の四の一、山口組系古川組組長、古川真澄（四七）で、指名手配は古川の知り合いの池田市旭丘一の七、不動産業『寛永』元社長、藤田永中（三六）」（一九八三年四月一九日付毎日新聞）

新聞では不動産業となっているが、じつはこの「寛永」が携《たずさ》わっていたのは不動産だけではない。許はイトマン事件で逮捕されたとき、検事に対してこんな供述をしている。

「私は、太田清蔵氏が経営する東邦生命の代理店業務をおこなう『寛永』という会社を作って、保険代理業も手掛けていた時期もありました。このとき、顧客開拓の方法というか、より多くの保険料を獲得する方策として、不特定多数の者から前金を預かることができる冠婚葬祭《かんこんそうさい》のやり方を研究しました」（一九九一年八月八日事情聴取）

許は東邦生命の太田という大物財界人を虜《とりこ》にし、東邦生命の保険代行業務まで始めた。と同時に、これは許が資金的なバックボーンを得たことを意味する。そして、ここから一気に事業を拡大していく。

五島昇

折しも、世界経済は二度のオイルショックに見舞われたあとで、日本の産業界も、大混乱に陥り、再起をかけ必死にもがいていた。

一九八五（昭和六〇）年九月、ニューヨークのプラザホテルで先進五ヵ国蔵相・中央銀行総裁会議（G5）が開催され、ドル高是正《ぜせい》を確認する、いわゆるプラザ合意が決定される。日本はまもなくバブル経済に突入する。

古都、京都への憧憬

東邦エンタープライズの処理が一段落したころ、許は活動の拠点を京都に移す。近畿放送「KBS京都」の経営再建に乗り込んだのは後に語り草になるが、ここでも太田清蔵が許永中の後押しに一役買う。

KBS京都は、グループ発祥の京都新聞などとともに京都のマスコミ界をリードしてきた放送局である。

京都新聞の創業者は白石村重《しらいしむらしげ》という。新島襄《にいじまじょう》とともに同志社《どうししゃ》大学を設立し、明治天皇の美術教師を務めたほどの名士だった。二代目の白石古京《こきょう》が、KBS京都をはじめ、京都新聞グループを築きあげたとされる。古京は日本新聞協会会長や国際新聞発行者協会副会長を歴任した立志伝《りっしでん》中《ちゅう》の人物だ。ノーベル物理学賞を受賞した湯川秀樹《ゆかわひでき》とともに京都市名誉市民にも選ばれている。

その京都新聞グループは、病気を理由に引退した古京の息子、白石英司《えいじ》の代になって状況が一変する。古京引退後、グループの経営を引き継いだ英司は、不動産事業に手を出した。経営の多角化というお決まりの事業拡大による躓《つまず》きである。英司は不動産会社「トラストサービス」や教育関連施設の「ケー・ビー・エスびわ湖教育センター」などの子会社を次々と設立した。だが、新たな事業はことごとく失敗する。

そんなさなかの一九八三（昭和五八）年一月、英司本人ががんで急逝《きゅうせい》してしまう。唐突な当主の死は、京都新聞グループを大揺れに揺らした。それが尾を引き、グループの内紛が勃発するのである。

内紛の火種は、亡き当主が残した簿外債務《ぼがいさいむ》だった。中核の放送会社KBS京都をはじめ、じつにグループ全体で九八億円にのぼる帳簿外の債務が発覚する。当然、債務の処理が急務になる。その処理にあたったのが不動産会社トラストサービスの代表で、古京や英司の片腕だった内田和隆《うちだかずたか》である。

やがて内田は、KBS京都の社長に就任する。ところが、そこに創業家が反発した。英司亡きグループの舵取《かじと》りをめぐり、放送会社の社長である内田と未亡人の白石浩子《ひろこ》との主導権争いが起きるのである。

KBS京都の社長に就任したものの、創業家の未亡人と対立した内田は、窮地《きゅうち》に立たされていた。一九八三（昭和五八）年五月、京都新聞社主の白石浩子らから社長解任要求が出されてしまう。そして、このとき大阪政財界のフィクサー野村周史が、内田の相談相手になるのである。大阪知事の岸昌《きしさかえ》や渡辺美智雄の最大の後ろ盾と呼ばれた関西の大立て者、野村と許の関係は繰り返すまでもないだろう。

一方の許は、東邦エンタープライズのトラブル処理を乗り切り、野村の信頼を得る。

「東邦エンタープライズの倒産後、私は野村雄作氏を東京の福本先生のところに修業に出しました。福本先生の秘書という肩書です。そのころから、私も父親の野村周史と打ち解けていくようになったんです」

許はイトマン事件の際、検事にこのように話している。やがて野村から養子縁組み話を持ちかけられ、野村栄中と名乗るまでになっていた。結果的に養子縁組みは実現しなかったが、ここから野村姓を使うようになったというわけだ。

ここに登場する「福本先生」は、元首相、竹下登の盟友として知られた福本邦雄《ふくもとくにお》だ。許本人はあたかも以前から福本を知っていたかのように語っているが、野村を通じて福本を知ったのだろう。福本もまた、許のその後の活動におけるキーマンのひとりである。

帝国劇場がある東京・丸の内の国際ビルで、画廊《がろう》フジ・インターナショナル・アートを経営してきた。それゆえ大物の政商として名高い。ちなみに東邦エンタープライズ倒産後、野村の長男、雄作は、このフジ・インターナショナル・アートに勤務した。許は、KBS京都の紛争処理を通じ、この政商との絆を深めていくのだが、そこでは、自らが築いてきた過去の裏社会人脈がものをいっている。

福本は、東京の広域指定暴力団、住吉会と懇意にしてきた。なかでも親しかったのが、長年許と「兄弟」付き合いをしている最高幹部だったという。かつて、許が芸能やボクシングの興行をするきっかけになった住吉会の重鎮である。そうした奇縁もあり、許は福本に急接近する。

もっとも、画廊フジ・インターナショナル・アート入りした野村周史の息子、雄作は、福本とそりが合わなかったのかもしれない。画廊における秘書稼業も長続きしなかった。そのため雄作は、父親が応援している渡辺美智雄事務所に泣きつく。渡辺の秘書によるはからいで、画廊を離れた。そしてその後、渡辺事務所入りし、政界に首を突っ込んだ。

所詮《しょせん》政界は狭い村社会だというが、それにしてもかなり人脈が錯綜《さくそう》している。そんな村社会のなかで、許は福本をはじめとした政財界の人脈にうまく食らいついていく。そして許永中をとりまく人間関係の不思議な綾《あや》が、ここで初めて表面化する。それが、京都の名門放送局を舞台にした内紛劇なのである。

許永中は、すでに東邦生命社長の太田という力強い資金的なバックボーンを得ていた。東急建設をめぐる脅迫事件で逮捕され、釈放された直後の一九八三（昭和五八）年には、後の企業グループの中核となる不動産会社「コスモス」を立ちあげる。

一方、内田はＫＢＳ京都の内紛問題について関西の大立て者、野村周史に相談した。そこで許永中と出会う。当時、渡辺美智雄の秘書をしていた野村雄作と京都新聞の政治部記者が、許を内田のもとにつれてきたという。ＫＢＳ京都元社長の内田本人が振り返る。

「やはりはじめ許永中氏に相談するのは、あまり乗り気ではなかったんです。でも、仕方なかった。東邦生命の太田さんが彼をバックアップするいうのですから。ＫＢＳ京都にとってそのころの太田さんは、頭のあがらない人でしたんや」

このとき許は、藤田栄中として内田と会っている。二人が最初に会ったのは、ＫＢＳ京都社内のレストランだった。雄作と政治部記者を交え、軽い食事をした後コーヒーを飲んだ。口火《くちび》を切ったのは野村雄作だった。

福本邦雄

「藤田さんは、東邦生命の太田社長とも懇意《こんい》にされています」

内田は許をこう紹介された。ふと許の手を見ると、左手の小指が欠けている。どこから見てもヤクザ者にしか見えなかった。内田が放送局のトラブル処理を任せるのを躊躇《ちゅうちょ》するのは無理もない。それに内田は太田と許の関係についても知らなかった。そこで、いったんは許の関与を断るつもりだったという。しかし、事態はその翌日の電話で一変《いっぺん》する。

早朝、内田の自宅の電話が鳴った。京都の暑い夏の盛りにしては、比較的涼しい時間帯だったという。

「内田社長、今日これからすぐに東京に来られまへんでっしゃろか」

許がいきなりそう切り出した。

「今からですか？　なぜまたそんな急に」

「いや、太田社長のところに挨拶に行こう思うてまんねん。スケジュールをあけてくれるそうですから」

このころの太田といえば、東邦生命のオーナーとして飛ぶ鳥を落とす勢いの財界人である。一介の地方放送局の社長がそう簡単に会える人物ではなかった。なぜ、ヤクザ者にしか見えない許永中が、そんな大物財界人を知っているのか。内田は半信半疑《はんしんはんぎ》で新幹線に飛び乗った。そうして東京駅に着くと、許本人が手回しよくベンツで駅まで出迎えにきている。そのまま渋谷の東邦生命本社へ向かった。許の言葉は嘘ではなかった。

「お待ちしとりました」

昼過ぎ、東邦生命の社長室には太田が待っていた。

「久し振りですな。内田社長」

太田が内田に笑顔で話しかける。

「私はね、内田社長、この藤田君のことを買っていましてね。それで今度、KBS問題の処理をするというので、一肌脱ごうと思っているんです」

じつは太田と内田は知らない仲ではない。機関投資家の東邦生命は、KBS京都の大株主である。日本の企業社会における保険会社の存在は大きい。そうした日本の企業文化のなかで、京都新聞の販売所が生命保険の契約代理店を兼《か》ねているケースも少なくなかった。そして、太田はこう言葉を足した。

「私は、藤田君のことを一〇〇パーセント、いや一二〇パーセント信用しています。彼に任せたら、大丈夫です。私もバックアップしますから」

こうして太田自身、KBS京都の非常勤取締役に就任する。もはや内田にとって、選択の余地はなかった。以後、許と内田は二人でKBS京都問題にあたっていくのである。

いや、正確には二人ではない。事実上、KBS京都は許の思いどおりになっていった。許は唐突に内田を副社長に降格させてしまう。代わってKBS京都の社長に就任したのが、政商、福本邦雄である。一九八九（平成元）年六月のことだ。この年の七月、許自身も京都新聞の不動産子会社トラストサービスの代表取締役に就任している。許永中が、老舗の放送局グループと一体となったわけだ。これが一連の大事件の序章となる。

「闇社会の帝王」と呼ばれて

このころの許はまさしく破竹《はちく》の勢《いきお》いだったといえる。ＫＢＳ京都問題を相談されてからわずか二年後の一九八五（昭和六〇）年六月、許はＣＴＣという企業を旗揚げする。本社はＫＢＳ京都の社内に置かれた。ＣＴＣとは「コスモ・タイガー・コーポレーション」の頭文字からつけた略称だ。文字どおり「宙を飛ぶ虎《とら》」という意味である。藤田紀子と申順徳という二人の女性に産ませた同い年の二人の息子が、寅年生まれだったことから、こう名づけられた。

「縁起がいい名前でっしゃろ。そう思いまへんか」

会う人会う人に嬉しそうに語っていたほど、許はこの社名を気に入っていた。

虎は、二〇〇二（平成一四）年のサッカー日韓ワールドカップで使われた韓国のシンボルでもある。黄色のマスコット人形が人気者になった。韓国には「檀君神話《だんくんしんわ》」という古代朝鮮の建国神話が広く伝えられており、そこには必ず熊と虎が登場する。

「むかーし、むかーし、虎（ホラギ）が煙草《たばこ》を吸っていた時代の話じゃて」

韓国の母親は、幼い子どもにこの決まり文句から始まる昔話を読んで聞かせる。日本でいうところの、「むかし、あるところにお爺《じい》さんとお婆《ばあ》さんが住んでいました」というセリフと同じだ。神話では人間になりたがっていた熊と虎のうち、熊が女性になる。そして熊から庚寅《こういん》（かのえとら）の年に君主が生まれたとされている。

そのため、韓国では長年、虎がもっとも人気のある動物として愛されてきた。在日韓国人もまた、母国のシンボルである虎に大変な愛着を持っている。許の会社の事務所には、必ずといっていいほど虎の描かれた絵が飾られた。

　イトマン事件で逮捕された当時の許は、このCTCグループについて次のように話している。

「私は、建設関係の仕事を手掛けてきましたが、昭和五八年四月に、コスモスを設立してから、不動産の売買《ばいばい》を手掛けるようになりました。そして、このように事業家としての資金面や人的に交流を持つグループも増えてきて、これがCTCグループを形作るようになりました。このCTCグループは私を頂点にして、資金面や人的に互いに交流を持つことを目的として、出来上がったもので、CTC中庸会とも呼ばれていました」（一九九一＝平成三年七月二四日事情聴取）

　最盛期のCTCグループは、一三〇社もの企業グループに成長している。むろん、そのなかには倒産状態であったり、休眠中であったりする会社もある。あるいは、ペーパーカンパニーも数多い。だがこの時期は、同和事業で資金繰りに四苦《しく》八苦《はっく》していたころとは、明らかに事業の環境が違っていた。

久間章生

　コスモ・タイガー・コーポレーション以下、グループの主だった会社を挙げると、読者の記憶にある社名もあるだろう。コスモス、トラストサービス、大淀建設改め新日本建設、関西新聞社、関西コミュニティ、富国産業、ケー・ビー・エスびわ湖教育センター、大阪国際フェリーなど。KBS京都の関連会社ともかなり重なっている。イトマン事

浜田靖一

件発覚後、それらグループ企業が、たびたびマスコミ報道を賑《にぎ》わした。

グループのなかで、許がもっとも熱を入れていた大阪国際フェリーには、二〇〇七（平成一九）年七月まで防衛大臣を務めていた久間《きゅうま》章生《ふみお》が社長に就任していた。また、中核企業の一社である不動産業のコスモスには、「国会の暴れん坊」と異名をとった浜田《はまだ》幸一《こういち》の長男で、現防衛大臣の浜田《はまだ》靖一《やすかず》が重役として名を連ねていた時期もある。二人とも許とは旧知の仲といえる。

もっとも、本格的に事業を始めて以降の許自身は、それら企業グループの影のオーナーという立場を貫《つらぬ》いた。代表取締役に就いたのは、グループを統括するコスモスやトラストサービスなど数社だけであり、残りのほとんどのグループ企業では、代表はおろか取締役にも就任していない。

「ワシはあくまで黒子《くろこ》でいい思うとるんです。ワシが会社の役員に就任して登記《とうき》簿《ぼ》謄本《とうほん》に名前が出たら、やっぱり付き合いにくい人もぎょうさんおりますから。むしろ、いまのまま黒子役のほうが都合ええんや」

本人は気の置けない仲間に、口癖のようにこういった。その言葉どおり、許は実像の見えない黒幕としての道を歩んでいく。

だが、逆にその名前だけは世間にとどろいていった。あるときは許永中として、またあるときは藤田栄中として、さらに野村栄中として。

表社会の政財界人との交流を始めた許は、ときに謎の在日韓国人実業家と呼ばれた。あるいは「闇社会の帝王」と異名を取るようになる。そうして、怪物伝説がつくられていった。だが、実像はいまひとつはっきりしない。

伝説がつくりあげられたのはなぜだろうか。許永中の後ろには、常に名だたる政財界の実力者の影がちらついてきた。その大物の影が許永中像を飾り、彼の姿を大きく見せていったのではないだろうか。

手形乱発事件とホテルニュージャパン

日本レースの手形乱発事件——。

KBS京都における内紛騒動の渦中、許永中という名を最初に全国に知らしめた事件が起きた。それが、経済事件に詳しい者のあいだでいまも語り継がれている「日本レース手形乱発事件」である。ここでも、東邦生命の太田が許の尻ぬぐいをしている。

許には雅《みやび》やかな古都への憧れがあったせいかもしれない。KBS京都の内紛といい、許に関しては、京都を舞台にした事件や騒動がやたらに多い。この日本レース事件には、許の愚連隊時代の先輩だった岡本醇蔵も登場する。先に触れたマンガ、『嗚呼!! 花の応援団』のモデルにもなった元近畿大の応援団長である。かつて許から大淀建設を買収し、アーデル・ホームという建設会社や、食肉卸のアーデル・ミートパッカーなどを経営していた。岡本は許を通して、この日本レース手形乱発事件や東邦生命とも深い関わりを持つようになる。

日本レースは一九二六（昭和元）年一二月に創業された。戦後間もない一九四九（昭和二四）年に株式を公開した、東証一部上場の老舗繊維《せんい》メーカーだ。しかし、その老舗繊維メーカーの株が、日の出の勢いだった仕手集団三洋興産グループに買い占められてしまう。一九八三年から一九八四年にかけてのことだ。

三洋興産は石油転がしで勇名を馳《は》せ、資金力にものをいわせて次々と上場企業の株を買い占めていた。ちなみに石油転がしとは、後に石油卸商の泉井純一《いずいじゆんいち》が引き起こした経済事件で評判になった、業者間の先物商品転売のことである。泉井の事件は「業転事件《ぎようてん》」とも呼ばれた。三洋興産がそのパイオニアといえる。許が東邦生命との提携話をブチあげた企業だ。

このころの日本レースのオーナーは、「ヤマノビューティメイト」の山野愛子《やまのあいこ》の長男、彰英《あきひで》だった。三流物産に株を買い占められ、会社の乗っ取りを恐れた山野は、かねて山野家と親しかった東邦生命の太田清蔵に相談する。餅屋《もちや》は餅屋、ということだ。そこで、太田から株の買い占めに対する処理を任されたのが許永中だったのである。

許と山野彰英は、京都の高級天ぷら屋「吉川」の座敷で初めて会った。

「このままでは、社長の座を飛ばされます。なんとかできませんでしょうか」

そう懇願した山野に対し、許は奇妙な手段をとった。当時の定説では、許は次のようなやり方で日本レースの処理にあたった、と伝えられている。

まず許は、三洋興産に買い占められた株の価値を下げようとしたという。

　仕手戦をはじめ、株を買い占められた銘柄は、往々にして株価が急騰《きゅうとう》する。最近では、堀江《ほりえ》貴《たか》史《ふみ》率いるライブドアの公開買い付け（ＴＯＢ）にさらされた、フジテレビグループのニッポン放送株がいい例だ。そうした株の買い占めに、経営者側が主導権を取り戻そうと対抗すれば、株価はますます上がる。最終的に、会社側はファンドや仕手筋から株の買い戻しを要求され、高値で買い取らなければならなくなる。近年、そうして外資系ファンドの脅威にさらされるケースもずいぶん増えた。

　こうした株の買い占めにおける通常の対抗策は、普段から株価を高値に維持しておき、買い占めにくくするやり方だ。だが、こと日本レースに関する許の対抗策は、まったく逆だった。いっそのこと、株価を下げてしまおう。すると、買い占めた仕手筋のうまみがなくなり、株を手放すのではないか。許永中はそう考えたとされる。

泉井純一

　そこで許が取った手段、それが手形の乱発だったという。一九八四（昭和五九）年九月、山野の要請を受けた許は、日本レースの営業所支配人に就任する。商法では、手形の振り出しは支配人の権限でおこなえる。そのため、許は自らの判断で片っ端から手形を振り出すことができた。結果、日本レースが振り出した営業外の支払手形の額面は、五〇億円とも一〇〇億円ともいわれる。手形を乱発されたとなれば会社の評判が落ち、株価が下がる。これが、いままで伝えられてきた許永中の手法だった。

しかし、事実はかなり異なるようだ。

「じつは、山野と三洋興産のあいだでは、許永中が乗り出してくる以前に、ある話がまとまりかけていたのです」

こう証言するのは、三洋興産の元取締役である。

「三洋興産が日本レースを狙う理由は単なる株の買い占めではなかったんです。このころ三洋興産グループでは、東洋端子という小型モーターのメーカーを傘下におさめていました。ここと日本レースを合併させ、新たに小型電子コネクターの製造に乗り出そうとしていたのです。で、日本レースオーナーの山野と事業提携の話を進めていた。ところが、そこへ突然、東邦生命の太田さんが乗り出してきて株を返せという。それでは話が違う、となったのです」

東洋端子は、三洋興産が買収した東証二部企業だ。いま風にいえば、M&Aした会社ということになる。三洋興産はこの東洋端子の技術力を生かすため、日本レースとの業務提携を模索していたというのである。三洋興産の元取締役が続ける。

「そんなところへ東邦生命が出しゃばってきた。そこで、『こうなったら場で日本レース株を買い占めて乗っ取ってやろう』、となったのです。そうして買い占められた日本レース株は発行済み株式の五一パーセントに達した。すると今度は、永中が乗り出してきた。手形を乱発するなんて無茶苦茶なことをやりだしたのです。ある時点で手形の発行残高は八〇億円にまでなっていた。このままでは会社は倒産する。そんな状況まで追い詰められていたのです」

日本レースの手形乱発事件は、先のKBS京都の債務処理問題にも関わってくる。手形の大部分が、「KBS京都に関連した土地を買う」という名目で振り出されていたのだ。

一例を挙げれば、KBS京都の関連会社トラストサービスが所有し、塩漬けになっていた京都市山科区の用地買収だ。現在の都ホテルの裏側にあたる土地で、広さはおよそ二万坪。許は表向き、日本レースが三〇億円分の手形で土地を買い取るという計画を立てた。

もともとKBSグループだったトラストサービスは、すでにCTCグループと一体化している。そこで許は、この土地を自分の影響力の及ぶ会社のあいだで転売を繰り返すことによって、KBS京都グループの債務を処理しようと考えた。そうして山科の土地は、トラストサービスから日本レース、さらに許のグループ企業、恒栄建設へと転がされていったのである。

この手形乱発事件については、いまだその真相が明らかになっていないが、許はこれについて、意外な話を明かした。なんと、戦後最大のホテル火災といわれた、あのホテルニュージャパン跡地の再開発に、この手形を利用しようと考えていたというのである。

横井英樹

東京・赤坂の一等地に焼け残ったホテルニュージャパン跡地が、長らく放置されていたのは記憶に新しいところだろう。ホテルの地下にあったナイトクラブ「ニューラテンクォーター」では、ルイ・アームストロングやダイアナ・ロスのショーが開かれ、日本の代表的な社交場と呼ばれた。力道山が刺された場所としても名高い。ホテルニュージャパンは、蝶ネクタイの企業乗っ取り屋として名高い横井英樹《よこいひでき》が買収し、大火災を引き起こしてしまった。

横井はこのホテルを千代田生命からの融資担保として同生命に差し入れていたが、権利関係が複雑に絡んでおり、長らく塩漬けになったままだった。

許は、このホテルニュージャパン跡地を買い取ろうと計画。一見、脈絡なく乱発されたように見える日本レースの手形は、その不動産買収資金の手付金五〇〇億円にするつもりだったというのである。つまり、日本レース手形乱発の最終目標が、ホテルニュージャパンの再開発プロジェクトだという。KBS京都元社長の内田和隆へ、この件について尋ねたことがある。

「永中さんがホテルニュージャパン跡地に興味を示していたのは事実です。あそこは横井さんの知己であるアイチの森下さんも債権者だった。最大の債権者だった千代田生命の後ろ盾は、竹下登だともいわれていました。永中さんは彼らとも無関係ではありませんでしたから」

許本人によれば、この壮大なプロジェクトは、先の岡本のアーデル・ミートパッカーの資金繰りが悪化したため、泡と消えたという。

許の構想は、往々にして遠大《えんだい》すぎて実感がわかない。しょせんは手形の乱発事件である。計画そのものに無理があったというほかない。だが、そばにいる関係者たちは、不思議とそれに乗せられていく。計画に実現性があったかどうかは別として、たしかにここに登場する関係者たちは許永中と妙な縁を持っている。結果、事態収拾のために名だたる政財界人が奔走させられていくのである。

壮大な北朝鮮開発計画

許が設定した舞台。そこに登場するのは、若くして築いてきた裏社会の人脈やアウトローたちだけではなくなっていた。東邦生命の太田を例に挙げるまでもなく、いつしか政財界のメジャープレイヤーたちまで飛び入り参加し、重要な役どころを演じていく。

総額一〇〇億円ともいわれた日本レースの手形の一部は、神戸市北区にある山林の売買契約における保証金名目で振り出されている。金額にして二〇億円分の手形だ。「ヒューマンソサエティ」という、わけのわからない宗教法人が持っていたゴルフ場建設予定地の買収費用という名目だった。この土地取引に、アーデル・ミートパッカーの岡本が関与したといわれている。

岡本はかつて、許の経営する大淀建設の資金繰りを助けた経緯がある。逆にこの時期は、岡本の経営するアーデル・ミートパッカーが資金繰りに窮《きゅう》し、許が恩返しのつもりで岡本を助けようとした。そのために日本レースが振り出した手形の一部を岡本のアーデル・ミートパッカーにまわしたというわけだ。乱発した手形の総額を一〇〇億円とすると、その五分の一の二〇億円。さらに許は、東邦生命からもアーデル・ミートパッカーへ追加で二〇億円を融資させたという。

なぜ、東邦生命の太田がそこまで彼らに肩入れしたのか。そこには何の腹蔵もなかったわけではない。たとえば一見、荒唐無稽《こうとうむけい》に思えるホテルニュージャパン跡地の再開発プロジェクト。融資の担保にとったまま長年再開発計画に手を焼いてきた千代田生命は、東邦生命のライバル会社だ。この赤坂の一等地の再開発を東邦生命が手掛けることができれば、ライバル会社の鼻を明かせる。トンビが油揚げをさらう格好になる。

当時、ホテルニュージャパン跡地は、土地だけで時価三〇〇〇億円とも四〇〇〇億円とも囁《ささや》かれていた。仮に日本レースの手形一〇〇億円を東邦生命が肩代わりしても、プロジェクトが実現できれば安いものだろう。許の日本レースを使った再開発プロジェクトに飛びつくのも無理はない。太田は、許のこうした大風呂敷に魅せられた、と見るのが正解ではなかろうか。

しかし、現実は太田、許の二人によって乱発された山のような商業手形の処理だけが残る。仕手筋、三洋興産による乗っ取り対策どころか、日本レースという老舗繊維会社そのものが存亡の危機にさらされたのである。

そして、やむなく取った手段。それが本章の冒頭で述べた三洋興産と東邦生命の業務提携だったのである。その際、むろん事前の話し合いも持たれている。

「まずは、永中と私で話し合うことになったのです」

再び、当の三洋興産元取締役がそう証言する。手形処理をめぐる許と三洋興産サイドとの話し合いは、東京の赤坂プリンスホテル、スイートルームでおこなわれた。

「どうして、こんな無茶な手形を乱発するのか。これでは手形が不渡りになって元も子もないではないか」

こう問いただす三洋興産側に対し、許はこう切り返した。

「私としても、倒産なんてことになったらイカンと思うとるんです。何かいい方法はありますか」

「それなら手形を回収する以外にない」

「といっても、手形はすでに菱（山口組）の関係のほうにも流れとるし、資金も必要でしょう。まあ、太田社長へ頼んでみますわ」

許の頼りは、やはり東邦生命だった。結果、乱発手形について、東邦生命の不動産関連会社である太田企画がその回収窓口になる。回収資金は、太田個人が所有していた科研製薬株を三洋興産へ担保として預け、現金をつくったという。

こうして手形の回収作業の傍ら、最終的に許と三洋興産側の話し合いがまとまる。東邦生命と三洋興産の事業提携はその結果だったというのである。一九八四（昭和五九）年暮れのこと、先に書いたように、許が東邦生命本社の緊急取締役会議で三洋興産への支援をブチあげたのは、このような経緯があったからだというのである。三洋興産の役員が改めて説明する。

「私もその場にいましたから、間違いありません。彼は居並ぶ役員たちを前にし、堂々と話していました。東邦生命による三洋興産に対する金融支援という話でした。結局これも雲散霧消《うんさんむしよう》しましたけどね」

強引というより、破天荒《はてんこう》としかいいようのない許の手法。だが、少なくともこうしたやり方の末、許永中は東邦生命という名門生保の重役会に出席するまでになったのである。

許と一緒に事業をして、喧嘩別れになった財界人は数多い。だが、東邦生命の太田だけは別格だった。

東邦生命は一九九九（平成一一）年に破綻し、アメリカの最大手ノンバンク、ＧＥキャピタルに買収される。太田は経営者として会社の清算人から損害賠償請求され、二〇〇四（平成一六）年には七億円近い賠償を命じられた。齢《よわい》八〇を過ぎた太田に残されたのは、太田事務所の社長、あるいは浮世絵太田記念美術館の館長という肩書のみである。

ちなみに、東邦生命そのものは二〇〇三（平成一五）年、GEエジソン生命保険をアメリカの大手保険会社AIGが買収。また、千代田生命も二〇〇〇（平成一二）年に破綻した後、AIGに吸収されAIGスター生命となった。二〇〇七年度の保険料等収入で見ると、旧東邦生命のAIGエジソン生命が四〇七三億円で国内生保業界二二位、旧千代田生命のAIGスター生命が二六六三億円で二三位と業績が拮抗《きっこう》している。しかし、二〇〇八（平成二〇）年のアメリカ金融危機でAIG生命そのものの経営が行き詰まり、二社とも売却話が持ちあがっている。

この間、私は東邦生命創業家、六代目当主の太田清蔵に何度か会った。すっかり髪が薄くなり、やや猫背気味《ねこぜぎみ》に歩く姿は、さすがに老いを隠せない。孤独な老人に許のことを尋ねると、頑《かたく》なに口を閉ざす。が、その独特な世界観は健在のようだ。しっかりとした語り口でこんな話を披露した。

「これからの日本が歩むべき道は、アジアの国との共生なのです。パートナーはアメリカでは駄目なんだ。中国、韓国、北朝鮮と事業をやっていかなければならない。私にはその秘策もあるんです」

太田は、許と知り合った当時、中国や北朝鮮の開発プロジェクトを立案したことがある。

「太田さんは、旧ソ連と中国、北朝鮮が接する豆満江《トウマンガン》付近の開発計画を立てていました。実際、中国吉林省延辺の朝鮮族自治区へ、学校を設立するための資金としてかなりの私財を投じてはります。ですから、永中さんは、その開発計画のためによく中国へ行ってはった。北朝鮮の開発は、永中さんと太田さん、二人の夢でしたんやろな」

KBS京都の元社長、内田和隆はこう明かす。

「その計画はいつの間にか、新幹線構想になっていきました。下関《しものせき》からトンネルを掘り、釜山に抜けて中国東北部からシベリアまで新幹線を通す。そういう夢のようなプロジェクトでした。永中さんと太田さんは本気でそんな計画を実現するつもりだったんです」

石橋産業事件捜査のさなかに謎の失踪をした許永中は、当時、北朝鮮や中国の吉林省で身を隠しているという説が流布《るふ》された。この手の噂は、こうした豆満江開発プロジェクトが下敷きになっている。

許は、太田に諭《さと》された在日韓国人として、事業にのめり込んでいった。許永中の行動範囲は急激に広がっていく。

竹下登の名代

丹波《たんば》高原《こうげん》に連なる北山や東の比叡山《ひえいざん》。山城《やましろ》の国と呼ばれた京都は、四方を山に囲まれた盆地のせいで、四季の寒暖の差が大きい。とくに夏の京都はうだるような暑さだ。

一九八四（昭和五九）年七月――。この年はとりわけ猛暑が続いた。早朝から強い日差しが地面を焼く。京都宝ヶ池プリンスホテル玄関前のアスファルトは、朝の八時だというのにすでに陽《かげ》炎《ろう》が揺らめいていた。

そんな暑さのなか、毎朝決まって、玄関前の車寄せに横付けされる真っ黒い大型メルセデスベンツがあった。ベンツにはKBS京都の社旗《しゃき》が、肌にまとわりつくような不快な生暖かい風に揺れている。ホテルに着くと、濃紺《のうこん》のスーツを着た運転手が降りてきて、目にまぶしいほどの白い手袋で後部座席のドアを開けて待つ。やがて初老の小柄な男が玄関から出て無言でベンツに乗り込む。ベンツは音もなく静かに発進する。

同じ時刻、KBS京都では、社員が一階ロビーから入り口にかけて、真っ赤な絨毯《じゅうたん》を敷いていた。そこへ黒光りした大型ベンツがやって来る。保安係の社員があわただしく車に近づく。降りてきた男が、絨毯の上をゆっくりと歩いてフロアーに向かう。

「おはようございます」

赤い絨毯の両側に並んだ社員たちが、一糸《いっし》乱れずに唱和する。男は、深々と頭を下げて挨拶する社員たちのなかを満足げな笑《え》みを浮かべながら通り過ぎ、そのままエレベーターに向かう。なかには女性の社員がいて、扉を開けたまま待機している。そして扉が閉じ、男の姿が消える——。

これが、かつて京都新聞グループの近畿放送KBS京都の社長を務めた福本邦雄の出勤風景である。

KBS京都の内紛に介入した許は、人事を通じて会社を牛耳っていた。一九八九年六月、創業一族の片腕だった内田和隆を社長から副社長に降格し、代わりに東京から招聘《しょうへい》したのが政商、福本邦雄だ。KBS京都の新しい社長は、東京から京都に入り、出社する。週に一度、この仰々《ぎょうぎょう》しいまでの光景が決まって見られたという。出勤風景は京都中の評判になった。と同時に、KBS京都の取締役人事が、古都の財界人のあいだで話題にのぼるようになる。その理由は、福本の社長就任だけではなかった。

福本邦雄は自民党と経済団体の橋渡し役として、影響力を行使してきたといわれてきた。老齢になった後は雑誌「選択」でコラムを連載し、いまは病床《びょうしょう》についている。最後の政商といっても差し支えあるまい。

福本は一九二七（昭和二）年、神奈川県鎌倉市に生まれた。父親は、昭和初期、戦時下の国内で日本共産党の再建を訴えた「福本イズム」で名高い福本和夫《ふくもとかずお》だ。福本邦雄は和夫の長男として、早くから父親の教示を受けてきた。が、後に歩んだ道は、父親とまったく反対といえる。

東京大学時代は経済学部に籍を置いた。そこで、セゾングループの元総帥《そうすい》、堤清二《つつみせいじ》と同窓となる。東大時代の福本は、共産党の東大細胞闘士として、精力的に左翼《さよく》運動を展開した。堤は学生運動の同志でもある。ちなみに堤と許は福本との関係ではなく、後に別の形の出会い方をする。

堤清二

福本は東大卒業後、産経新聞に入社した。そこから、父親と歩む路線が変わっていく。同紙の編集局付部長という肩書を経て、政界入りを果たす。岸信介内閣の官房長官だった椎名悦三郎《しいなえつさぶろう》代議士の秘書官となり、椎名の通産大臣時代にも秘書官を務めた。秘書を退職してから、産経新聞に出戻るが、といっても新聞社に勤務したのではない。

新聞社の本社のあったサンケイ会館内に、フジ・コンサルタントという経営コンサルタント会社を設立。以来、フジ・サンケイグループがおこなう絵画展などを取り仕切るようになる。絵画の世界に足を踏み入れたのはそこからだ。その後、東京・有楽町の一等地、国際ビルにフジ・インターナショナル・アートという画廊を設立し、同社の社長として、絵画取引や美術出版を始めた。美術界ではそれなりに実績をあげていく。

もっとも、本人にとって画商としての社長業はあくまで表の顔である。政界のフィクサーという裏の顔がその実像に近い。右翼の理論家、安岡正篤《やすおかまさひろ》を信奉し、その人脈は、自民党はむろん野党にまで及んだ。いくつもの政治団体を主宰《しゅさい》し、政財界における裏資金づくりをこなしてきたのである。

福本が主宰してきた政治団体には、中曾根康弘《なかそねやすひろ》の「南山会」、竹下登の「登会」、安倍晋太郎《あべしんたろう》の「晋樹会」、宮沢喜一《みやざわきいち》の「俯仰会」、渡辺美智雄の「とどろき会」などがある。福本と竹下との関係はあまりにも有名だが、むしろ、付き合いは中曾根とのほうが古い。福本は四〇年近く中曾根を支援してきた。

後に盟友と呼ばれるほどの竹下との深い交友が始まったのは、竹下が佐藤内閣で官房副長官に就任したときからだ。竹下のために財界人を集め、副長官就任祝いのパーティを開いたのがきっかけだとされる。

財界や官界、マスコミ、学者にいたるまで、福本と関わりのある著名人は数限りない。ひところ話題になった「三宝会」という親睦組織もそのひとつといえる。

三宝会は一九九七（平成九）年六月、当時のNEC（日本電気）の会長、関本忠弘《せきもとただひろ》を経団連の会長にするという名目で旗揚げされた。もともと、赤坂の高級中華料理店「榮林」で年に何回かの親睦会を開いていただけだったが、関本応援団の旗を掲げたのを機に、フジ・インターナショナル・アート社内に正式に事務局を設置、組織として認知された。第一回三宝会の出席リストを見ると、錚々《そうそう》たる顔ぶれがそろっている。

最高顧問・竹下登、代表世話人・関本忠弘NEC会長、塙義一《はなわよしかず》日産自動車社長、松田昌士《まつだまさたけ》JR東日本社長……。リストのなかには、米山玲士《よねやまれいじ》千代田生命社長の名前もあった。

来賓《らいひん》の項目に記されている政治家は、小渕恵三《おぶちけいぞう》以下、亀井静香、中尾栄一、与謝野馨《よさのかおる》、谷垣禎《たにがきさだ》一《かず》、鈴木宗男《すずきむねお》という顔ぶれだ。

関本忠弘

世話人として名前が登場しているマスコミ人は五人。高《たか》橋利行《はしとしゆき》読売新聞調査部長、後藤謙次《ごとうけんじ》共同通信編集委員、芹《せり》川洋一《かわよういち》日本経済新聞政治部次長、佐田正樹《さだまさき》朝日新聞電子メディア局長付、湯浅正巳《ゆあさまさみ》選択出版社長である。

一口三万円の法人会員には、大企業の名前がずらりと並び、マスコミ界からも朝日、毎日、読売の大手新聞やテレビ局の政治部記者、さらには大手出版社の幹部が個人会員として三宝会に参加している。毎年恒例の花見の会には、元内閣調査室長の大森義雄《おおもりよしお》や自民党の亀井や中尾らが常連として出席していた。

繰り返すまでもなく、許永中が福本邦雄を知るきっかけをつくった人物は関西の大立て者、野村周史だ。許は野村の長男、雄作と遊び仲間だった関係から父親を知り、この政界フィクサーへと人脈の輪が広がっていったのである。

そんな福本邦雄と野村周史との関係は古い。野村の葬儀では、福本が野村の友人代表を務めたほどの間柄だ。葬儀は、他に友人代表として太田清蔵と渡辺美智雄が名を連《つら》ね、葬儀委員長が元大阪府知事の岸昌という錚々たる顔ぶれだった。許を取り巻く人脈とかなり重なり合っている。

イトマン事件のときにも、福本のことは検事の関心事だったが、事件の事情聴取では言葉少なく次のように語っただけだ。

「フジ・インターナショナル・アートは、福本邦雄さんの会社であり、古くから、絵画の取引はあります」(一九九一年八月七日事情聴取)

一九八九年六月、その許が福本をKBS京都の社長に据えたのは、彼の後ろに控える政財界人脈に期待したからにほかならない。

「自民党総裁選では、歴代の総理候補者が福本のところへ必ず挨拶に行っていた」(自民党代議士秘書)

これが、いまも福本邦雄を評するときの決まり文句になっている。だが、なぜそれほど力をつけたのか。そこはあまり知られていない。

じつは、福本神話はつくられた部分が多いともいえる。許が福本をKBS京都に招聘《しょうへい》したときは、いわば福本は不遇の時代だった。

福本邦雄は政商、という顔を持つ半面、暴力団とのパイプも太い。福本は関東の大物暴力団幹部との縁もあった。許は初め、暴力団幹部との食事会で福本と知り合ったという。なぜ福本に裏社会との接点があるのか。それは日本の財界の裏面師だからだ。

福本は、財界四天王と呼ばれ、裏社会にもにらみをきかせた経団連常任理事、今里広記《いまざとひろき》（日本精工元社長）とともに、政財界におけるトラブル処理の一端を担《にな》ってきたという。それが福本の最大の強みだったともいえる。

戦後、急速に復興を遂げてきた日本経済は、その過程で、裏の世界と切っても切れない関係を保ってきたといえる。

渡辺美智雄

たとえば電力会社が電柱一本立てるのにも、地主から用地を借りたり買ったりする必要が生じ、その際、暴力団が介在してくるケースも少なくない。財界にとっては、トラブルを避けるため、あらかじめ何らかの手を打っておかなければならない。企業が地元対策費という名目で、暴力団関係者に資金を渡す。そこに利権が発生し、さらなるトラブルも起きる。そうした裏社会と企業とのトラブルの交通整理をしてきたひとりが今里だとされる。

今里は住友銀行が平和相互銀行を吸収合併した際にも、調整役として名前が取り沙汰《ざた》された。しかし裏工作が噂されたせいで、今里の力が落ち始めた時期もあったという。いまは引退した、ある財界人が解説する。

「福本さんは今里さんの下で、政界とのパイプ役というか、ミニ今里広記のような役割を担って動いていました。それで、平相銀の合併などで今里さんが問題視されたとき、政財界ではさすがに今里さんは切れないけど、福本さんは疎《うと》んじられていった。それが、福本さんのKBS社長就任のちょっと前でした。福本さんともっとも長い付き合いだった中曾根さんまでが、彼を遠ざけるようになり、福本さんは当時資金繰りも苦しくなっていったはずです」

当時、福本は帝国ホテルの四階に個人事務所を構えていた。その事務所維持費にさえ窮するほどのピンチに立たされていたという。だが、許は逆にそこへ目をつけた。影響力にかげりが見え始めたとはいえ、福本のネームバリューはまだまだ捨てたものではない。許が申し出た。

「福本先生、ワシに事務所を譲ってもらえまへんか」

そう持ちかけると同時に、福本の経営するフジ・インターナショナル・アートと絵画取引を始めた。KBS京都元社長の内田が話す。

「永中さんは、『あそこの絵は相場の三倍ぐらいしまんねん』とよくこぼしていました。それでも『ここが勝負やと思うてまんねん。どこまで、あの人と付き合えるかいうことですわ』ともいっていた。それで、当時、せっせとフジ・インターナショナル・アートの絵を買っていました。そうやって一生懸命、福本さんに取り入ろうとしてたんです。福本さんも大助かり。お互いの利害が一致したいうことですやろ」

結果、許はこの政商を京都の舞台に引っ張り出すことに成功した。

一方、ちょうどこのころ、福本の盟友、竹下にも変化が起きていた。一九八五（昭和六〇）年二月、竹下登は田中角栄から独立し、派閥をつくる準備として「創政会」を発足する。後の竹下派、「経世会」の前身である。一九八六（昭和六一）年七月、正式に派閥の旗を揚げた竹下は、この年の一一月に中曾根から総理・総裁の座を禅譲される。しかし一九八九（平成元）年六月、リクルート事件で竹下内閣が総辞職。竹下にとって激動の時代だった。

折しも、福本邦雄がKBS京都に乗り込んできたのは、そんなタイミングのときである。そして、この福本とともにKBS京都の常務として東京から招かれたのが、内藤武宣《ないとうたけのぶ》という人物だった。

今里広記

内藤は一九三八（昭和一三）年、福岡生まれ。県内屈指の進学校である修猷館《しゅうゆうかん》高校から早稲田大学教育学部に進み、いったんは毎日新聞の政治部記者となる。政治部記者として首相官邸をはじめ、与野党や各省庁の取材に駆けまわっているうち竹下と出会う。そこで、竹下に認められたと伝えられる。内藤は竹下の次女、まる子を妻に娶《めと》った。竹下は義父にあたる。

「内藤さんは読売新聞出身の政治評論家、宮崎吉政《みやざきよしまさ》氏に師事していました。ともに早大OB。宮崎氏は合気道部、内藤さんは空手部と体育会系の先輩後輩でもあった。宮崎氏は竹下さんが全国展開した会員制の集金組織『長期政策総合懇談会』の会長を務めたほど、竹下さんと親しく、内藤さんはその宮崎グループのひとりとして、竹下さんの懐に飛び込んだと見られていました」

そう打ち明けるのは、内藤の友人のひとりだ。次のような秘話もある。

「で、周囲はてっきり宮崎さんの娘さんと結婚すると思っていたのです。それが、竹下さんの次女、まる子さんの婿さんになったから、仲間うちで驚いた人も少なくありませんでした」

内藤は三四歳になる一九七二（昭和四七）年、毎日新聞を退社するや、その年の総選挙で竹下の女婿《じょせい》として出馬するが、あえなく落選する。

落選後は、竹下の私設秘書として働き、創政会を旗揚げしたときには、後援会機関誌「創政」の編集長を務めた。内藤は竹下の庇護《ひご》のもと、フジ・インターナショナル・アートの顧問という肩書を得て、政界を泳いでいく。竹下の娘婿として、永田町を渡り歩いてきた。福本が主宰した三宝会の事務局長を務めてもいる。ちなみに人気タレントＤＡＩＧＯの父親である。

許永中は、福本とセットで内藤を常務としてＫＢＳ京都に迎えた。政商、福本邦雄と竹下の女婿――。こうして彼らが京都のローカル放送局の社長や常務に就任したのである。

許は二人に対し、まる抱えのような格好で面倒を見てきた。宝ヶ池プリンスホテルへ福本を出迎えに行っていた大型ベンツは、もともと許の経営する新日本建設の所有だった。

ＫＢＳ京都元社長の内田がいう。

「そのベンツはもとは永中さんが乗ってはったもんです。たしか一五〇〇万円ほどしたと思うんやけど、福本さんが来はるいうんで、それをわざわざ福本さんの専用車にしたんですわ。けど、いくらなんでもそりゃあかんやろ、いうことにもなった。で、ベンツは福本さんが社長に就任した半年後の一九八九年一一月にＫＢＳに払い下げられました」

京都で内藤新常務の住む家を用意したのも許だ。許は夫人の紀子名義でＫＢＳ京都本社の裏手に高級マンションを買い、それを内藤が使った。

ＫＢＳ京都における許の介入後、会社の役員構成はがらりと変わる。一九人だった取締役については、定款《ていかん》を変え二六人に増やされた。福本や内藤だけではない。およそ京都とは縁もゆかりもない人物が、ぞろぞろ役員に名を連ねたのである。

許は内藤と同じく、フジ・インターナショナル・アートに勤めていた野村雄作を常務に据える。さらに他の重役として、ダイエーの元総務部長で、関連会社日本ドリーム観光の社長だった都築富士夫《つづきふじお》、許が経営する関西新聞社長でＮＨＫ出身の池尻一寛《いけじりかずひろ》、そして協和綜合開発研究所代表の伊藤寿永光《いとうすえみつ》などを配した。

一九八九年六月二八日、福本がＫＢＳ京都の新社長に就任したのは、許永中グループによる老舗放送局支配の一環だ。と同時に、中央政界の実力者とのたしかなパイプを築いた瞬間のようにも思える。

「私はＫＢＳを再建するためにやってきました。それができなければやめる」

社員を前にしてそうタンカを切った福本は、別の部長会議の席でこんな発言もしている。

「この会社は内藤中心で行く。内藤にそむく行為は俺を裏切ることと同じだ。ひいては、それは竹下登に反旗《はんき》を翻《ひるがえ》すことになる」

竹下登の名代《みようだい》。福本はＫＢＳ京都の社長に就任するやいなや、我が物顔で振る舞った。それはイトマン事件が勃発する直前、一九九一（平成三）年六月まで続くことになる。

第四章　大物フィクサーとして

京都の祇園《ぎおん》街には、昼と夜の顔がある。祇園白川のほとりで、艶やかな舞妓《まいこ》がぽっくりの音を鳴らす夜の風情《ふぜい》。かたや日中は、修学旅行生や観光客で賑《にぎ》わう。カメラを前にした団体客が、茶屋の軒先で思い思いに記念撮影をする。そこから少し足を延ばして八坂《やさか》神社を抜け、円山《まるやま》公園に向かうのが、京都観光お決まりのコースだ。

観光名所、円山公園の正面入り口付近には、大きな桜の木がある。巨木の幹はまるで白粉《おしろい》で化粧をしたように真っ白い。無数の枝が幹から四方八方に広がり、花火のように垂れ下がっている。さながら白く塗られた巨大な柳の木のようだ。花冷えのする四月の初めになると、垂れ下がった枝先にいっせいにピンク色の花が咲く。古都の名所のひとつ、円山公園の枝垂《しだ》れ桜である。春の円山公園では、陽が落ちて暗くなると、桜の木全体がライトアップされ、妖艶《ようえん》なあやしさをかもしだす。

もともと老木は、幕末まで祇園感神院と呼ばれた八坂神社の庭内にあったという。明治になって京都市民がそれを買い取り、円山公園が造営されるのと同時に移植された。いまの木は二代目にあたる。初代の枝垂れ桜は樹齢二〇〇年を数えた銘木だったが、一九四七（昭和二二）年に枯れている。二代目が、初代の種子から育てられた。それでも樹齢は、七〇年以上になるという。

国の土地を京都市が借りて管理しているこの桜の名所の一角に、純和風の数奇屋《すきや》づくりの邸宅がある。小さな四メートル道路を隔てた屋敷のすぐ隣は知恩院《ちおんいん》。すっかり古都の景勝に溶け込んでいる。円山公園の敷地内にある豪華な邸宅だ。じつは、なぜかそこだけが民間人の住まいになっているのである。

二〇〇一（平成一三）年四月、その豪奢《ごうしゃ》な屋敷を訪ねてみた。およそ一〇〇〇坪の敷地に二棟が並んで建つ。一方は平屋建ての住居、もう一方は二階屋だ。聞くと、二階屋はかつて「馳走《ちそう》」という名の会員制の高級料亭だったという。いまは喫茶店の看板を掲げている。玄関先には真っ黒いトヨタセンチュリーと大型ベンツが二台とまっていた。

屋敷を訪れる人はなく、園内を散策する観光客は、一様にその玄関先を素通りしていく。春のやわらかい日差しと、満開の桜を鑑賞しながら練り歩く観光客で賑わう円山公園にあって、ここだけは一種異様な空間である。

屋敷の主は、安田英全《やすだえいぜん》。本名を鄭《てい》英全という。かつて、許永中の片腕と呼ばれた在日韓国人二世の実業家である。鄭は許とは違った歩みをしてきた。

鄭は、戦時中、多くの朝鮮人が朝鮮半島から渡ってきた日本海側の港町、舞鶴《まいづる》に生まれた。地元の進学校を卒業している。東大受験に失敗したものの、同志社大学へ入学した秀才だ。大学卒業後、ソープランドや焼き肉店などを経営し、成功した。その後、「韓国高麗《こうらい》現代美術館」館長と称するようになる。実際、数奇屋づくりの屋敷の地下室には、収集した数多くの高級絵画や陶器が眠っているという。円山公園のかたすみで、静かに暮らしていた。

絶頂、大阪韓国青年商工会の旗揚げ

その日の大阪は雲ひとつない快晴だった。

関西政財界の会合が催されることで有名な老舗の名門ホテル「プラザオーサカ」では、普段とは一風変わった団体の設立パーティがおこなわれていた。大阪韓国青年商工会設立記念式典――。文字どおり大阪に住む在日韓国人の実業家が集い、ビジネスに役立てようとして開いたイベントだ。パーティの来賓客は一〇〇〇人を超える。会の主催者である商工会の初代会長が、鄭英全である。

桜の花びらが散り、まぶしいほどの日差しが降りそそぐなか、ホテルの車寄せに続々と黒塗りの乗用車が滑り込む。パーティの出席者は、在日韓国人だけではない。日本政財界からも、数多くのお歴々が招待されていた。赤や青の鮮やかな色のチマチョゴリでめかしこんだコンパニオンに連れられ、主賓客《しゆひんきやく》のひとりが現れた。

四角い顔とがっちりした体格。パーティの関係者たちが、すぐさまその男のそばにより、案内をする。自民党（現国民新党）の亀井静香だ。まだ五〇代半ばだった亀井は、自民党内ではそれほどの力はなかったが、すっかり老けて痩せてしまった現在の風貌《ふうぼう》とは明らかに異なる。東大時代に合気道で鍛えあげた身体には、気力がみなぎっていた。

会場入り口にその亀井が立つ。すると、大柄の男が真っ先に駆け寄った。光沢のある真っ黒いタキシードに蝶ネクタイ姿。男は笑顔を浮かべながら亀井と握手を交わす。亀井は二言三言、言葉を交わし頷《うなず》きながら、パーティの開催前に開かれた設立総会の記念式典会場に消えていった。

一九八九（平成元）年五月一〇日付、大阪韓国青年商工会設立記念式典のビデオテープには、そんな華やかなイベントの模様がおさめられていた。許永中がプロデュースした盛大なパーティである。

いうまでもなく、亀井を招待し、にこやかに握手しながら出迎えていたタキシードの男が、許永中である。許は、パーティの事実上の主催者として、この盛大な催しを取り仕切るまでになっていた。イトマン事件で逮捕される二年前の出来事である。

大音量のファンファーレが会場に響きわたり、スポットライトが主賓席に注がれる。主賓の亀井静香は、招かれた日本の政財界人のなかで真っ先に壇上に立った。世間的にはこのときの亀井はまだまだ無名の政治家にすぎない。だが、永田町では徐々にその存在感を増していた。後に亀井節といわれる独特のいいまわしで、スピーチを始めた。

亀井静香

「大阪韓国青年商工会は、日本にいる在日韓国人の方々が中心となり、韓国と日本の交流を促進するためのものだと聞いとります。たいへんすばらしいことです」

亀井静香はその後、許が関係した事件にたびたび登場し、重要な役どころを演じていく。在日韓国人としての活動を後押しした政界における許永中の最大の理解者である。

亀井のスピーチに会場は沸《わ》いた。場内は文字どおり万雷《ばんらい》の拍手だ。

亀井の世辞にまみれたスピーチの後、大阪韓国青年商工会初代会長の鄭の姿が壇上にあった。

「八〇万とも一〇〇万ともいわれる日本にいる同胞。そのなかで大阪には二〇万人の同胞が住んでいます。だからこそ、大阪における活動が重要なのです。われわれが中心になり、明日の韓国と日本の関係を考えなければならないのです」

鄭は、大阪韓国青年商工会の設立記念式典でこう挨拶した。体格も許と同じくらい大きいが、髪は対照的に黒々として豊かだ。許の事業パートナーのひとりである。

このころ許は、グループ企業のひとつとして、関西新聞という大阪の老舗夕刊紙を傘下《さんか》におさめていた。イトマン事件などでも、許グループの活動拠点の中核として評判になった会社だ。許はこの夕刊紙を買収して事実上のオーナーになり、鄭英全を社長に据えた。二人はそうした間柄である。

時は昭和天皇が崩御《ほうぎょ》した四ヵ月後。バブル景気の真っ盛りだ。大阪の名門ホテルプラザオーサカでは、連日のようにタキシードに身を包んだ紳士たちのパーティがおこなわれていた。ネクタイを締めなければ入ることすらできない場所。ホテルは、許が生まれ育った中津のドヤ街から歩いても五分程度しか離れていない。だが、かつての許にとっては、別世界の存在だった。部屋が傾いたような狭い棟割り長屋で家族七人が肩を寄せ合って暮らしてきた少年時代、許はホテルのそばで喧嘩やかっぱらいに明け暮れてきた。

許にとって、ホテルプラザオーサカでのパーティなど、幼いころには想像もできない出来事だったに違いない。

スラム街で育った在日韓国人の少年は、明らかに豊かになった。あこがれのホテルで、自ら開いた華やかなパーティ。まさしく人生の絶頂を迎えていたといえる。

そして、在日社会はもちろん日本の政界、財界にいたるまで、野村栄中こと許永中の名前が急速に広まっていった。

「謎の在日韓国人青年実業家」

朝日新聞では、このときの許をそう報じている。なんとなく胡散臭《うさんくさ》さを覚える響きではあるが、半ば持ちあげていたともいえる。世間やマスコミは、裏社会から現れた在日韓国人の実業家のロマンを歓迎した。

謎の青年実業家。在日韓国・朝鮮人社会において、そうした評判は決して悪くはとられない。むしろ英雄扱いといえる。まだ四二歳になったばかりという若さだ。

しかし、じつは在日のヒーローがよって立っていたのは、日本社会がその熱に浮かされていたバブル経済という幻だったのである。

大阪国際フェリーとバブル

ホテルプラザオーサカでこんな大仕掛けのパーティを開くまでになった韓国人青年実業家、許永中。日本レースの手形乱発事件からはじまりKBS京都の再建人事にも関与した。まさしくこの時期の許は、同時多発的に表経済界との接点を持っていく。その慌ただしい歩みのなかで、事業を形にし、許の名前を世間に知らしめる足がかりになったのが、「大阪国際フェリー」という日韓の定期航路の開設である。許永中にとって、この定期便の開設は、生涯でもっとも熱中した事業ではなかったろうか。

ここでも東邦生命の太田が後ろ盾になっている。京都新聞グループの大株主が太田の率いる東邦生命であり、それゆえKBS社長の内田は太田の意向を無視できず、許を京都新聞グループに迎え入れた経緯がある。太田は許に対し、韓国人としての誇りをもって生きるよう諭《さと》し、許をバックアップすると明言した。そして、許の進めた大阪国際フェリーの設立に尽力《じんりょく》する。資本の一割は、東邦生命が株式投資したものだったという。

日本に生まれた在日韓国人二世だからこそできる事業。許は、日韓両国をまたにかけた大阪国際フェリーという事業に夢中になる。ホテルプラザオーサカでのパーティの六年前、一九八三(昭和五八)年一〇月、大阪国際フェリーという貨物輸送会社が設立され、やがてそのオーナーが許永中という在日韓国人だと評判になる。許はそこから自ら関わりをもった政財界の人間に対し、「日本と韓国の架け橋になる」という自分自身の夢を語りはじめていった。

大阪国際フェリーは、下関と釜山を結ぶ関釜フェリーに倣《なら》ったものといわれる。関釜フェリーの定期航路を事実上運営していたのは、許にとって在日の大先輩にあたる町井久之《まちいひさゆき》だった。町井は、戦後東京の闇市を牛耳《ぎゅうじ》って、「東声会」という暴力団組織を結成した人物としてその名を知られる。二〇〇二(平成一四)年の死亡時には、トレードマークのごま塩頭の写真が新聞各紙に掲載された。

余談だが、町井や東声会は、二〇〇七（平成一九）年七月に東京地検特捜部によって逮捕された元公安調査庁長官、緒方重威《おがたしげたけ》とも関わりがある。広島、仙台の両高検検事長を歴任してきたヤメ検の大物弁護士である。

そんな法曹界の大物が、前代未聞の北朝鮮系の在日団体「朝鮮総聯」本部ビルの詐取《さしゅ》容疑で摘発され、注目されたのは記憶に新しいところだろう。その傍《かたわ》ら、緒方らが取り組んでいたのが、町井久之死後の資産処理だった。町井が六本木の一等地に残した「ＴＳＫ・ＣＣＣターミナルビル」という物件の再開発プロジェクトだ。結果、再開発事業の資金繰りに行き詰まり朝鮮総聯不動産詐欺を引き起こした、と東京地検が緒方らに狙いを定め、事件化したのである。

町井久之は一九二三（大正一二）年に東京に生まれた。本名を鄭建永《ていけんえい》という。在日朝鮮人二世だ。そのため、しばしば許と比肩され、似ているように見られる。だが、戦前生まれの町井は、やはり戦後生まれの許とは歩みを異にする。終戦直後に朝鮮建国青年同盟東京本部副委員長となり、その後、アンダーワールドの世界へ足を踏み入れている。世代的には、許の父親らの一世世代に近い。北朝鮮系の朝鮮総聯をはじめとした共産勢力の防波堤として、自ら率いた暴力団組織「東声会」を使った面もある。

町井久之

「東声会」そのものは、警視庁の暴力団対策強化による取り締まりに遭い、一九六六（昭和四一）年に組織を解散する。以後、東亜友愛事業組合と改組したが、その威勢は衰えなかった。町井は、田中角栄や小佐野賢治、その刎頸《ふんけい》の友である児玉誉士夫らに師事し、戦後、日本政財界の舞台裏で暗躍していく。プロレスラーの力道山の後ろ盾としても、名前が通っていた。まさしく裏と表を繋ぐパイプ役の機能を果たしてきた在日韓国人実業家であり、時代が町井のような存在を必要としていたともいえる。

関釜フェリーは、そんな町井が心血を注いで就航を成し遂げた航路である。無一文から身を起こし、関釜フェリーまで実現させた町井は、まさしく在日社会の星でもあった。

許には、そんな町井に対する憧《あこが》れがあったのかもしれない。本人でさえ気づいていなかったかもしれないが、許の行動は町井に倣ったものではなかったか。町井は、政財界から芸能や興行の世界にまで、その幅広い人脈を誇っていた。しかし、あくまで黒子であり、その実像はよく知られていない。許もそれに近い部分がある。大阪国際フェリーと関釜フェリー、それもまたそっくりだ。

許永中は、日本レースの手形乱発事件やKBS京都問題の処理に追われる一方、町井と肩を並べるような一大事業に足を踏み出したといっていい。

これまで大淀建設を皮切りに、地上げや金貸しなどを手掛けてきた。それら経営にタッチした企業をCTCグループと名づけ、会社の数は一〇〇社以上にのぼる。しかし、その多くはペーパーカンパニーや休眠会社、あるいは買収した企業ばかりだ。日本レースの手形乱発事件といっても一般にはそれほど馴染みはない。証券界のあいだで名が通っていた程度にすぎない。

だが、大阪国際フェリーは別格だった。本人が創設に関わり、曲がりなりにも形にした唯一の事業といえる。悲しい過去の歴史を引きずり、在日にとって深くて遠い日韓の海峡を繋ぐ――。自ら「日韓の架け橋となる」と語った生涯の夢だったのである。

そして、いつしか東の町井久之に対し、西の許永中とまで名を争うようになっていく。許もまた、在日社会における英雄になった。

許は、船の就航そのものの時期について、一九八八（昭和六三）年のソウルオリンピック開催をにらんだ。そして、オリンピック二年前の一九八六（昭和六一）年、釜山・大阪間の第一便の就航を果たす。船はオリンピックに倣って「オリンピア88」と名づけられた。週に二度の、念願の定期運航便である。

四〇歳そこそこの在日韓国人実業家に与えられた国際定期航路のオーナーという肩書は、否応なく話題を呼んだ。前述した「大阪韓国青年商工会設立記念式典」は、大阪国際フェリーの就航があればこそ実現したといっても過言ではない。

浜田幸一

大阪国際フェリー就航記念パーティにも、政財界から暴力団関係者にいたるまで、さまざまな顔ぶれがそろった。亀井静香はむろん、大阪府知事の岸昌、自民党代議士の浜田幸一や中山正暉《なかやままさあき》、現・内閣官房副長官で参議院議員の鴻《こうの》池祥肇《いけよしただ》らが招待されている。元山口組系柳川組組長の柳川次郎などもパーティに参加し、ホテルの周囲に大阪府警の捜査員が張り込んだほどだ。

その大阪国際フェリーの就航第一便は釜山から大阪に向けた船だった。一九八六年の三月三一日のことである。そこには、政財界の錚々《そうそう》たる顔ぶれのほかに、意外な有名人が乗船している。

「よほど第一便に乗りたかったのでしょう。本人自ら乗船の申し込みをしてきました」

前出の近畿放送KBS京都元社長の内田和隆がそう振り返る。

乗船の申し込みをしてきた人物の名は小田剛一《おだごういち》。芸名、高倉健《たかくらけん》である。このころの高倉は仁侠《にんきよう》映画で俳優デビューし、日本映画界における第一人者の地位を不動のものにしていた。フェリー就航の前年にあたる一九八五（昭和六〇）年といえば、公開された映画『夜叉《やしや》』でビートたけしと共演し、人情味あふれる元ヤクザを演じきり、評価されたころだ。

釜山から大阪までの所要運航時間は二二時間。多忙きわめる名優が、丸一日近くも船上の人になったのである。フェリーの乗船手続きの代行窓口がKBS京都だったため、社長だった内田はそのことを鮮明に覚えているといった。

「申し込んできた名前は小田剛一。聞いたこともない名前でした。国際航路なので、テロ対策もある。乗船者はすべて、どんな人か確認しなければなりません。彼は招待客でもなかった。それで本人に職業を聞いたのです。すると、俳優だという。なんとあの高倉健じゃないですか。驚きました」

それから一五年後の二〇〇一（平成一三）年、第一便の乗船者を片っ端からあたってみた。日本では埒《らち》が明かないので、やむなくソウルに飛んだ。そうして伝手《つて》をたどり、運よく釜山発の第一便に乗船したという韓国人の俳優を発見した。招待客のひとりだ。彼はアルバムをめくりながら、嬉しそうに流暢《りゅうちょう》な日本語で話してくれた。

「フェリーの就航は、韓国でも大変な評判になりました。テレビ各局のクルーがソウルから釜山港に駆けつけ、出港の様子を生放送していました。船は大勢の乗客でごった返していた。なかには船に乗るため、わざわざ日本から駆けつけていた人も大勢いたのです。政治家や相撲取り、プロ野球の張本勲《はりもといさお》さんやヤクザの柳川次郎さんなんかも乗っていましたね。そのなかでも高倉健さんの姿は忘れられません」

いわば日韓の俳優同士。同業者ということもあり、とくに高倉のことが印象に残っているらしい。船上の高倉健は、映画のなかで見せる姿そのまま寡黙《かもく》だったという。韓国人俳優が続ける。

「デッキにひとり立ち、ポケットに手を突っ込んで海を眺めている人がいました。誰かな、と思って声をかけたんです。振り返った顔を見てびっくりしました。あの高倉健さんではないですか。そこで、韓国MBC放送のカメラマンに『おい、あれが誰か知っているのか』と聞いたんです。すると、知らないという。『あの人は日本でいちばん有名な映画俳優なんだぞ』と教えてやったのを覚えています。健さんはマネージャーも連れず、ひとりで船に乗っていました。空色のコットンシャツを着て、とてもラフな格好をしていましたね。一緒にレストランでビールを飲んだのが昨日のことのようです。健さんには、韓国への思い入れがあるのでしょうね」

高倉健

船は一昼夜かけ、釜山港から大阪湾に入った。日本では乗客はみな有馬温泉で一泊。その晩は日韓の客が入り混じり、浴衣姿のまま大宴会を開いたという。

許は大阪国際フェリーのために自分自身の持てる全精力を注いだ。当初の社長には防衛省の初代大臣である久間章生を据えている。それらは許の意気込みの表れにほかならない。

こうして許は、日韓両国の政財界では知る人ぞ知る在日韓国人の大物ロビイスト扱いされるまでになった。許の後ろ盾は、当時の韓国大統領、全斗煥《チョンドウファン》だという評判まで立ったものである。

実際、日韓定期航路の就航は、韓国政府からも大歓迎された。大阪国際フェリー就航と同じ一九八六年、許はミスユニバース世界大会の韓国選出選考審査委員にも選ばれている。日本にたとえるなら、ミス日本の代表選考会、ということになるが、許は韓国内の選考大会を自ら主催したのである。

しかも許はその後、わざわざミスコリアたちを日本に呼んでパーティを開いている。一九八六年一〇月の韓国の女性誌『週刊女性』のカラーグラビアには、韓国でおこなわれたアジア大会の閉会式に続いて、ミスコリアを日本に招いたときの模様が堂々と紹介されている。

「日本に招待されたのは一九八六年度のミスコリア六人。それに、一九八四、八五年度のミスコリアたちまで加わった、総勢一〇人もの美女軍団が日本最大のパレードである『86年大阪御堂筋パレード』に参加した。おまけに美女たちは帰国する前に東京に立ち寄り、中曾根首相を表敬訪問した」(一〇月一九日発行)

グラビアページには、中曾根康弘を真ん中にして、「MISS　KOREA」のたすきをかけた一〇人の韓国美女たちが囲んでいる集合写真が見開き二ページにわたって掲載されている。純白のチョゴリをはじめ、緑や赤、黄と色とりどりの民族衣装をまとってにこやかに微笑む美女たちに囲まれ、中曾根本人がいかにも嬉しそうに薄ら笑いを浮かべている。いうまでもなく、この首相表敬の仕掛け人が許永中である。

中曾根が写っているカラー写真の下には、許自身がミスコリアに混じって満足そうに笑っている姿も載っている。グラビアページの本文はさらにこう続く。

「一〇人ものミスコリア一行が一度に日本を訪問したのは、三〇年にわたるコリア選抜の歴史上、初めてのことだ。

さる一日の夜にミスコリア一行一〇人の表敬訪問を迎えた中曾根首相は歓迎の意を示した。母国の韓国語で『アンニョンハシムニカ。アジア大会は実に立派に進んでいます』『みなさん本当に美しいです』とまでいった。美しい女性たちから、ミスコリア肩章やペンダント、88オリンピックバッジ、ホドリ人形などを贈られた中曾根首相は、終始表情を緩ませて笑みを絶やさなかった」（同）

中曾根康弘

ホドリ人形とは、オリンピックのマスコットだった虎《とら》のぬいぐるみのことだ。そして記事は、許自身と大阪国際フェリーについても、次のような説明を加えている。

「この行事は大阪国際フェリー株式会社の許永中社主の招請を受けてのこと。初めて一〇人ものミスコリアが日本を

訪問することになったのは、許社主の招きだ」（同）

パレードでミスコリアたちを乗せた車そのものが、大阪国際フェリーの宣伝まで兼ねていた。

「この日、沿道を埋めた一二二万（主催者集計）大阪市民らは、一〇人のミスコリアが乗ったフロート（注＝パレードカーのこと）が通り過ぎるたびに歓声をあげた。沿道の在日同胞らは涙を流しながら歓声を送っていた」

としたうえで、こうも書いている。

「一九八六年は居留民団の結成四〇周年にあたる意義深い年である。『オリンピア88』号のフロートには、『在日居留民団大阪本部』と『韓国日報』という名も書かれていて、それも目をひいた。

華麗な宮中衣装に身を包んだミスコリアらが国際フェリーを模した花車に乗って、大阪の中心街に位置する三・三キロにわたる御堂筋を行進した。その前後には、五〇〇〇人の白頭学院の生徒たちによるチャンゴ踊り、さらには金剛学園の生徒たちによるプチェ踊りのチームが連なっていた」

ここに出てくる「在日居留民団大阪本部」は、かつて許の父、正樅がリーダーとなって活動していた在日韓国人の民族団体だ。そして、三〇年のときを経て、許はミスコリアを大阪へ招き、それが母国の週刊誌のカラーグラビアを飾ったのである。

許は、紛《まぎ》れもなく在日韓国人社会のヒーローとなっていた。

ちなみに、大阪国際フェリーの韓国側総代理店の専務には、父、正樅が日本へ渡る前に韓国に残してきた許一家の長兄、百中が就任している。

もしかすると、この大阪国際フェリーの就航からの数年間が、許にとってもっとも幸せな時期だったといえるかもしれない。許は第一号の「オリンピア88」に続き、一九九〇（平成二）年には神戸―釜山間に二番目の船を就航させている。その船は「檀皇」と名づけられた。これは、韓国立国の「檀君神話」にちなんだものとされる。朝鮮建国の祖、北東アジアに君臨した帝王といわれる偉人にあやかった命名だろう。当時の許本人にもまた、「帝王」という意の船を海峡に走らせるほど勢いがあったのである。

許が絶頂期を迎えたそんな一九八〇年代後半からの数年間、日本経済は史上最大の好景気を迎えていく。日本では、一九八五（昭和六〇）年九月のプラザ合意後、円高不況の発生が懸念されたため低金利政策がとられ、二度目のオイルショックから立ち直るきっかけをつかんでいた。翌一九八六年の年末を底にして景気は上向きはじめ、外需が減少するなか、内需を中心として急速な景気拡大を示す。いわゆる「バブル景気」の到来である。

こうした社会情勢のなか、金融界では盛んに再編がおこなわれ、一九八六年の住友銀行による平和相互銀行の吸収合併が実現する。そして、日本経済を大きく揺るがす大事件が起きる。

京都の黒幕

一九八六（昭和六一）年に入り、実質経済成長率が四・五パーセントに達し、日本の景気は拡大を続ける。経済成長率五・七パーセントの高度経済成長期の「いざなぎ景気」以来の好景気といわれた。日本経済はそこから「いざなぎ景気」どころか、それをはるかに凌ぐバブル景気に突入していったのである。

大蔵省（現財務省）「法人企業統計季報」によれば、一九八八年の企業収益は、個人消費が非製造業の内需を引っぱり、製造業分野でも化学、窯業《ようぎょう》・土石など、内需型業種が好調だったとされる。また、オイルショック後の急激な円高によって減少を見せた輸出も、再び増加に転じていった。不況業種といわれた鉄鋼、機械などの輸出型産業も、著しい回復を見せる。

一九八八（昭和六三）年の輸出量は、前年比七・九パーセント増。輸入も、二一・二パーセント増と大幅に伸びる。景気の指標とされる民間住宅投資は、一九八六年に前年比二二・二パーセント増を記録、各企業は設備投資にやっきになった。

高度経済成長が終わりを告げ、オイルショックで企業が淘汰《とうた》された後、日本経済はかつてないほど拡大の速度をあげていったといえる。

企業は大卒の新入社員を急激に増やし、「バブル採用」などという大量雇用を示す言葉まで生まれた。労働力需給を労働省（現厚生労働省）「職業安定業務統計」の有効求人倍率で見ると、一九八六年に〇・九一倍と落ち込んだ新規求人倍率は、翌年には一・〇八倍と求人超過に転じ、一九八八年には一・五三倍と超売り手市場となる。

総務庁（現総務省）「労働力調査」によると、完全失業率は一九八六年に二・八パーセントだったものが、一九八八年には二・五パーセントに減る。バブル崩壊以降、六パーセント近くまで跳ねあがった失業率は、小泉改革以降の景気回復とともにようやく四パーセント台に戻したが、二・五パーセントとは夢のような数字である。それほど景気がよかったのだ。

好景気は、「バブル紳士」という奇妙な言葉まで生んだ。許をはじめ、その数は数え切れないほどだが、とりわけ街金融の帝王と異名をとった、アイチ元会長の森下安道は、不動産から絵画、株取引にいたるまで幅広い経済活動を展開してきた。許とは旧知の間柄だ。齢《よわい》七〇代後半の森下は、身体こそ小柄だが、その小さな目の奥から放たれる眼光は鋭い。取り立ての激しさにも定評がある。許は、この森下をはじめとしたバブル紳士たちを金主にし、さらに行動範囲を広げていった。そして、許自身もまた、バブルの波に乗っていく。

独特の嗅覚《きゅうかく》で街金融の世界をのしあがってきたアイチの森下は、このころ、近い将来に金融再編の波に飲み込まれそうな地方銀行の株を買いあさっていた。その森下がターゲットにした銀行株のひとつが京都銀行である。

京都銀行にとって「親戚のような地方銀行」と呼ばれた銀行がある。京都と隣接する滋賀県にある滋賀銀行だ。滋賀銀行元頭取《とうどり》の二人の息子が、異母兄弟として京都と滋賀に分かれ、それぞれの銀行の頭取を務めていた時期もある。そのため、金融再編が囁《ささや》かれたころ、真っ先に両行の合併説が取り沙汰されるようになる。

合併すれば株は上がる。株価の上昇を見込んだアイチの森下は、京都銀行株を買い占めた。二〇〇万株を手はじめに、京都銀行の第三者割当増資を引き受け、持ち株を急激に増やしていく。

そして、この京都銀行株の買い占め騒動に相乗りしたのが、許永中である。先のKBS京都騒動といい、許は京都と縁が深い。

京都銀行株の件について、イトマン事件の際、許は担当検事に対してこう供述している。
「昭和六三年（一九八八年）の夏から秋ころ、京都銀行株が東京の仕手筋に買い占められていました。その回収を、京都自治経済協議会理事長の山段芳春《さんだんよしはる》さんから依頼されたのです」（一九九一年八月八日事情聴取）
京都銀行が自社株の買い占めにあって弱りきっていたのは事実だった。そのピンチを救おうとしたと許はいっている。しかし、舞台裏はそれほど単純ではない。

とかく許のまわりには黒幕やフィクサーと呼ばれる怪人物が数多く登場するが、京都における山段芳春の存在も忘れてはならない。じつはKBS京都の重役人事にも関係している怪人物である。

本名を相宗芳春という。本名は結婚相手の姓だが、本人は元の苗字の山段を名乗ってきた。一九九八（平成一〇）年三月に死亡するまで、長年京都の裏と表の社会を牛耳ってきたとされる。死後、一〇年以上たったいまでも、その正体はほとんど伝えられておらず、いまだ謎に包まれたままだ。

表向きは、キョート・ファイナンスやキョート・ファンドといったノンバンクの会長であり、会社オーナーとして君臨《くんりん》してきた。しかし、それだけではない。許の供述調書にある「京都自治経済協議会理事長」という不可解な肩書。これが山段の実像を暗示している。

山段芳春は一九三〇（昭和五）年、京都府北西部の福知山に生まれた。母子家庭に育ち、尋常《じんじょう》小学校卒業後、満州開拓団に参加する。戦後の混乱期には、いったん京都・新京極《しんきょうごく》の繁華街を縄張りにして雑貨商を始めたという。

新京極は、いまや修学旅行生の買い物のメッカとして知られ、しゃれた店が連なる繁華街だ。が、戦後はすさんだ闇市だった。そこで始めた雑貨販売は軌道に乗らず、やむなく山段は京都府警に就職する。旧西陣警察署に勤め、米軍施設の警備を担当した。そこから謎の人生がはじまる。

米軍施設の警備を担当した警察官の山段は、やがて、アメリカの「キャノン機関」やそれを指揮していたウィロビー米軍少将率いる「CIC機関」に出入りするようになる。

キャノン機関といえば、反戦作家の鹿地《かじ》亘《わたる》を誘拐監禁したことで知られる謀略組織だ。レッドパージ盛んな戦後間もない日本にあって、労働組合活動の沈静化に手を焼いた進駐軍は、組合に対抗して日本人スパイを使った。山段はそんな米軍諜報機関のスパイとして活躍し、情報収集のノウハウを学んだ。そんな伝説が、いまもまことしやかに伝えられている。

事実、山段の情報収集力には定評があった。警官をやめた後、いったん弁護士事務所に勤務するが、ほどなく独立する。そこから山段は、得体の知れない情報網を張り巡らし、企業スキャンダルの裏で暗躍するようになる。一九六〇（昭和三五）年の京都信用金庫における内紛劇が、その情報収集力を武器に暗躍した典型例だ。

山段は、京都信用金庫の理事長争いに首を突っ込んだ。副理事長の榊田喜四夫《さかきだきしお》に接近し、大和銀行出身だったライバル理事長の追い落とし工作を買って出たのである。榊田はみごと理事長の椅子を射止めたが、このとき山段は、女性問題から取引先との関係にいたるまで、あらかじめ榊田の恥部を徹底的に調べあげていたという。そのうえで、榊田の味方についていた。榊田体制になれば、そのネタがものをいう。

こうして、山段は京都信用金庫に食い込んだ。味方のふりをして、信頼を得た人物の弱みを握る。そうすれば、相手は逆らえなくなる。マッチポンプとでもいおうか、それが山段一流の手法だ。以後、京都信用金庫理事長、榊田喜四夫の相談役として、信用金庫を陰で操るまでになる。やがて、京都の金融の世界でその存在を恐れられていった。そうして本人は、その資金力を背景に、いつしか「京都の黒幕」と呼ばれるようになったのである。

山段は、「京都市中京区両替町通押小路上ル」という住所にある、三階建ての瀟洒《しょうしゃ》なビルを根城《ねじろ》にしてきた。黒塀の並ぶ古い町並みの一角にそのビルはある。一階がキョート・ファイナンス、二階がキョート・ファンド、三階が京都自治経済協議会になっており、三階の協議会事務所には、彼の秘書兼愛人がいた。

山段に会うためには、まずこの女性秘書の面接を受けなければならない。初対面の人間は、秘書のめがねにかなわなければ、会うことすらできないのである。ちなみに、この女性秘書は、前述した竹下登の盟友、福本邦雄主宰の「三宝会」の主要メンバーにもなっていた。三宝会は、NEC元会長の関本忠弘を経団連会長にするため結成された政財界の懇親会である。

黒幕やフィクサーと呼ばれる人たちは、得てして不透明な懇親会や組織を使い、影響力を行使するのを得意とする。たとえば山段の実像については、「京都自治経済協議会理事長」という肩書に暗示されていると先に書いた。

京都自治経済協議会は、形の上では地元経済人が集う任意団体なのだが、実際はそんな生易《なまやさ》しい組織ではない。一二〇人ほどの協議会のメンバーには錚々たる顔ぶれが並ぶ。法曹界からは京都地検の元検事正や日弁連元会長の弁護士、行政では京都府警や府の元幹部、京都銀行元頭取をはじめとした金融界の重鎮《じゅうちん》、企業の首脳、はては労働組合の元委員長やマスコミ幹部までいる。正式なメンバーではないが、暴力団や同和組織、宗教団体などにいたるまでが、彼の影響下にあった。

山段はこうした人脈を駆使し、京都に君臨してきたのである。

「京都で何か事業をはじめようとすれば、山段理事長のところへ挨拶せな、あきませんでした。そうして協議会に入れてもらう。メンバーになっていればいいけど、そうでなければどんな嫌がらせを受けるか、わからしまへん」

京都の財界人にそういわしめるほどの実力者だ。山段の力は、金融界のみならず、政財界から警察にまで、網の目を伝わるように京都中に広がっていた。

許永中は、近畿放送KBS京都問題を通じて、山段と知り合う。地元の放送局の問題だけに、この黒幕を無視できなかったのだが、二人には共通の知り合いもいた。竹下登の盟友、福本邦雄である。それがKBS京都の人事問題に影を落とすことになる。

もともとKBS京都では、社長だった内田和隆と創業家の未亡人である白石浩子が対立していた。内田側についた許は、当初、白石家側に立った山段と敵対する。許はすぐさま山段のいる京都自治経済協議会へ乗り込んだ。

「ワシは内田さんを神輿《みこし》に担いでまんのや。KBSから手を引いてもらえまへんか。ワシとこには、なんぼでも鉄砲玉がおりますよってな」

側近たちを引き連れて脅しに来た許に、山段は冷ややかにこういい放った。

「私のことをよう調べたんか。私は白石家からこの件を一任されとるんや。手を引かなならんのは、そっちとちゃうか」

両者の対立は数ヵ月に及んだ。だが、そのうち状況が一変する。KBS京都創業家の白石浩子と山段が、金銭トラブルで決裂したのだ。原因は、白石側が山段に申し入れた七億円の融資の条件を巡るトラブルだとされる。そこから、逆に許と山段が共闘していく。

京都の老舗料亭「土井」で許と山段、京都新聞グループの幹部らが落ち合い、手打ち式がおこなわれた。両者は山段と敵対していた内田の社長退任を条件にして折り合いをつけた。さらに、KBS京都が株式資本を増資し、それを山段が引き受けるという条件まで決まる。

KBS京都の役員人事では、京都府警捜査二課のOBが役員に名を連ねた。京都府警退官後、山段の配下にある京都信用金庫に天下っていた人物だ。この役員人事の直前、山段芳春は自らオーナーになっているキョート・ファイナンスでKBS京都の増資を引き受けている。一〇億円の資本金を二〇億円に増やす上で、そのうち六億円分を山段が引き受けた。そうして、山段はKBS京都の事実上のオーナーになったのである。

うるさい内田を副社長に降格し、山段がKBS京都のオーナーとして新たに社長を招く。じつは、こうして社長就任へ白羽の矢を立てた相手が、福本邦雄なのである。

話し合いの場となった土井は歴代の自民党の実力者が京都に来ると、必ず立ち寄る老舗料亭として知られる。河野《こうの》一郎《いちろう》や岸信介《きしのぶすけ》、田中角栄、福田赳夫らも常連といわれた。関西財界人のひと月一回の親睦会「十六日会」も、ここで開かれていた。山段は土井の女将《おかみ》と親しく、福本とはその縁で知り合っている。福本とは三〇年来の付き合いだった。

一方の許永中も、関西のフィクサー野村周史や、広域暴力団組織「住吉会」最高幹部の縁で福本と知り合っていた。ここで、許と山段の思惑が一致する。しかし、それは単なる偶然ではない。許永中はＫＢＳ京都人事に関与するのと時を同じくし、京都銀行の株買い占め騒動に奔走《ほんそう》していた。銀行株問題でも山段と許は同盟関係を結んだ。さまざまな揉め事の処理が同時並行的に進んでいたのである。こうして土井での手打ち式以来、許は山段と協力関係を築いていく。

ＫＢＳ京都における山段の登場は、奇遇というより、政財界と裏社会、それを結ぶパイプ役が和して一体となり、問題を処理しようとした結果の人事だろう。許にとっては、ＫＢＳ京都の役員人事を通じ政界の竹下登とのパイプもできる。

奇しくも、もう一方の京都銀行株の買い占め劇では、その竹下の盟友が意外な役回りを演じているのである。

堤清二との株取引

一九八〇年代半ば、最初に京都銀行株を買い占めていたのは、街金融アイチの森下だと先に書いたが、そのほかにも仕手集団コスモポリタングループ総帥の池田保次《いけだやすじ》らも参戦していた。池田は元山口組系組長で、許は親しみをこめて「池チャン」と呼んだ。名うての仕手筋だ。池田はイトマン事件の火種《ひだね》をつくった人物でもあるが、それについては後述する。

「仕手筋から二〇〇〇万ないし三〇〇〇万株の京都銀行の株を回収しました」

許は、イトマン事件における一九九一（平成三）年八月八日の取り調べで、京都銀行株買い占め問題について検事にこう話している。京都銀行の首脳は、株を買い占められ、危機感を抱いていた。そこで、地元の金融界に君臨する山段へ相談を持ちかけ、山段が許に株の回収を依頼。そのために許が動いたというのが、供述の中身だ。だが、山段や許がとった行動は、それだけではない。

許は、初めからこれらの仕手グループと対立したわけではない。むしろ京都銀行株買い占めへ相乗りしたといったほうが正解だろう。じつは、買い占め側にいたといえる。

「私にも、京都銀行の株を分けてもらえまへんやろうか」

許は森下に切り出した。当時、森下は京都銀行の第三者割当増資を引き受け、持ち株を増やしていた。それを譲ってもらうべく、森下へ持ちかけたのである。

そうして許は、京都銀行株の何分の一かを手に入れる。そして、それを足掛かりに、市場で一〇〇〇万株、二〇〇〇万株と買い占めていった。

その一方で、株を買う資金繰りのために、足しげく街金のアイチへ通い、ファイナンスを申し入れた。購入する株式を担保に金を借り、株を買い増していくやり方だ。これは仕手筋の常套手《じょうとう》段だが、それと同じことをやっていたのである。

結果、許の持ち株は二三〇〇万株に達した。じつに、京都銀行の発行済み株式の七パーセント近くにあたる割合だ。時価評価額にすると、二二〇億円にも達していた。しかし、株は手持ち資金で買ったわけではない。ほとんどをアイチからの借り入れで賄《まかな》っていた。

「いったい、こんなに集めてどうするつもりなのか。うちに対する金利は払えるのか」

マムシの森下が、そう問いただした。あの森下をもってしても、それほど無茶な買い占めに見えたという。だが、許は平然と答えた。

「最初から引き取ってもらえる相手が決まってまんのや。セゾンの堤さんからいわれてましてな。堤さんはもともと近江《おうみ》の出やから、ぜひとも京都銀行や滋賀銀行を傘下におさめたいそうなんですわ」

許は株をまとめ、高値で引き取らせて、ひと儲けしようとしていたという。許が株を売ろうとしていたその相手が、セゾングループの総帥、堤清二《つつみせいじ》だ。京都新聞グループの近畿放送ＫＢＳ京都の簿外債務問題を処理する傍ら、許は堤などの財界人との関係を深めていった。表舞台に躍り出た許は、すでに堤と渡り合うまでになっていたのである。

許自身が堤と取引をしようとした直接のきっかけについて、ＫＢＳ京都元社長の内田和隆はこう推測する。

「許永中さんが堤清二さんに株の買い取りを持ちかけるという発想は、福本（邦雄）さんから出たものだったはずです。もともと福本さんと堤さんは知らん仲じゃない。それどころか、二人は東大時代、学生運動の同志でした。ＫＢＳ京都の再建問題を福本さんと一緒に処理しようとしたとき、永中さんは京都銀行の株の件を福本さんへ相談した。それなら、引き取り手は堤さんにしたらどうか、となったのと違いますやろか」

堤家の清二、義明《よしあき》兄弟は犬猿《けんえん》の仲《なか》とされる。清二は西武鉄道グループの創設者である堤康次郎《やすじろう》の次男として生まれたが、傍流を歩んだ。康次郎には長男がいたが、廃嫡《はいちゃく》したため、本来は清二が跡取りの立場であった。しかし、三男の義明が本流の西武鉄道グループを任されたのに対し、清二は亜流の西武百貨店の経営を継いだだけだった。原因は父、康次郎が清二の東大時代の左翼活動を嫌い、跡取りを弟の義明に決めたためだといわれている。そのため、清二は弟に対するライバル意識から、独自にセゾングループを創設した。

そんな堤家にとって、京都は父親の時代から鬼門《きもん》の地といえた。天皇家のお膝元《ひざもと》である京都は、閉鎖的でよそ者を受けつけない。近江《おうみ》商人として財をなし、衆院議長まで務めた堤康次郎でさえ、例外に数えられなかったという。跡取りの義明率いるプリンスホテルグループは、皇族を意識して名づけられたのだが、京都では宝ヶ池プリンスの運営にとどまっている。

弟に対する対抗意識が人一倍強い清二にとって、京都進出は積年の悲願だったに違いない。現に清二は、京都進出の足掛かりとして、いち早く京都ロイヤルホテルを買収し、経営に乗り出していた。

そして福本は、そんな堤清二の願望を熟知していた。従って、買いあさった京都銀行株を高値で堤に売り抜けられる、彼らがそう考えたと見ても、あながち見当外れ《けんとうはず》ではあるまい。内田もこう認めている。

「実際、堤清二も当初は京都銀行株の話に大乗り気でしたんや。株は永中さんの持っていたものだけやのうて、全部で三〇〇〇万株ぐらいほしい、いう話でした。買い占めのせいで株価がつりあがっていたから、取引価格は六〇〇億から七〇〇億くらい。売買《ばいばい》する日付まで決まってましたんやからね」

許は旧知の理事長がいた大阪府民信用組合などからも金を借り、京都銀行株をかき集めた。仕手筋の所有株も含めた京都銀行株の購入費用は、じつに六〇〇億円以上の金額になっていたという。許がかき集めた株は、ついに京都銀行の発行済み株式の一一パーセントに達した。当時の京都銀行の筆頭株主が三パーセント程度の所有だったから、それをはるかにしのぐ大株主になっていたのである。許は集めた株をそっくり堤清二に引き取らせようとした。

堤義明

許永中は裏と表の社会を渡り歩き、名だたる日本の財界人と取引できるところまで来た。その堤清二との取引は、東京で極秘裏に進められる。

東京・日比谷公園前にある「帝国ホテル」スイートルームで、許永中は堤清二を待っていた。バブルという幻の景気が急激に膨らんでいった一九八八（昭和六三）年のこと。むろん目的は京都銀行株の売買である。

許のかき集めた京都銀行株すべてを堤に売る。取引金額は七〇〇億円近くにのぼったという。あまりの大取引のため、許はこの一流ホテルのスイートルームを三部屋も予約した。現物株を堤に渡し、堤がキャッシュで支払う。そういう約束だったという。許にとっては、まさしく一世一代の取引だったに違いない。

約束の日の前日、許は数人の側近とともに株をトランクに詰め、ホテルのスイートルームに持ちこんだ。豪華な装飾に囲まれた部屋でくつろぎ、翌日に備えようと待機していた。

なにしろ、七〇〇億円の現金など見たこともない。このとき許が受け取った現金を運ぶために用意したのは、三つの大きな麻のズタ袋だった。トランクなどでは用をなさないと考えたのだろう。

「このくらいの袋でええやろかな、なんせ七〇〇億からの現金を入れるわけやから。どんくらいなもんかわからへんがな」

さすがの許も興奮を抑えきれない。

「だいたい均等に入れればおさまるやろう。ひとつの袋で二〇〇億円ぐらいは入るんちゃうか」

スイートルームで側近とそんな話をしながら、時間を潰す。そこへ、部屋の電話が鳴った。一瞬、沈黙が走る。許が側近に目配《めくば》せし、受話器を取った。しかし、会話の中身は期待にそむいた。

「申し訳ありませんけど、堤はそちらへは行けません」

堤の秘書がそういう。間髪《かんはつ》を容《い》れず続けた。

「この話はなかったことにしてもらえませんでしょうか」

それだけで、電話の声は一方的に途切れたという。許本人はもちろん、周囲も唖然《あぜん》とする以外にない。

結局、京都銀行株取引はあと一歩のところで成立しなかった。堤清二が、許との約束を土壇場《どたんば》でキャンセルしたのである。許はテーブルをひっくり返し、部屋の灰皿を壁にぶつけた。文字どおり大荒れに荒れたという。

「堤だけはぜったい許さへんでぇ……」

そう吐き捨てた。

許永中と堤清二とは、妙な因縁がある。それは、このときから始まったといってもいい。先のKBS京都元社長内田が話す。

「そのことがあって以来、永中さんは東京の有名週刊誌の記者に堤清二潰しのスキャンダルを書かせようとまでしていました。堤攻撃の材料を集めるため、東京にマンションを一部屋借り、そこに記者を常駐させたほど、気合が入っとった。部屋はたしか、六本木のオーストラリア大使館の前あたりやったね」

京都銀行株取引の「ドタキャン」は、尾を引くことになる。奇《く》しくも、堤率いる西武百貨店はイトマン事件にも登場することになるのだが、それはもう少し後の話である。

京都銀行との貸し借り

京都銀行株の取引に失敗した許は、窮地に陥った。株買い占めのためにアイチから借りた借金の金利ばかりがかさんだ。

「なんとかなりまへんやろか」

困った許は、そうアイチの森下に泣きついた。資金を融通《ゆうずう》している森下としても、このままでは金利すら入らない。そこで、京都の黒幕、山段芳春があいだに入って一役買う。

古都の金融秩序をあずかる山段は、かねて京都銀行の首脳から株の買い占め問題に関する相談を受けていた。許はそんな山段へ京都銀行株問題の処理を依頼した。許にとって、このときの山段はいわば救いの神、あるいは渡りに船のような存在だったといったほうがいいだろうか。当の森下が話した。

「ちょうど地産の竹井《たけい》さんが京都銀行株に関心を示していましたので、話をしました。いいところまで行ったんだけどね」

アイチの森下の仲介もあって、京都銀行株の新たな引き受け手として名乗りをあげたのが、不動産業者「地産」社長の竹井博友《ひろとも》である。当時六八歳。読売新聞社会部記者から不動産業者に転身した変わりダネだ。いわゆるバブル紳士として取りあげられるが、そのなかでは風貌が紳士的な部類に属するだろう。小柄で白髪。いかにも、上品な新聞社の元幹部に見える。個人史上最高額の三四億円もの脱税事件を引き起こして服役した後、一九九五（平成七）年に仮釈放される。出獄後も、投資セミナーなどを開いて精力的に活動してきたが、二〇〇三（平成一五）年七月、八二歳のとき鬼籍《きせき》に入る。

その竹井を交えた新たな株取引の場所には、むろん山段も現れた。山段には、京都銀行側の代理人という立場もある。エリート銀行員たちには、海千山千《うみせんやません》のバブル紳士と渡り合う度胸もなければ、気力もない。何より、恐怖感が先に立つ。山段はそんな銀行側の守護神のような役割を担っていたわけだ。

話し合いは東京・赤坂の料亭「みうら」でおこなわれた。出席者は竹井、山段、森下、京都銀行の二人の常務だ。が、こと取引の中身に関して常務たちは山段に任せきりだったという。そこに竹井が異を唱えた。

「具体的な条件については、京都銀行さんと直《じか》に話し合いたい。ついてはこの先の話し合いは銀行の方と私だけでいいと思います」

こういう。山段はいったんそれを了解したものの、いい顔はしなかった。

さらに翌日になって、竹井が新たな条件を追加する。京都銀行株を引き取る代わり、銀行から融資を受けたいと申し出たのである。これが山段の逆鱗《げきりん》に触れた。話し合いの場から締め出されたうえ、さらに調子づいている。そう感じた山段は、融資話に対し、頑《がん》として首を縦に振らなかった。むろん銀行側は、山段の意向を無視することができない。結局、株の売買は物別れに終わった。

しかし、これで本当に弱ったのは当の京都銀行であり、監督官庁の大蔵省だ。

「これだけの大量の株を場（株式市場）で散らすわけには

竹井博友

いかん。ましてや暴力団に渡ったら大変なスキャンダルになる。それだけは避けたい」

それが金融再編を進める大蔵省の本音だった。結果、大蔵省の意向により、京都銀行株は、許の会社と森下の会社の名義に分割され、そのまましばらく許・森下連合が持ち続けることになったのである。

こうなると、京都の財界も許の存在を無視できない。許は株の取引で二〇〇億円以上の巨額の借金を背負う羽目《はめ》になるが、京都の財界はむろん、大蔵省も得体の知れない韓国人実業家に株を所有されたまま、放置することはできなくなった。そんな事情が逆に許永中の存在をより一層大きくしていったのである。

紆余曲折《うよきよくせつ》を経た結果、許は、アイチからの借り入れを山段の支配下にあるキョート・ファイナンスへ肩代わりしてもらい、株の名義を書き替えた。その新たな名義人になったのが、福本邦雄である。イトマン事件で許は、検事に次のように供述した。

「キョート・ファイナンスには、回収した京都銀行株全部と新井組の株が六〇〇ないし七〇〇万株集まりました。平成元年（一九八九年）六月ごろ、これをいったん福本邦雄の名義に書き替えた。そうしておいて、最終的な引取り相手を見つけていきました」（一九九一年八月八日事情聴取）

許が京都銀行株を福本名義にしたのは、後々、株の引き取り先を探す際に好都合だと考えたからに違いない。事実、株はその後、京都銀行と繋がりの深い銀行や保険会社に割り振られ、ことなきを得た。許は京都銀行株の問題において、山段や福本の力を借り、落としどころを見つけたことになる。

これが、これまで明らかになっていない京都銀行株問題の顚末《てんまつ》だ。京都銀行の株買い占めを巡って、大勢のバブル紳士たちが蠢《うごめ》き、大蔵省までもがあわてふためいて処理に奔走《ほんそう》していたのである。この株問題で本当に助かったのは、京都銀行だ。許は京都の金融界には恩を売った格好にもなっている。

「京都銀行には大きな貸しがあるから、いざとなれば資金繰りはなんとかなる」

それから一〇年後に発覚《はっかく》した石橋産業事件の渦中、許は周囲にそう語っていた。その「貸し」が、京都銀行の株買い占め騒動の一件なのは、繰り返すまでもない。

こうした取引を経て、許永中は、京都の黒幕、山段や、政商、福本と、切っても切れない関係になっていった。福本がＫＢＳ京都の社長に就任したのは、まさしく必然だったといえる。

そして、これがイトマン事件以降の不可解な政財界との関係にも発展していくのである。

河村良彦

ちなみにこの京都銀行の株問題を巡って許は、イトマン社長だった河村良彦にも相談している。許は取り調べで検事にいった。

「株を回収したものの、誰に引き取って貰うかということになった。私は、そのうちの一部の引き取りを河村さんに依頼してみようと考えたのです。それが二回目に河村さんに会ったときでした。一九八八（昭和六三）年一一月ご

ろ、大阪のイトマン本社ビル内で河村さんにお会いしたと思います」（一九九一年八月八日事情聴取）

そう本人が供述している。すでにこのころには、イトマンの河村社長と出会い、株の相談を持ちかけるまでの仲になっていたのである。イトマン事件発覚まで二年、闇の勢力と表の政財界の境がなくなりつつあった。裏と表が渾然《こんぜん》一体化した社会。許はその両方に軸足を置き、特異な在日韓国人実業家として、自らの歩みを進めていくのである。

家を賭ける三ラウンドのゴルフ

まるで暴走を始めたトレーラーのように、許永中の行動範囲はますます広がった。それに応じて、自身の関係する出来事や事件がめまぐるしくなる。しかも、そのスケールもこれまでとは比較にならないほど大きくなった。

そんな許永中が、イトマン事件のもうひとりの主役である伊藤寿永光と初めて顔を合わせることになる。きっかけは、東京・目黒にあった雅叙園《がじょえん》観光ホテルの債権処理問題だ。

伊藤は、そのハンサムなマスクや、さわやかな弁舌で話題になった地上げ業者である。結婚式場平安閣グループの総帥《そうすい》という触れ込みでイトマンに近づいたとされているが、現実には、名古屋を中心に何軒かの式場を経営していたに過ぎない。現在、大分刑務所に収監され、受刑者の立場だ。

その伊藤に私が初めて会ったのは、保釈中の一九九〇年代半ばだった。待ち合わせたのは東京

・日比谷の帝国ホテルのロビー。そこへ伊藤がやって来た。黒いタートルネックがよく似合う。評判どおり、とてもスマートな容姿だ。口調も非常に歯切れがいい。

「私は結婚式場の互助会を運営していました。その傍ら不動産業を始めたのです」

こう本人が語る。伊藤は山口組ナンバーツーの宅見組組長、宅見勝《たくみまさる》とも懇意《こんい》だった。

「事件当時、私がイトマンに平安閣の総帥のようなふりをして、イトマンの河村社長に近づいたかのような報道がありました。でも、そうではありません。全国に、ある程度の結婚式場のネットワークはありますが、総帥なんて一言もいってない。ただ、私が西城秀樹《さいじょうひでき》のプロモートやマネージメントをしてきた関係で、たしかに宅見さんには世話になりました。でも地上げなどで宅見さんに頼んだり、利用したことはありません」

歌手の西城の実姉《じっし》は、大阪で高級クラブを経営し、宅見と内縁関係でもあった。宅見という暴力団社会の超大物が、伊藤と親しかったのは事実だ。当人がそれを利用していたのは、否定できない。

宅見勝

伊藤寿永光は、終戦前年の一九四四（昭和一九）年一二月、愛知県津島市に生まれた。ガソリンスタンドを経営していた父親は、愛知県警の剣道師範《しはん》を務めるほどの腕前だったという。そのため、本人は幼いころから父親に剣道を仕込まれた。五段の腕を持つ。

高校時代は野球の名門、中京商業（現中京高校）へ進学し、活躍した。一時はプロを目指したというが、腰を痛めて退部している。運動神経がよいのだろう。ゴルフは玄人《くろうと》はだしのハンディ・シングル。許にゴルフを教えたのも伊藤だった。

「永中さんは最初ゴルフがうまくなかったのですが、伊藤さんとラウンドするようになってメキメキ上達しました。たしか、アイチの森下さんと一緒にまわったときだったと思います。永中さんが伊藤さんからショートホールでフォームをチェックされとった。それで、伊藤さんのいうとおり、永中さんが第一打を打ったんです。驚きましたな、ホールインワンでした」

一緒にラウンドした人物の回想だ。許は、伊藤とラウンドするようになってゴルフに夢中になっていった。一日に三ラウンドプレイすることもめずらしくなかったという。

「夏なんかは、タネちゃんが経営していた宮崎のゴルフ場で朝一番にワンラウンド。そこから神戸へ向かったこともあった。ヘリで宮崎から神戸へ行くんです」

タネちゃんとは、二〇〇一（平成一三）年一〇月に韓国系銀行である東京商銀の不正融資事件で逮捕された丸益産業元代表の種子田益夫《たねだますお》のことだ。養豚場経営から身を興《おこ》し、不動産開発から病院経営まで手掛けた。一般には、石川さゆりの元スポンサーといったほうが通りがいいかもしれない。

許自身、二〇〇一年に種子田が逮捕されたとき、同じ東京拘置所にいて偶然見かけている。許とは旧知の仲であり、東京商銀の不正融資事件でも奇妙な接点がある。種子田は東京商銀から融資を引き出す際、高級ワインを担保にした。そのワインコレクションは、すべて許が一九九〇（平成二）年に売却したものだ。種子田はそれを宮崎にある自宅のワインセラーに並べていたという。

許は、種子田が経営する宮崎のゴルフ場でしばしばラウンドしていた。ゴルフはかなり破天荒《はてんこう》といえる。午前八時前から宮崎でプレイし、一〇時半ごろには神戸のゴルフ場に現れる。神戸でもうワンラウンドし、さらに自家用ヘリコプターで茨城のゴルフ場へ飛んでいく。そんなあわただしい遊び方をしていた。ゴルフ仲間がいう。

「茨城のゴルフ場とは、森下さんの経営していたロックヒルカントリークラブです。そこで午後から三ラウンド目をこなす。夕方までに宮崎、神戸、茨城と飛びまわって三ラウンドするんですから、そりゃあメチャクチャですわ」

私も、その茨城県のロックヒルカントリークラブを訪ねたことがある。ゴルフ場にはホテルが併設され、その最上階にはオーナー専用のＶＩＰルームがあった。壁には、窓ガラスの代わりにピカソの絵画を模した豪華なステンドグラスが広がっている。縦二メートル、横五メートルはあるだろうか。部屋はその巨大なステンドグラスから光が差し込み、一種妖艶《ようえん》な空気が漂っている。豪華な革張りのソファーに座り、広い部屋の片隅を見ると、カラオケマイクも備えられていた。森下がいった。

「この部屋は内装だけで五億円かかりました。まあ、あまり使いませんけどね。永中なんかが来ると、ここでワインを飲んでカラオケを歌っていましたね」

ゴルフに熱中した許は、一緒にラウンドした人間に、高価なホンマ製のゴルフセットや純金製のパターをよくプレゼントした。パター一本だけで数百万円もする代物《しろもの》である。

「私も永中さんからパターをプレゼントしてもらいました。ラウンド後、『これ使うておくなはれ』というので、もらったのですが、包みを開けてみて驚きました。でもあんな高いもん、実際には使えません。家に飾ってあるだけですわ」

田中森一

ある街金融業者の融資担当者は、いまでもそう許に感謝する。許の盟友と呼ばれた元東京地検特捜部検事、田中森一《たなかもり》も許とラウンドしたことがある。田中が自らの半生を綴《つづ》った自叙伝『反転　闇社会の守護神と呼ばれて』でも、彼らのゴルフについて書いている。

「彼らのゴルフは尋常《じんじょう》じゃなかった。もちろんニギル（賭けゴルフ）けど、その金額が半端じゃない。アタッシェケースに何個も札束を詰めて、それをゴルフ場に持って来てラウンドするんですから。一日で、二〇〇〇万円とか三〇〇〇万円とか動いていたんじゃないかな。マンションや家が買えるといわれていたほどです」

一脈相通ずるというが、田中は伊藤寿永光の顧問弁護士だった関係から許を知ったという。その伊藤は、先の京都銀行株の仕手戦を演じてきたうちのひとり、コスモポリタングループの池田保次とも取引があった。

池田は許より一歳上の一九四六年五月生まれ。早くからヤクザの世界に入った。大柄な許に比べ身体こそ小さいが、裏社会におけるその度胸《どきょう》には定評があった。当人も山口組系の元組長だが、夫人は最高幹部の娘でもあった。羽振りのいいころは日本でまだめずらしかったアメリカ車のリンカーンを乗りまわし、梅田の一等地、曾根崎の土地を半坪あたり一億円で買い取ったという伝説もある。

池田保次はアイチの森下とともに、京都銀行株を買い占めていた時期もあるが、やがて許、伊藤とともに三人が、ひとつの案件で顔を合わせる。それが、目黒にあった「雅叙園観光ホテル」のグループ企業株の買い占め騒動である。

伊藤は池田に対し、約束手形を担保にした短期の貸し付けを繰り返していた。最初は一億円程度だったというが、それが仕手戦の資金として、みるみるうちに膨らんだ。伊藤が主張していた対池田の最終的な債権額は、およそ二七〇億円にのぼる。

そして許もまた、この雅叙園観光ホテルへ活動の場を移していく。コスモポリタングループを率いて兜町《かぶとちょう》で一世を風靡《ふうび》した池田にとっては、これが最後の仕手戦となる。

元山口組系組長対元警視総監

「雅叙園観光ホテル」は、戦前から高度経済成長期にかけ人気を博した名門ホテルだった。「中華殿」という名の高級中華料理店がその前身だ。

もとは一九三八（昭和一三）年、細川忠興《ほそかわただおき》の子孫が、細川家の土地で中華料理店を始めたという。忠興は明智光秀《あけちみつひで》の娘である細川ガラシャの夫として知られる。同じく、細川家ゆかりの結婚式場、目黒雅叙園から見あげるとちょうど真上あたりに、その中華殿があった。

「しかし、終戦のドサクサに乗じて、在日朝鮮人や中国人に店を占拠されてしまったのです。そこで松尾國三《まつおくにぞう》という興行師が彼らを追い出した。松尾はこれが縁で細川家から認められ、店を任されたらしい。そして松尾は中華料理店をホテルに改装し、営業を始めた。それが雅叙園観光ホテルの発祥です」

雅叙園観光ホテルの元役員がそう話す。もともと旅芸人だった松尾國三は、演劇や演芸の興行を生業《なりわい》とし、その世界では顔役だったといえる。目黒の中華料理店問題で細川家から相談されて以来、ホテル業に転じた。一九四八（昭和二三）年、松尾は中華料理店中華殿を全面改築し、ダンスホールを備えたハイカラなホテルを建設した。

「ホテルが有名になったのは、終戦後に進駐軍がホールを使い始めてからでした。進駐軍の軍人さんの社交場になっていたんです。あのころは、帝国ホテルと並び称されるほどの評判のホテルでした。おかげでホテルは、進駐軍からホールや部屋の賃貸料がどんどん入るようになり、レストランの売り上げもケタ違いでした。なにせ終戦間もないころはハイパーインフレで、円なんか紙屑《かみくず》同然。そんなころ、進駐軍の支払いはすべてドルでしたから、当時にしてみれば、大変な儲けだったんです」

ダンスホールを備えたシティホテルなど、ほかにほとんどない。後に日本を代表する芸能プロダクションとなるホリプロ創業者の堀威夫《ほりたけお》らミュージシャンが、毎夜のように演奏し、人気を博したという。GHQ、連合国軍総司令部の高級将校たちが、夜な夜なきらびやかなダンスパーティを開いた。やがて雅叙園観光ホテルは、日本におけるアメリカンジャズの発祥の地と呼ばれるようになる。

もともと興行師だった松尾は、ホテルの利益を得意の興行の世界につぎ込んだ。「千土地興行」という興行会社を設立し、大阪で新歌舞伎座を運営したほか、奈良ドリームランドや神奈川県の大船に横浜ドリームランドなどの遊園地までつくった。それが雅叙園観光ホテルの兄弟会社、「日本ドリーム観光」となる。「最後の大物興行師」と異名をとった松尾國三は、ダイエー創業者の中内㓛《なかうちいさお》とも親交が深かった。

松尾は全国にレジャーランドを開設しようと計画する。そのために土地を買いあさり、それが後に莫大な資産となった。やがて田中角栄の推し進めた日本列島改造で地価が高騰し、おかげで不動産の資産価値が急激に膨らんだ。折からの住宅ブームに目を付けた松尾は、横浜ドリームランドを住宅用地に造成し直して売り出す。そうしてピーク時の日本ドリーム観光の資産が、七〇〇〇億円とも八〇〇〇億円ともいわれるようになるのである。

そんな雅叙園観光ホテルグループの資産に目をつけたのが、仕手筋の池田保次だった。池田は親会社である雅叙園観光ホテルの株を買い占めることによって、日本ドリーム観光の資産を思いのままにしようと企んだのである。そうして日本ドリーム観光株と同時に、雅叙園観光ホテル株にも触手をのばした。

一九八四（昭和五九）年、創業者の松尾國三が他界し、未亡人が雅叙園観光ホテルと日本ドリーム観光の二社を取り仕切っていたが、そこに内紛が起きた。池田はそれに乗じた。ホテルの元役員が振り返る。

「池田は日本ドリーム観光の専務を抱きこんだ。そのうえで雅叙園観光ホテルの株を買い占め、実権を握ろうとしたのです。それを不安に感じた未亡人の松尾《まつお》波濤江《はずえ》は、元警視総監の秦野《はたの》章《あきら》に相談しました。秦野は警察ＯＢをこの会社の役員に据《す》え、池田に対抗しました」

秦野章

秦野章は私大卒で初めて警視総監にまでなった警察官僚の立志伝中《りっしでんちゅう》の人物である。警視庁退官後、参議院議員に転出し、法務大臣まで務めた。そして、創業者松尾の未亡人から相談を受けた秦野は、日本ドリーム観光の社長と副社長に、警察ＯＢの側近を送り込んだ。雅叙園観光株問題は、元山口組系組長対元警視総監の対決だと評判を呼ぶ。

ちなみに、このとき日本ドリーム観光の副社長に就任した警視庁ＯＢの寺尾《てらお》文孝《ふみたか》は、いまも多くの経済事件の裏でその名が取り沙《ざ》汰《た》される人物である。現在、「日本リスクコントロール」という企業危機コンサルティング会社を経営する。女性スキャンダルで失脚した元東京高検検事長の則定衛《のりさだまもる》や元東京地検特捜部長の河上和雄《かわかみかずお》を最高顧問に据え、自社の広告塔にしていると斯界《しかい》では有名だ。

若い女性に絶大な人気を誇る安室奈美恵《あむろなみえ》の所属事務所、ライジングプロダクション（現ヴィジョンファクトリー）の脱税事件（二〇〇一＝平成一三年一〇月）や、福岡で起きたエンジェルファンドの投資詐欺（同年九月）などでも、日本リスクコントロールの名前が見え隠れしていた。

二〇〇七（平成一九）年一〇月、日本リスクコントロールの会議室で寺尾をインタビューした。髭をたくわえ、余裕綽々《よゆうしやくしやく》の寺尾が答えた。

「日本ドリーム観光のときは、吉本興業の林会長から秦野さんのところへ話があってね。このままだとヤクザに上場企業を乗っ取られてしまうから何とかしてほしい、という。その世界のことなら、と私が副社長として乗り込んだんだ。それでしばらく大阪にいたんです」

日本ドリーム観光は、大阪で新歌舞伎座を運営していた関係もあり、吉本興業とも縁があったのだろう。

一九八八（昭和六三）年八月、この雅叙園観光ホテルに異変が起きる。株を買い占めていた張本人の池田が、負債を残したまま、突如失踪《しつそう》してしまったのだ。結果、池田に代わり、許永中と伊藤寿永光が雅叙園観光ホテル問題に参戦する。池田の去った日本ドリーム観光は、創業者松尾國三の親友だったダイエーの中内が引き取り、ホテルは許や伊藤が経営に乗り出す。

ロカビリーのメッカとうたわれた名門の雅叙園観光ホテルは、池田という仕手筋によって炎上し、許永中たちが火に油を注いだ。事後処理にあたったKBS京都元社長の内田和隆が総支配人として乗り込んだが、結局、廃業に追い込まれる。

そしてその火種が、住友銀行系の老舗商社へ燃え移るのである。

人脈を引き寄せる吸引力

一九八七（昭和六二）年一〇月一九日、アメリカ・ニューヨーク市場で起きた株の暴落は、世界中の株式市場を直撃した。通称ブラックマンデー、「暗黒の月曜日」の到来である。それまで順調に値を上げていた株式市場が、ドル安と金利上昇を嫌気し、堰《せき》が切れたように暴落した。

むろん日本市場も例外ではない。日経平均株価は、ブラックマンデー前日の一〇月一八日ニューヨーク市場株安の影響を受け、一日で三八三六円安という空前の下げに転じた。前日比にして、マイナス一四・九パーセントの下落。兜町の証券マンたちはなす術《すべ》もなく、株価のボードを呆然《ぼうぜん》と眺めるほかない。ブラックマンデーは株に携《たずさ》わる者にとって、それほどショッキングな出来事だった。

新興仕手グループとして飛ぶ鳥を落とす勢いだった池田保次の失踪は、そんな株式市場の混乱のさなかに起きた。突然の株暴落で打撃を受けた池田は、雅叙園観光ホテルの手形を乱発した。それによって、資金を調達しようとしたが、追いつかない。こうして池田の率いるコスモポリタングループの企業は軒並み倒産の危機に瀕《ひん》する。あげく、張本人が忽然《こつぜん》と姿を消したのである。

この事態に慌てたのが、池田におよそ二七〇億円もの債権を持っていた伊藤寿永光だ。だが、池田とともに雅叙園観光ホテルの株の仕手戦に相乗りしていた許は、なぜか平然としていたという。

「うちも池田さんに金を貸していたから、失踪情報を聞いて慌てました。それで失踪翌日の朝、大阪・御堂筋《みどうすじ》にあった池田さんのコスモポリタン事務所に行ってみたのです。すると、そこにはもうすでに永中さんたちのグループが陣取っていた。どこから失踪情報を得たのかは知らないけど、そのときには池田さんの債権を永中さんのグループで差し押さえていました」

池田の債権者のひとりが、そんなエピソードを披露する。失踪翌日、コスモポリタン事務所玄関には「新日本建設の管理物件」という張り紙があったという。新日本建設は許のグループ企業である。

手形を乱発された雅叙園観光ホテルにとっては、手形が不渡りになれば倒産する。そのため、巨額の融資をしていた伊藤寿永光や仕手戦に相乗りした許永中、アイチの森下や大阪府民信用組合理事長の南野洋などが、事後処理に追われた。南野は許や伊藤の金主であり、イトマン事件でも逮捕された人物である。大阪府民信用組合は雅叙園観光ホテルの三一億一九八四万株を所有する大株主でもあった。

こうして関係者たちが池田失踪後の処理について話し合った。メンバーは、伊藤寿永光、許永中、南野洋。この会談が許と伊藤の初対面だった。

雅叙園観光ホテル問題について、許は後に大阪地検の検事に対して、「私は、昭和六三年（一九八八年）二月ごろから、債権者仲間から推されて、雅叙園観光株式会社の経営に関与するようになりました」とこんな供述をしている。

「雅叙園は、コスモポリタンの池田保次が経営権を握り、手形を乱発したことから、経営危機に陥り、池田に対する債権者ら、つまり、私やアイチの森下安道、丸益産業の種子田益夫、大阪府民信組の南野洋らが相談し、その経営を見ることになって、まず、私が右債権者仲間から推されて、雅叙園に送り込まれたのです。（中略）何もやりたくて自ら進んで雅叙園の経営に乗り出したわけでもなく、（中略）右南野が、協和綜合開発の伊藤に雅叙園を任せたらと勧めてくれ、伊

藤に雅叙園の経営をバトンタッチすることになったのです」（一九九一年八月八日事情聴取）

こうして、仕方なく雅叙園観光ホテルの経営に関与したと主張している。しかし、ここにも裏事情がある。

供述では、許と伊藤が雅叙園観光ホテル問題を話し合ったのは一九八九年一月、南野が経営する大阪吹田市の料亭「千里石亭」となっている。が、伊藤寿永光にとっては、もっと印象に残っている場面があるという。

「忘れもしません、許永中氏と二回目に会ったときのことは。大阪・中津にほど近い『東洋ホテル』（現ラマダホテル大阪）内の割烹《かっぽう》料理屋で待ち合わせました。私と南野が先に着いて待っていた。すると、彼が遅れてきた。このとき許氏が連れてきた人物には、さすがに痺《しび》れました」

このとき雅叙園観光ホテル問題の話し合いは、伊藤、許、南野の三者でおこなわれる予定だった。その場所が東洋ホテルの割烹料理屋だったという。先に到着して待っていた伊藤らに対し、許は手をあげてやって来た。

「いやぁ、遅れてすみません。待たせましたやろか」

すでに伊藤らがテーブル席に座って待っていたところへ、トレードマークの禿げ頭を光らせ、そういいながら入って来たという。

「いや、いや……」

挨拶をしようと、伊藤が立ちあがろうとした。すると、許の後ろに銀縁めがねの男が立っている。一見、サラリーマンのようでもある。が、その眼光は異様に鋭かった。

「宅見組長に立会人になってもらおう思いましてな。それでご足労をおかけしたんですわ」

伊藤は我が目を疑った。そこにいるのは山口組ナンバーツーの若頭だったのだ。宅見組組長、宅見勝である。

むろん、伊藤にとって宅見の関与は寝耳に水だった。許が突然、雅叙園観光ホテル処理の話し合いに宅見を同行したのである。そもそも伊藤は西城秀樹のプロモーションをしていた関係などから、宅見を後《うし》ろ盾《だて》にしてきた面がある。許に出し抜かれたと感じたに違いない。そのショックはすこぶる大きかった。伊藤が思わず「痺れた」と口にしたのは、自分の知らないあいだに許と宅見が結託したのではないか、と不安に感じたからにほかならない。

「雅叙園問題は、伊藤さんに任せたらいいのと違いますか」

この打ち合わせの席で宅見は言葉少なく、こういっただけだった。結果的に見ると、伊藤もその腹づもりだったが、むしろその言葉より、許が宅見を同伴したという事実に脅威を感じた。許の元事業パートナーが解説する。

「これは許永中一流のやり方なんですわ。交渉相手のいちばん弱いところを探して付け入る。それを効果的に使うんです。いってみれば、心理的に相手を参らせるため、そんな演出をする。そういうやり方で彼はことを自分のペースに持ち込んでいくんですわ」

つまるところ、その筋の世界の人脈では、許のほうが伊藤より一枚も二枚も上手だということを見せつけたわけだ。許は、先の大阪国際フェリーの就航記念パーティに、同じ在日韓国人の元山口組系組長の柳川次郎や京都の指定暴力団「会津小鉄会」元会長の高山登久太郎《たかやまとくたろう》など、大物のヤクザを招いていた。柳川は宅見にとって、ヤクザ社会の大先輩にあたる。この場に宅見が現れたのも、そうした人脈があったからだと見るのが、妥当だろう。

許は、そんな裏と表の社会の人脈を巧みに使い分けながら、思いどおりに交渉を進めていくのを得意とした。前述のKBS京都に介入していく過程では、KBS京都社長の内田和隆が頭のあがらない東邦生命の太田清蔵に口利《くちき》きを頼んだ。しょせん交渉は心理戦である。ある意味で許は、心理戦において天才的な手腕を発揮したといえる。

許は池田失踪後の雅叙園観光ホテル問題の後処理における主導権を握った。話し合いの結果、池田が残した伊藤に対する負債は、いったん南野の大阪府民信組が肩代わりをすることになる。しかし、数百億円にのぼる池田の債務処理がそれで済むわけがない。案《あん》の定《じょう》、南野の資金繰りは長続きしなかった。

そして、最後に伊藤と許が頼りにした人物、それがイトマン社長の河村良彦だったのである。

許永中は、日本レースから京都銀行、KBS京都、雅叙園観光ホテルと、さまざまな企業のトラブル処理に首を突っ込んだ。そこで築いてきた政財界の人脈が当人の「財産」となってきたといえる。そこでは、不良少年時代から身につけてきた裏社会の人脈づくりとは、異なる能力が要求されたに違いない。

生来、許永中は人を吸い寄せる引力を持っているという。許の吸引力について、「人たらし」「老人キラー」「カリスマ性」などと表現される。書簡の交信や面会を通じ、私自身、相手を飽きさせない話術や細やかな心配りを感じた。だが、その程度なら、ほかにも大勢いるに違いない。
許との関係を取り沙汰されてきた国会議員も数え切れない。竹下登をはじめ、亀井静香、浜田幸一、柿澤《かきざわ》弘治《こうじ》など。むろん多くは、利害によって繋がっていたに過ぎないが、そればかりでもない。

許永中に惹《ひ》かれるのはなぜか。

本来、許はアンダーグラウンドの住人と見られてきた。そんな相手と政財界の名だたる重鎮《じゅうちん》が付き合うのは、リスクを伴う。だが、許は周囲を巻き込み、直接会ったこともない初対面の大物を自分のペースに乗せていった。彼らは許に暴力的で無秩序な匂いを感じ取りながら、そこには目をつぶる。そうして政財界の実力者たちが抜き差しならない関係になっていったのである。

そんな不可思議な現象は、やはり在日韓国人の実業家という彼の立場を抜きには語れない。在日韓国人という言葉は、日本人社会にとって複雑な響きがある。能力的な違いはないはずなのに、在日の人たちはときに卑《いや》しく扱われ、疎《うと》んじられた。反面、日本人は在日韓国人の結束力や反骨心、暴力的な強さを恐れ、あるいは深層心理で憧れを抱く場合すらあった。長いあいだ、お互いがそうした複雑な感情を抱いてきたのではないだろうか。

しかし本来、いびつな関係であるのはいうまでもない。「在日韓国人として日韓の架け橋になる」という許永中の

高山登久太郎

旗印は、その矛盾《むじゅん》を埋めようとする作業のようにも映る。政財界の重鎮たちは、許と交わるうえで「日韓の架け橋」という言葉は、大義名分として利用できた。だからこそ、彼の反社会性に目をつぶったのではないだろうか。

日韓議員連盟の会長を務めていた竹下登も、そのひとりかもしれない。このころから、そんな許の政界人脈がたびたび登場する。

金丸信の口利き

許永中の政財界人脈のなかで、忘れてはならない大物がいる。「シティセンター京都」という会社の設立発起人、金丸信《かねまるしん》である。

闇将軍、田中角栄のあと竹下とともに政界を陰で牛耳《ぎゅうじ》ってきた金丸もまた、竹下と同様、京都で許と接点を持っている。シティセンター京都は一九八四（昭和五九）年二月、京都新聞グループが土地開発プロジェクトを目的として設立したディベロッパーだ。近畿放送KBS京都の関連企業、あるいは許永中のグループ企業といったほうがわかりやすいかもしれない。KBS京都は許が介入し、政商、福本邦雄が社長に就いた、あの放送局である。シティセンター京都で金丸が登場するのは、その福本を社長に迎える少し前の出来事だった。

金丸信は、このシティセンター京都が計画した河原町二条の再開発に深く関わっているのである。

京都新聞グループ創業家の三代目であり、四四歳にしてグループの後を引き継いだ白石英司《しらいしえいじ》は、生前不動産開発に熱意を注いだ。トラストサービスやケー・ビー・エスびわ湖教育センターといった子会社を使い、土地を買いあさっていったが、英司は一九八三年一月に一〇〇億円近い簿外債務《ぼがいさいむ》を残したまま急逝《きゅうせい》する。未亡人と経営陣とのあいだでKBS京都の主導権争いに発展し、許がそこに介入したのは先に述べた。

河原町二条の土地は、そんな英司の残した負の遺産のひとつだ。京都最後の一等地と呼ばれた、鴨川《かもがわ》のほとりにある二〇〇〇坪もの古都の中心地だ。英司はこの土地を京都市との第三セクター方式で再開発する計画を立てていた。一時は駐車場に大テントを張り、光のショー「レザリアム」興行を打ったこともあるが、七億円の大赤字を出して失敗する。それら事業の失敗がもとで、愛知県の大手鉄道会社、名古屋鉄道（名鉄）に土地を売却し、駐車場として長らく放置されていた。

金丸信

そして白石英司の急死から一年後。京都新聞およびKBS京都の簿外債務処理に窮《きゅう》したKBS京都社長の内田は、この河原町二条の再開発を起死回生の一手と見た。ここを名鉄から買い戻し、再開発することにより、一〇〇億円ともいわれた簿外債務を帳消しにしよう、と計画する。そうして設立されたのがシティセンター京都である。

許永中がKBS京都問題に介入したのと時を同じくして設立された。当初はKBS京都の関連会社という位置づけだったが、ほどなく許のCTC(コスモ・タイガー・コーポレーション)グループの傘下に入る。そして、許永中は内田とともにこの土地の再開発に乗り出すのである。再開発計画は壮大だった。第一級のホテルを名鉄の駐車場跡地に建設し、そこへオペラハウスまで併設しようとする。

再開発のために、まずは名鉄から土地を買い戻す工作が必要だった。そこで重要な役回りを演じたのが、金丸信だったのである。自民党幹事長という要職につき、中曾根内閣を支えていた金丸は、すでに建設族のドンといわれていた。金丸本人がシティセンター京都の設立発起人になったのは、計画の当初から関わってきたからにほかならない。

金丸信は、問題のシティセンター京都やその所有地の取引をめぐり、ゼネコン最大手の一角である「鹿島建設」まで巻き込んだ。一連の取引は、いかにも不透明な動きを見せていく。

もともとシティセンター京都は、発行済み株式二〇〇〇株、一億円の資本金でスタートした。株は多方面に配られたが、最終的には許のCTCグループが約七〇パーセントを所有するようになる。とりわけ許が代表を務める不動産会社コスモスで四九パーセントを保有し、筆頭株主として君臨した。もともと白石家の資産管理会社として設立されたトラストサービスも株を持っていたが、この時期に許の企業グループ入りしている。そして、許永中グループ以外の残り約三〇パーセントのシティセンター京都株は、金丸のはからいで鹿島建設グループなどが所有するようになるのである。

そうして設立されたシティセンター京都の代表には、KBS京都社長の内田和隆とともに、小《お》川吉衛《がわよしえ》なる人物が共同代表になる。また、鹿島建設社長の石川六郎《いしかわろくろう》や副社長だった原明太郎《はらあきたろう》、金丸の金庫番として知られた生原正久《はいばらまさひさ》など、錚々《そうそう》たる顔ぶれが重役として名を連ねた。

シティセンター京都の人物配置のなかで、とりわけ、共同代表の小川と金丸との縁がおもしろい。小川が代表に就任したのは、トラストサービス元社長の小林富三郎《こばやしとみさぶろう》からの紹介だという。

「トラストサービス社が白石英司の資産管理をしていたこともあり、小林さんは白石家とは非常に近い存在だった。それで、もともと小林さんのことはよく知っていましたが、小林さんは政界や財界にも知己《ちき》が多かった。小林さんは小佐野さんを介し、小川さんと知り合ったそうです」

元KBS京都の内田が記憶をたどる。小佐野とは、田中角栄の盟友といわれた小佐野賢治のことだ。トラストサービス社社長の小林が、小佐野から小川吉衛という人物を紹介され、小川がシティセンター京都の共同代表になる。

小佐野賢治

「小川さんは不思議な人でした。小佐野賢治さんと古くからの付き合いでした。小佐野さんや金丸さんとは、アポイントなしで会えるほどの間柄でしたね。それに、浜田幸一さんなんかとは、一緒にラスベガスへ遊びに行くような仲でした。元は映画のプロデューサーだったとかで、奥さんは原節子《はらせつこ》と並ぶ銀幕スターだった山根寿子《やまねひさこ》です」

シティセンター京都の代表に就任した小川吉衛は、永田町では知る人ぞ知る人物だ。ハマコーこと自民党元代議士の浜田幸一が一九八〇（昭和五五）年にラスベガスのバカラ賭博《とばく》で話題になった際、浜田と一緒に豪遊していたという。広島県出身。このときすでに七〇代後半だが、金丸のスポンサーともいわれた。

ちなみに、浜田幸一の長男で現防衛大臣の靖一と許は、銀座で飲み歩く間柄だった。靖一は日韓の定期航路、大阪国際フェリーの役員に就任していたのだが、このころ許は、現在の妻である金美佐子と知り合っている。靖一の行きつけだった銀座の高級クラブ「グレ」のアルバイトホステスとして働いていた美佐子を許が見初《みそ》めたという。

話を戻そう。河原町二条の再開発計画を立てた許と内田は、まず小川吉衛に相談を持ちかけた。そこで、金丸の第一秘書だった生原正久のところへ連れていかれる。繰り返すまでもなく、生原は長年金丸の金庫番を務め、経世会の秘書会の親玉といわれた大物秘書だ。一九九三（平成五）年の脱税容疑で、親分の金丸とともに東京地検に逮捕されている。

シティセンター京都の代表、内田は、国会近くのパレロワイヤル永田町の金丸事務所で、小川と一緒に生原と会った。

「そういうことなら、先生に相談してみましょう。それのほうが早い」

金丸のスポンサーである小川の手前だからか、生原は二つ返事で土地購入に関する口利《くちき》きを了承した。後日、内田は同じパレロワイヤル永田町の金丸事務所で金丸本人と会う。そこで、さらに意外な人物を紹介される。

「そういうことなら、瀬島《せじま》さんに相談したらいい。俺から伝えておくから」

　彼らが金丸から紹介されたのは、総合商社「伊藤忠商事」の相談役だった瀬島龍三《りゆうぞう》だという。いうまでもなく、瀬島は元関東軍参謀にして、戦後、政財界における転換期や節目節目で、その名が取り沙汰されてきた政財界の大立て者だ。むろん金丸とも親しい。

　金丸は自ら日商岩井元本社ビルにある高級フランス料理店を予約し、瀬島を内田に引き合わせた。金丸脱税事件の際、金丸がしばしば密会に利用していたとして有名になったレストランである。そこで、金丸、瀬島、内田が顔を合わせたという。

「名鉄から土地を買い戻したいのですが、どうすればいいでしょうか」

　KBS京都の内田がそう切り出す。瀬島は上機嫌だった。しきりに内田へ赤ワインを勧める。そして、こう返事をした。

瀬島龍三

「まあ名鉄には迷惑ばかりかけられているからね。ひとつぐらいの頼みごとはなんとかなるだろう。オペラハウスをつくりたいというのは、なかなかいいね。それなら、梅原猛《うめはらたけし》に監修を頼んだらいい。最高の芸術になるよ」

　その言葉どおり、瀬島本人が名古屋に足を運び、名鉄側と交渉した。シティセンター京都の代表だった内田が改めて証言する。

「名鉄は瀬島さんの前で、駐車場にしていた土地の一部を売らずに残したい、といっていました。そのうえで、KBS京都との共同開発でホテルを建設したい、と。一部の土

生原正久

地を名鉄側に残すだけなら問題ない。むしろ共同開発というのは悪くない話でした」

内田は取って返して金丸のところへ報告に行ったという。すると、金丸は喜んだ。それどころか、土地の買い取り資金の面倒までみるといい出した。

鹿島建設の関連会社「鹿島リース」からの資金調達を斡《あっ》旋《せん》するという。その状況について、シティセンター京都の設立発起人のひとりが、次のように打ち明けてくれた。

「土地を購入するにあたり、金丸先生に骨を折っていただいたのは間違いありません。土地の購入代金は、表向き一六億円ということになっていますが、実際は二〇億円くらいの買い物でした。金丸先生からご尽力いただき、そのための資金を全額、鹿島リースから融資してもらったのです」

ただし、土地を購入しただけでは再開発はできない。開発に必要な金額は、五八億円とも七九億円ともいわれた。そこで、許や内田はシティセンター京都の株を担保にし、資金調達するという手法をとる。そうして、鹿島リースからの融資額が雪だるま式に増えていくのである。先の発起人はこうも話す。

「融資の担保は、くだんの土地とシティセンター京都の株の両方でした。その条件なら、鹿島リースが出すという話でした。たしか七九億円までは大丈夫いう話でしたな。それで融資を受けるにあたり、鹿島側にもシティセンター京都の株を持ってもらうことにしたのです。鹿島グループで二三パーセント、鹿島建設本体の社長である石川六郎《いしかわろくろう》さん自ら、個人で株の五パーセントを持つ、と決まったのです」

再開発の関係者にシティセンター京都の株を所有してもらったため、むろん当初の出資比率は変化した。

会社の設立発起人に金丸信本人が名前を連ね、鹿島建設社長の石川や副社長の原ら名だたる財界の重鎮が、こんな地方の開発会社の重役に就任した裏には、こういう事情があるのだ。と同時に、シティセンター京都には、鹿島リース専務の和田傳二郎や東邦生命社長の太田清蔵の側近なども役員に就任した。

とりわけ、金丸はこの開発案件に執着した。第一秘書の生原まで、シティセンター京都の取締役として送り込んだのにも、その熱の入れようがよく現れている。

結果鹿島リースの融資額は、会社設立から二年後の一九八六（昭和六一）年には、八八億円にまで膨らんだ。そしてこの年の五月、許自身がシティセンター京都の代表取締役に就任する。奇しくも、金丸が副総理についた年にあたる。

河原町二条での暗躍

それにしても、あの金丸信や鹿島建設が、なぜここまで京都の土地取引に肩入れしたのか。この話には、まだまだ裏がある。

話は、許永中や伊藤寿永光が出会った東京・目黒の雅叙園観光ホテル問題に戻る。じつは、仕手戦にまみれ炎上したこの名門ホテルの後処理が、くだんの京都のプロジェクトと奇怪な繋がりを持っているのだ。なぜそこに金丸や鹿島の石川が絡むのか。ここで、その謎解きをする。

そもそも、金丸を許たちの京都プロジェクトに引き込んだ小川吉衛や、そこに相乗りした鹿島建設副社長の原は、ともに目黒区ロータリークラブのメンバーだった。小川とともにシティセンター京都の代表だったKBS京都の元社長、内田が打ち明ける。

「隣接する雅叙園観光ホテルと目黒雅叙園は、もともと細川家が所有してきた土地の上に建てられたものです。細川家の土地の一角に松尾國三が雅叙園観光ホテルを建て、結婚式場の目黒雅叙園と経営が切り離されたいきさつがありました。つまり松尾は、細川家から土地を借りてホテルを経営してきたわけです。さらに細川家は、相続の際にこれらの土地の三分の二を国に物納し、そこは国有地になっていました。それらのすべての土地をとりまとめたうえ、新たに目黒雅叙園の建て替えをしようという計画があったのです」

内田はイトマン事件でKBS京都を去った後、雅叙園観光ホテルの再建をするため、ホテルの総支配人として乗り込んだ。それだけにこの問題には詳しい。

「じつは、この計画を進めていたのが、鹿島建設や三菱銀行、そして金丸先生だったのです。しかし、問題があった。仕手筋の池田が乱発し、許永中らが後処理に関わっていた雅叙園観光ホテルの手形処理を引きずっていたのです」

現在の目黒雅叙園は、きらびやかな結婚式場やアルコタワーなどが目を引く。しかし、一九八〇年代、そこには古ぼけた料亭「ほそかわ」ぐらいしかなかった。目黒雅叙園の建て替え計画は、横井英樹の「ホテルニュージャパン」跡地の再開発と並び、東京に残された最後の一大再開発と呼ばれた。その開発を手掛けようと、鹿島建設をはじめとした大手ゼネコンや三菱銀行などの都銀が躍起《やっき》になっていた。当時、再開発に要した費用は、一〇〇〇億円とも二〇〇〇億円ともいわれたものだ。

ところが、目黒雅叙園を建て替えるためには、会社そのものが存続の危機に瀕している雅叙園観光ホテルの手形問題を解決しなければならなかった。そこに関わっていたのが許永中たちなのである。

いわば、双方にとって、東京・目黒の大規模再開発と京都の放送局の債務処理をいっぺんに片付ける妙案、それが京都河原町二条の再開発計画だったというわけである。両者のそうした思惑が複雑に絡み合い、鹿島建設や金丸信が、シティセンター京都問題で、積極的に協力したというのだ。

「あまりに突拍子《とっぴょうし》もなく聞こえるかもしれませんが、構想として持ちあがっていたのは事実です」

ＫＢＳ京都元社長の内田はそういう。いずれにせよ、金丸や石川の協力を仰いだ許や内田は、河原町二条の土地を名鉄から買い取ることに成功した。そして、許はこの土地や会社を担保にして、巨額の借り入れをおこなっていったのもたしかである。

ところが、この京都の再開発計画はまたしても頓挫《とんざ》する。結果的にホテル建設を含めた河原町二条の再開発計画は、実行されなかった。土地を購入し巨額の融資を受けただけで、くだんの土地は転売される。なぜそうなったのか。許の言い分はこうだった。

「どうしても東邦生命の太田社長のために八〇億円が必要なんですわ。一度この土地（河原町二条の土地）を売って、それから買い戻すわけにはいきまへんやろか」

許は内田たちシティセンター京都の役員たちを前にして切り出した。

「買い戻し条件つきの売買ということなら、よろしいんと違いますか」

内田らはしぶしぶ了承した。

ここでまず、転売先として名があがったのが、セゾングループの堤清二だった。堤には京都銀行の株取引で「ドタキャン」された苦い経験がある。しかし、背に腹はかえられない。京都進出を悲願とするセゾングループでは、ディベロッパーの「西洋環境開発」が真っ先に手を挙げ、そこに許らが乗ったという。が、よほど相性が悪いのか、それも最終的に立ち消えになった。

許は焦《あせ》ったあげく、土地を売り急いでしまった。

結果、河原町二条の土地は、中堅ゼネコン「飛島《とびしま》建設」の子会社である「飛島リース」へ転売されることが決まる。このとき飛島グループへ土地と会社の購入資金を融資したのが、太田の東邦生命である。前出の内田が、この間の経緯を説明する。

「永中さんが太田社長から借りていた八〇億円が焦《こ》げ付いている。それを返さなければ、東邦生命における太田社長の座が危うくなる、いう話でした。東邦エンタープライズや日本レースの問題で、太田さんが許永中グループに個人保証していた融資があったのではないでしょうか。実際にこの時期、太田社長の立場が危うくなっとった。それで河原町二条の土地を売り、資金を捻出しなければならないと焦ったのでしょう」

飛島建設側が河原町二条の土地等を購入した代金の八〇億円を東邦生命が融資。売却益を得た許が、その八〇億円を東邦生命への借金返済にあてるというやり方だ。

「要するに太田さんにとっては、飛島へ融資をした金がぐるっと回って東邦生命へ戻ってくるだけです。でも、それでいったんは永中さんに対する東邦生命からの融資の焦げ付きが消える。もとはといえば全部、永中さんが原因ですが、彼にとって太田さんだけは放っておかれへんかったんと違いますか。なにしろ、永中さんにとって太田社長は絶対的な存在ですから」

許と東邦生命社長、太田との関係については、許自身も私との書簡に何度も書いている。許は太田に対してだけは、いまも深い謝意と迷惑をかけたという後悔の念を隠さない。

太田がいっさいの打算抜きで許と付き合ってきたかどうかは怪しい。半面、二〇代の許が初めて大きな事業を手掛けようとした東邦エンタープライズの失敗以来、太田は常に許の後ろ盾になり続けたのも事実だ。

「あなたは在日であっても韓国の国士として立派に生きなさい」

太田からそう諭《さと》された言葉を、許はいまだ忘れていない。それだけにシティセンター京都を使い、少しでも恩返しをしたかったのかもしれない。

こうして許たちは土地を手放す。オペラハウスや高級ホテルの建設を名目に、シティセンター京都を設立してから六年後、一九九〇（平成二）年のことだ。シティセンター京都は、会社ごと飛島リースに売却され、跡形もなく消え去ったのである。

しかし、じつはこの京都河原町二条の土地取引は関係者に莫大《ばくだい》な利益をもたらしている。それが消えてなくなっているのである。

金丸事務所へ運んだ一四億円

飛島リースへ土地を売った許永中側の実入りは、一七〇億円にのぼるといわれる。太田へ八〇億円を返したとしても、まだまだおつりがくる計算だ。先の会社設立発起人のひとりがいうように、そもそもこの土地が「二〇億円の買い物」ならば、単純計算でざっと一五〇億円の儲け。この間の借り入れが一〇〇億円近くあるとし、金利などを計算に入れても、数十億円の利益があったのは間違いない。

飛島リースへの土地の売却は、一九八〇年代後半という地価高騰のはしりにあたるが、これだけ効率のいい土地転がしもめったにない。驚くほどの錬金術《れんきんじゅつ》だ。

だが、この巨額の利益がすべて許の懐に転がり込んでいたかといえば、そうではない。この儲けのうち、少なくとも二〇億円以上の行方が不明のままなのである。そもそも当初、取引の目的だった元京都新聞社長、白石英司が残した簿外債務すら片付いていない。行方不明の金は、いったいどこへ消えたのか。

「土地売買の利益の大半は、山口組や稲川会などへ渡ったとされ、一部政界にも裏金が流れたといわれていました。ある大物代議士に、額面一億円の手形が五枚わたったとも囁《ささや》かれていました」

先の内田和隆は、そういいながら、次のような秘話を披露するのだ。

「じつは、永中さんは私と一緒に金丸先生の事務所へ金を運んでいます。名目上は、株取引のためですが、もちろんそこには裏があります」

この株取引とは、飛島グループへ売ったシティセンター京都の会社売買である。もともとシティセンター京都の株は、その大半を許のCTCグループが所有していた。くだんの土地取引は会社売買形式でおこなわれている。土地の名義人となっている会社ごと売却するという話だ。つまり、シティセンター京都の株を飛島リースに売る。許たちはその代金として一七〇億円もの収入を得たわけである。この株取引を使った資金工作がなされているのだという。以下のような出来事があったと、内田が続ける。

「もともと名鉄からシティセンター京都が土地を買い戻せたのは、鹿島リースから融資を受けられたからでした。取引をいったん手じまいするにあたっては、最初の融資の口利きをしてくれた金丸先生や関係者に対するお礼をせなあかん。そのために、金丸事務所を紹介してもろた小川吉衛さんには、永中さん関連名義の株の一部を持ってもろうてました。まずはこれを現金化して、彼らに渡すという工作でした」

その取引現場が、パレロワイヤル永田町の金丸事務所だった。パレロワイヤル永田町の金丸事務所は、一九九三（平成五）年四月の脱税事件の際、東京地検が家宅捜索して一躍有名になった高級マンションである。脱税事件で地検特捜部の検事たちは、金丸事務所の金庫から五億円の現金と金の延べ棒を押収《おうしゅう》した。シティセンター京都のときは、それをはるかにしのぐ金を運んだという。さらに内田が続ける。

「ケタはずれの金でした。金額にして一四億円。ジュラルミンケース五個分の現金でした。一〇〇万円の束が一四〇〇個ですから、そりゃあ重いです。それをパレロワイヤル永田町の金丸事務所へ運び込んだんです」

許と内田は、ベンツの後部座席にジュラルミンケースを積んで、パレロワイヤル永田町へ向かった。このとき許たちをマンションの玄関前で出迎えたのが、小川吉衛だったという。許は事前に小川から指示されたとおり、地下の駐車場へそのまま車を滑り込ませた。

「いや、ご苦労様です」

駐車場で挨拶をする小川に対し、許はジュラルミンケースを車から出しながら話す。

「その腕、どないしましたんや。怪我でもしましたんか」

小川の二の腕には、真っ白い包帯が巻いてあった。

「どうということないんです。先だって、歳がいものう、庭の木にのぼりましてな、そこから落ちてこのざまです。お恥ずかしい限りです」

怪我のため小川だけはジュラルミンケースを持たず、許たちと一緒にエレベーターで金丸事務所へ上がっていったという。内田の告白は続く。

「小川さんと地下の駐車場で立ち話をしたのはよく覚えています。なんでも彼は、植木の手入れをしていて、木から地面に落ちたと話してました。手に大げさに包帯をぐるぐる巻いてまししてな。いくらなんでも、そんな人にジュラルミンケースの重い荷物を運ばせるわけにはいかんでしょ。われわれだけで苦労して運んだ。それで、よう覚えとるんです」

表向き株取引を装った巧妙な資金づくりである。

「金丸事務所の部屋では、さすがに金丸先生本人は立ち会いませんでしたけど、秘書の生原さんもいました。一四億円の現金をどのように配分したかは定かではありませんけどね」

金丸信まで巻き込んで揺れた河原町二条の土地には、いま、飛島建設が建てたマンションがある。すぐ先には鴨川が静かに流れ、休日ともなれば住民の散歩する姿も見られる。かつて、ここで政財界の大物たちが蠢いた面影は跡形もない。だが、許永中はこの一件で中央政界に大きな楔《くさび》を打ち込んだ。四〇代になったばかりの在日韓国人の青年実業家は、すでに政財界の大立て者たちと渡り合い、密接な繋がりを築いた。いつしか戦後最大の在日韓国人フィクサーのひとりに数えられるようになる。

こうしていよいよ戦後最大の経済事件と呼ばれたイトマン事件の幕が開く。奇しくも事件は、在日韓国・朝鮮人や同和部落、暴力団と表裏一体になって歩んできた日本の戦後政財界の姿を露呈する結果となる。

第五章　竹下登とイトマン事件

二月二日（木）午前一〇時三〇分〜
トータルハウジング会議　川崎定徳佐藤（社）　住宅信販桑原（社）
八月三日（木）六時三〇分〜
会食たに川　SBK大野　伊藤寿永光　平安閣　協和綜合開発　受取OK
九月二〇日（水）六時〜
会食　SBK西・花村　川崎定徳佐藤（社）　向島波むら

ここに、一九八九（平成元）年に記されたあるスケジュール帳の写しがある。持ち主は元イトマン社長の河村良彦。大阪地検特捜部が押収した資料の一部だ。だが、そこに細かく記されたメモの意味については、あの特捜部でさえほとんど解明できていない。

この一九八九年分を含め、河村ノートは全部で五冊押収された。これを細かく見ていくと、事件関係者の動きが手に取るようにわかる。なかには自民党の大物代議士たちと事件関係者たちとの密会スケジュールもある。そこには、これまで闇に埋もれてきたマル秘事項が連綿と記録されているのである。

たとえばここにある「八月三日（木）」の記載――。それはイトマン社長の河村が、初めて伊藤寿永光と出会ったときの記録である。繰り返すまでもなく、伊藤は許永中のパートナーとして、イトマン事件に登場する主役のひとりであり、この、料亭「たに川」での会食から、イトマンという老舗商社の舞台に役者が集結していく。

　繊維専門商社だった伊藤萬（後のイトマン）は、一八八三（明治一六）年、伊藤萬助《いとうまんすけ》が創業した。大阪の問屋街、南本町心斎橋《しんさいばし》筋に間口五間半、およそ一〇メートル幅の店舗を構えている。従業員は五人しかいなかった。一介の衣料卸問屋からスタートしている。

　そんな伊藤萬が、繊維を中心に国内でも指折りの商社に発展したのは、大正末期から昭和初期にかけてのことだ。一九三三（昭和八）年、御堂筋《みどうすじ》に本店を移す。ちなみに御堂筋という通りは、北御堂と呼ばれる西本願寺掛所と南御堂の東本願寺掛所に挟まれていることからそう名づけられている。大正末期の大阪市長、関一《せきはじめ》がこの大きな道路に拡張させたときには、「まるで空港の滑走路のようや」と、市民たちは皮肉をこめて話題にした。

　その御堂筋本町通りの一等地に、伊藤萬ビルが建てられる。地下二階、地上七階建て、当時としては、建築技術の粋《すい》を結集した近代ビルだった。それからさらに六〇年を経た一九九三（平成五）年に住金物産へ吸収合併されるまで、イトマンはじつに一一〇年の歴史を持つ。

　参考までにいえば、イトマンスイミングスクールは一九七二（昭和四七）年に設立されたイトマンの関連会社だった。小中学生の水泳教室を運営し、オリンピックに出場する有名選手を輩出している。古くはミュンヘンオリンピック金メダリストの青木《あおき》まゆみ（イトマンに吸収される前の山田スイミングスクール出身)、最近では千葉《ちば》すずなどの選手を育ててきた。また、イトマン自体は居酒屋チェーンの「つぼ八」の買収、歌手、郷《ごう》ひろみ元夫人の二谷友里恵《にたにゆりえ》との業務提携で、話題を振りまいたこともある。バブルさなかの一九八八(昭和六三)年、YURIEブランドとして、原宿などでアンテナショップを展開。YURIEブランドの発売は、松田聖子《まつだせいこ》と郷ひろみの結婚破局騒動の後だっただけに注目されたものの、結局失敗に終わっている。

イトマン「中興の祖」

戦後のイトマンは、繊維商社として順調に発展してきたが、一九七〇年代初頭に倒産の危機に瀕した。

一九七三(昭和四八)年一〇月、第四次中東戦争が勃発し、日本は石油危機に見舞われる。第一次オイルショックである。これで時の首相、田中角栄の列島改造熱が一気に冷め、日本経済は重大局面を迎える。わけても石油依存度の高い繊維業界では、それまでの過剰生産による在庫が経営を圧迫した。翌一九七四(昭和四九)年に入ると、繊維相場が大暴落する。

なかでもイトマンは、一七〇億円分という巨額の商品在庫を抱え、企業の信用が完全に失墜《しっつい》していく。当時、危ない企業をもじり、大阪・船場《せんば》の業界筋で「三蝶八萬」という隠語が囁かれた。これは三共生興、蝶理《ちょうり》、八木商店、そして伊藤萬の四社を指す。いずれも船場では、知られた老舗繊維メーカーや商社であり、その倒産説が伝えられたものだ。皮肉にも、四社のなかで最終的に消滅したのはイトマンだけである。

そんな危機的状況のなか、イトマンのメインバンクである住友銀行から、会社の再建を託されて登場した銀行マン。それが河村良彦だった。河村は東京で住友銀行人形町支店長をしていた。一九七五（昭和五〇）年の一月、松の内が明けたばかりのころのこと。河村にイトマン行きを命じたのは「住銀の初代天皇」と呼ばれた会長の堀田《ほった》庄三《しょうぞう》だった。

「河村君、じつは大阪のイトマンが、オイルショックの影響をもろに受け、極端に経営が悪化しているんだ。ついては君にイトマンへ行ってもらいたいんだ」

堀田は丸の内にある住銀東京本店の会長室に河村を呼び、自らこう指示した。ついで副頭取だった磯田一郎も河村の説得に乗り出す。

「すべてお前に任せる。何も口出しせんから、思い切ってやってこい」

磯田は後に、「二代目住銀天皇」「住銀のドン」などと畏怖《いふ》された銀行界きっての実力者である。熊本生まれの「肥後《ひご》もっこす」である磯田は、京都大学在学中に名ラガーとしてならし、入行後も押しの強さには定評があった。そのワンマンぶりが後に墓穴を掘ることになるが、当時はイトマン担当の副頭取であり、河村は磯田のことを師と仰いできた。

堀田庄三

一方の河村は山口県出身。一九四一（昭和一六）年に旧制山口商業高等学校を卒業し、住友銀行入りした。その抜群の営業成績は、いまも行内で語り草になっている。住銀本店の営業部次長を経て、高卒ながら名古屋の栄町や渋谷、銀座、人形町などの支店長を歴任する。やがて重役にのぼりつめた。こうして、イトマン入りする直前には、住銀常務のイスを得ていた。

そして、この河村をここまで取り立てたのが磯田である。二人はまさしく師弟関係にあった。堀田、磯田という、二人の「住銀天皇」から命令された河村にしてみれば、倒産寸前で誰も望まないイトマン行きでも逆らえるわけがない。こうして河村は、一九七五（昭和五〇）年四月にイトマンへ理事として送り込まれた。そこから、副社長を経て社長に就任する。

師である磯田一郎の、「向こう傷を問わない」という経営哲学の薫陶《くんとう》を受けた河村の積極経営は、いっとき功を奏した。

東京からの単身赴任。まず河村は、イトマンの経営実態を把握するために片っ端から社員のヒアリングをおこなっていった。

「なぜ営業実績が落ち込んでいるのか」

朝七時半に出社し、午前中は八時から九時まで、午後は就業時間後の五時半から深夜まで、社員から聞き取り調査をした。やがて社内では、「モーレツ河村」とあだ名されるほどの評判になる。それほど仕事熱心だったという。

あまり知られていないが、『住友銀行により百十年の〝のれん〟はかくして引き裂かれた』という著書がある。元イトマン取締役の野木昭一が書いた自費出版の単行本だ。そこに、河村の副社長就任当時のエピソードが紹介されている。

「丁度六月〜九月にかけてのむしむしする梅雨期と連日三〇度を超える猛暑の時期にあたってい

た。土曜の午後と日・祝日はビルの空調、冷房は稼動しない。窓の開閉はできず、換気のできない小会議室はまるでムシ風呂のようになっていた。扇風機がよどんだ部屋の空気をかきまわすように、その首を振って生暖かい風を送っていた。こうした悪条件のなか、連日ヒアリングは進められ、その延べ人数は一、〇〇〇人近くにも達した」

ヒアリングは休日の日曜日も続けられた。

「スタッフと同席し提出書類の整理、記録等を担当していた企画部長が（中略）『副社長、そろそろ昼メシにしましょうか』と彼は湯沸室からコップに生ぬるい夏のカルキ臭い水道水を注いで持ってきた。

実は休日の本町界隈《かいわい》の食堂は利用客が全然ないため閉店しているので、食事をとることができない。梅田から心斎橋あたりまで足を運ばなければならない。時間の無駄を省くため河村は、当時阪急電車の豊中駅近くの住銀の社宅に東京から単身赴任していたが、朝梅田駅で駅弁を買い求め、それをぶら下げて出社していたのだ。

二人はコップの水を飲みながら、冷たくなった幕の内弁当をつついた。このようにしてこのヒアリングは休みもなくぶっ通しで半年近くも継続された」

磯田一郎

河村は、社員ひとりひとりの意識改革を促した。のんびりとした経営体質を改善させるためだ。こうして繊維商社イトマンは復活し、「船場の奇跡」とまでいわれるようになる。

住銀から送り込まれたモーレツ河村は、社長在任一六年にわたる長期政権の礎《いしずえ》を築いた。ここから新規事業に次々と着手し、超ワンマン社長として君臨していく。レジャーや不動産部門に進出し、企業買収にも積極的に乗り出した。ひところ話題になった居酒屋チェーン、つぼ八の買収もそのひとつだ。

そうして、河村と伊藤寿永光が出会う。きっかけはバブル期の不動産取引である。

勢いに乗る河村は、東京・南青山にイトマンの新社屋ビルを建設しようと計画する。しかし、地上げの尖兵《せんぺい》として使った不動産業者「慶屋《よしや》」などとトラブルになり、次に伊藤寿永光を頼るようになるのである。伊藤は地上げのプロと称されていた。後に許と並び「イトマン事件の主役」と称される協和綜合開発研究所の代表だ。

イケイケのワンマン社長と地上げのプロが出会う。イトマン事件は、そこから始まっている。これに許永中を加えた三人を、イトマン事件の主役と呼ぶ。しかし、その事件の舞台を演出した親会社の住銀や政界の実力者たちのシナリオを忘れてはならない。

ワンマン社長の告白

「住友銀行の裏部隊」あるいは「住銀のタン壺《つぼ》」。

イトマンは、こう揶揄《やゆ》されていた時期がある。その呼び名は、マンション販売大手「杉山商事」の救済劇に由来している。

杉山商事は、ひところのワンルームマンションブームに乗り、事業を拡大した住銀の取引先である。結果、不良在庫が経営の足を引っ張り、メインバンクである住銀の頭痛のタネとなる。あげく一九八八（昭和六三）年八月、イトマンが杉山商事の不良在庫を引き取り、傘下《さんか》におさめた。社名も「イトマントータルハウジング」と改名。これが、磯田と河村の二人でおこなった救済劇である。

住銀が動けないとき、代わってイトマンが動く。イトマンが住銀の別動隊や裏部隊、さらにタン壺とまで呼ばれるようになるのは、住銀のダーティな部分を押しつけられてきたいきさつがある。

そもそも、イトマンを舞台にした一連の事件は、住銀による平和相互銀行の吸収合併が遠因とされる。事実、イトマン事件勃発の五年前にあたる一九八六（昭和六一）年七月、平和相互銀行不正融資事件（平和相銀事件）でも、住銀別動隊、イトマンの影がちらついていた。

伊坂重昭

平和相銀事件は監査役の伊坂重昭《いさかしげあき》ら、経営トップが逮捕された特別背任事件だ。東京八重洲画廊社長の真部俊生《まなべとしお》が、彼らに時価二億円の金屏風《きんびょうぶ》を四〇億円で買い取らせていたことが発覚。その差額に関し、合併を避けたい伊坂らが、政治工作のためにつくった裏金だったのではないか、と話題を呼ぶ。

事件の渦中には、関係者が政界工作の際に書き残したメモの存在が注目された。そこにはこんな記述もあった。

「竹下五億円……」

世にいう青木メモである。平和相銀事件では、竹下登の秘書だった青木伊平《あおきいへい》と伊坂が料亭で密談をしていた事実が判明。金屏風の時価二億円と、平和相銀側の買い取り価格四〇億円の差額三八億円は、いったいどこに消えたのか。その行方を暗示するかのようなメモだとされ、事件の衝撃が政界全体を揺らした。

しかし、数多くの謎を残したまま、地検の捜査は終結する。竹下の金庫番だった青木は、竹下政権を退陣に追い込んだリクルート事件のさなか、一九八九（平成元）年に首を吊って自殺してしまう。平和相銀事件で、青木と伊坂の会談に同席したのが、竹下の盟友、福本邦雄だった。ここでも福本の役割がクローズアップされたが、事実は藪《やぶ》のなかに消えた。

その平和相銀事件における大きな謎のひとつが、住銀の動きである。住銀の狙いは、東京に数多くの支店を持つ平和相互銀行を飲み込むこと。大阪を拠点としていた住銀が、全国区に躍《おど》り出るための手段であり、磯田の考えだった。平和相銀との合併を境に、住銀は本格的な東京進出をはかる。

事件当時、東京地検特捜部の検事として、捜査をしていた田中森一が振り返る。

「青木メモが出てきたとき、現場はかなり盛り上がった。しかし、捜査は単なる平和相互銀行経営陣の特別背任で終わった。事件が終わり、蓋《ふた》を開けてみたら、その平和相銀は住友に吸収されてしまっている。結局、われわれは住銀のために捜査をさせられたのか。現場の検事たちからは、そんな憤懣《ふんまん》やるかたない声がしきりに上がったものです」

この平和相銀の合併工作に動いた怪人物がいる。旧川崎財閥の資産管理会社「川崎定徳」社長の佐藤茂《さとうしげる》である。国鉄職員から政財界のフィクサーと呼ばれるまでになった謎めいた人物だ。関東の暴力団組織との交友が深く、片方の手の小指が欠けていたが、本人は暴力団組員ではない。

住銀の磯田は、佐藤に平和相互銀行のオーナー一族である小宮山家所有の株を買い取らせた。むろん、平和相互銀行の合併工作だ。そしてその買い取り資金を、イトマンの金融子会社であるイトマンファイナンスから融資させている。ここでも、イトマンは住銀の別動隊の役割を果たしている。

事件から一〇年以上が経過した一九九九（平成一一）年、イトマン元社長の河村本人が重い口を開いた。

青木伊平

「イトマンファイナンスから佐藤茂氏へ融資する話は、磯田さんの指示でした。いまにして思えば、やっぱりイトマンは住銀の『ごみ溜め』だったのです。杉山商事の救済しかり、平和相銀の合併しかり、伊藤寿永光の案件しかり。住銀が表立ってできない融資案件をすべてこちらで処理してきたのですからね」

二〇〇五（平成一七）年秋、特別背任罪で懲役七年の実刑が確定した河村は、高齢のせいで刑の執行が停止されたままだ。私がインタビューしたのはその六年前の一九九九年だったが、すでにすっかり老け込んでいた。もともと細身だった身体は、さらに痩《や》せていた。だが、言葉ははっきりしている。インタビュー時、河村はこうも明言した。

「佐藤氏を使った裏工作は、磯田さんをはじめとする住銀の総意でもあったんです」

伊坂らの事件後、住銀は平和相互銀行を手に入れた。平和相銀の合併については、イトマンの河村の果たした役割が大きかったといえる。いわば住銀の「汚れ仕事」を引き受けていたのがイトマンであり、そのトップ同士の磯田と河村は、二人三脚でことにあたってきた。

しかし、表の財界人だけでは、ことが成就《じょうじゅ》しなかったに違いない。平和相銀や政界に対する水面下の工作に欠かせなかったのが、先の川崎定徳の佐藤だ。事件で蠢いた人間模様は、入り組んでいて容易に解き明かすことができないが、佐藤が政財界の裏工作を担《にな》う不可欠な存在だったのは間違いない。日本の企業文化には、そうした得体の知れない怪人物が巣くってきた土壌がある。

じつはイトマン事件の構図も、根は同じだ。これまでの定説はこうだった。

事件はワンマン経営者であるイトマン社長の河村が、不動産事業に乗り出した際、地上げのプロ伊藤寿永光と出会い、伊藤の巧みな話術に騙されて深みにはまっていった——。

だが、果たしてそれだけだろうか。闇の「構図」は、もっと複雑で根が深い。

山口組ナンバーツーの個人オフィス

発端は一九八六（昭和六一）年、住銀における名古屋支店取引にまで遡《さかのぼ》る。この年の一月、住友銀行人形町支店長の大上信之《おおがみのぶゆき》が名古屋支店長に栄転《えいてん》する。赴任後、知人の結婚式に出席した。それが、伊藤と住銀とが取引を始めるきっかけになる。

大上は豪華絢爛《ごうかけんらん》な装飾をほどこした結婚式場にいたく感心した。式場の経営者はどんな人物だろうか、興味が湧《わ》いたという。そこで、部下に式場の経営者を調査させた。ほどなく判明したその経営者が、伊藤寿永光だったのである。

名古屋は伊藤の出身地であり、活動の拠点だ。伊藤はこの地を中心に結婚式場の平安閣グループを展開していた。まだ四三歳。住友銀行名古屋支店の新支店長は、その若手経営者に自ら接近しはじめる。

「伊藤は神戸ニューポートホテル買収のため、昭和六三年（一九八八年）八月三〇日に静信リースから一九〇億円を借り入れました。また、同日付で日貿信名古屋支店からも一〇〇億円の融資を受けた。それを、そっくりそのまま住友銀行名古屋支店へ通知預金にし、翌年四月三日まで預金として据えおいています。これらの取引の面倒をみたのが、当時名古屋支店長だった大上さんでした」（一九九二年八月二五日、河村良彦の特別背任事件第一四回公判より）

名古屋市内にあった住友銀行栄町支店の元支店長は、イトマン事件公判で当時の伊藤と住銀との取引について、こう証言した。栄町支店長が証言したのは、伊藤との取引があったからだ。

静信リースは、静岡県内のノンバンクだ。伊藤にこの借り入れ先を紹介したのが、名古屋支店長の大上だった。豪華な結婚式場を経営する伊藤寿永光に対し、若手のやり手実業家だと評価した大上は、伊藤に大きな取引をもちかける。それが神戸ニューポートホテルの買収であり、そのため融資の斡旋《あっせん》までした。それも、預金と融資を同時におこなう歩積両建取引に近い手法である。

まず伊藤は、静信リースや日貿信といったノンバンクから融資を受け、それを住友銀行名古屋支店に預金する。これらの取引は同時におこなわれるため、預金が事実上ノンバンクからの融資担保となる。おまけに、住銀は三〇〇億円近い預金を獲得でき、伊藤には住銀との取引実績が残る。いわば持ちつ持たれつの関係だ。伊藤は後で預金を下ろせばいいが、銀行としては、預金だからリスクもない。名古屋支店長として大上の預金獲得実績があがるだけだ。そんなやり方が功を奏したのか、大上は、後に住銀常務となり、イトマンの融資窓口の最高責任者の要職に就く。

一方、これらの取引で住銀における伊藤の評価は高まる。大上名古屋支店長からの紹介などにより、取引窓口が同じ名古屋の栄町支店や東京の麴町支店へと広がっていった。どの支店でも似たような取引をしてきたという。

もっとも、融資と預金が行って来いの歩積両建取引は禁じ手だ。預金を下ろされれば後は融資だけが残り、焦げ付くリスクがある。そのため、融資は銀行ではなくノンバンクが担う。そんなケースが少なくなかった。

そうして、当初のノンバンク、日貿信などに代わって伊藤の金主になったのが、住銀別動隊のイトマンだったのである。もともと伊藤がイトマンと取引を始めるようになったきっかけは、栄町支店長が進めようとした伊藤のゴルフ場開発プロジェクトだ。プロジェクトを推進するために栄町支店長は、イトマンに伊藤に対する迂回《うかい》融資を依頼した。

これが、伊藤寿永光とイトマン社長の河村の最初の出会いであり、ここからの出来事が先の河村メモに詳細に記録されているのである。河村や住銀の行動は、日本における表と裏の社会の濃密な付き合いを如実《にょじつ》に物語っている。メモをもとに、当事者の証言などを検証する。

一九八九（平成元）年八月三日、伊藤は河村と会うため、新幹線で大阪へ向かっていた。待ち合わせの場所は大阪ミナミの料亭「たに川」だ。

その夜のミナミは蒸していた。熱帯夜だったという。店の脇に流れる道頓堀《どうとんぼり》川の川面《かわも》には、赤や青のまばゆいばかりのネオンが反射する。妖《あや》しい光がゆらゆらと輝いていた。

「住銀の栄町支店長から料亭に誘われたのです。行くと伊藤君が待っていて、紹介されました。その場で彼からゴルフ場などの建設計画の説明を受ける。もちろん彼の悪い評判は、私も耳にしていました。許永中の盟友だとも知っていましたから、すぐに取引を始めようとは思わなかったのです」

河村本人がそう述懐《じゅっかい》する。

「だから後日、磯田さんや西さん（元住銀副頭取）に伊藤君と取引をしていいか、打診してみたのです。すると、磯田さんたちは、いとも簡単に了解するじゃないですか。こちらが拍子抜けするほどでした。それどころか、もっともっと取引をしろ、と強く勧めてくる。伊藤との取引は、磯田さんたち住銀首脳からの要請だったのです」

河村と伊藤の初対面。伊藤は河村に対し、その場で雅叙園観光ホテル問題まで持ち出している。許と伊藤が手形の処理にあたった、目黒の老舗ホテルの一件だ。雅叙園観光ホテルは、山口組系の元組長で、コスモポリタンの仕手筋、池田保次による七〇〇億円の手形乱発の処理に追われていた。池田の失踪後、この手形の回収にあたっていたのが許や伊藤たちである。

ここで、山口組ナンバーツーの宅見勝が二人の仲介役に立ったのは先に書いたが、驚いたことに伊藤と知り合った河村も、伊藤からこの山口組のナンバーツーを紹介されるのである。イトマン事件のカウントダウン、そして河村の転落は、このとき始まったといえる。

「なんでも伊藤君は、自分自身が運営している結婚式場のトラブルで、以前に宅見組長に大変世話になったと話していました。それで、一度宅見組長と会ってくれないか、と持ちかけられたのです」

河村はこう語っている。その河村が伊藤に連れて行かれたのは、ミナミにある宅見の個人オフィスだった。ビルの一室が喫茶店のようなサロン風の部屋にしつらえられていたという。ドアを開けて入ると、部屋の奥が分厚いカーテンで仕切られている。シャーッという音とともにカーテンが開き、出てきたのが宅見だった。

「わざわざ足を運んでもろうて、申し訳ありませんでした。私が宅見です」

宅見組長は、驚くほど紳士的で、かつ穏やかな話し方だったという。河村は言葉を選びながら答えた。

「伊藤君からどうしても会ってほしい、と頼まれましてね。彼にはいろいろと世話になっていますので……」

会話は世間話に終始した。宅見は河村に敬意を示していた。河村はそんな印象を抱いたという。

「宅見さんの話はほとんど覚えていません。ただ、最後に宅見さんが口にした言葉は、いまも耳に残っています。『われわれはこんな稼業《かぎょう》をやってますから、いろいろ気を使うことも多いんです。チンピラも養っていかんなりませんから、大変なんですわ』と。要するに、自分は紳士だけど、命知らずの乱暴者を大勢面倒見ているという意味でしょう。言葉は柔らかい。しかし、半ば脅しのようにもとれました。その言葉だけは忘れられません」

河村は知らず知らずのうちに彼らのペースにはまっていく。じつは宅見と会った前後には、雅叙園観光ホテルの救済に乗り出すことまで決めている。伊藤は河村に雅叙園問題を率直に相談した。

「じつは雅叙園の手形回収資金が一〇〇億円ほど不足しているんです。なんとかいい方法はありませんでしょうか」

こう訴えた伊藤に対し、河村が提案した。

「増資してみてはどうかね。なんならうちで支援してもいいよ」

結果、イトマンが雅叙園観光ホテルによる一〇〇億円の増資を引き受け、伊藤たちはその資金でどうにか一息つく。伊藤は後にこのときの一件について、イトマン事件の関係者たちへ「地獄で仏に会った気持ちだった」とまで語っている。

もっとも、河村自身にも計算はあった。伊藤は、目黒雅叙園とセットにした雅叙園観光ホテルの再開発話を河村に持ちかける。金丸信や鹿島建設などが関係したシティセンター京都の河原町二条再開発と同時に進めようとしたプロジェクトと中身は同じだ。

なにしろ、バブル時代に構想された都心の巨大プロジェクトである。むろん河村も、この開発計画に乗り気だったという。伊藤の説明はこうだった。

「もともと雅叙園観光ホテルの敷地は細川家の所有だったが、相続の際、大蔵省へ物納して三分の二が国有地となっていた。そこで、国有地の払い下げを受け、新しい高層ホテルを建設する――」

くだんの敷地は国からの借地である。計画が実現すれば、借地権だけでも、一五〇〇億円の価値に化ける。それを国から払い下げてもらい、再開発するという壮大な計画だ。この、国有地の払い下げ問題について、伊藤は河村に対し、「政治家に工作しているから大丈夫」と説明してきた。

この計画については、許と伊藤が、河村から資金を引き出すための作り話だ、とも一部で報じられた。そもそも、国有地の払い下げは不可能だったという説もある。

しかし、シティセンター京都の一連の経緯を振り返れば、許らのこうした話も、あながち単なるホラとはいい切れないのではないか。自民党副総裁の金丸信がやる気まんまんだった京都河原町二条の再開発プロジェクトのために設立されたシティセンター京都は、金丸本人や鹿島建設副社長の原明太郎《はらあきたろう》が、会社の設立発起人となっている。そこに登場するメンバーたちは、この雅叙園問題と見事に重なった。

じつは許自身、この件に関し、鹿島建設側が八〇〇億円の裏保証をしてくれたと書簡で明かしている。八〇〇億円もの裏保証とは何を意味するのか。雅叙園観光の総支配人をしてきたKBS京都の元社長、内田和隆が補足説明してくれた。

「金丸先生や鹿島建設が目黒雅叙園を大規模な結婚式場に建て替えようとしていたこの時期、鹿島が債務保証をして三菱銀行（現三菱東京UFJ銀行）から融資を受けようとしていたという話がありました。その保証額が八〇〇億とも一〇〇〇億とも囁かれていたのです。もちろん正規の債務保証ではないので、決算上は表に出ないから、たしかなことはわかりません。ただ、そういう情報が駆け巡ったのは事実です」

片方で、許永中たちが金丸らに話を持ち込み、その裏で伊藤寿永光がイトマンの河村に声をかけていたとすれば、この時期、少なくとも目黒雅叙園をめぐる二つの再開発計画が立てられていたことになる。一方はホテルの手形処理のために立てた苦肉の策、もう一方は巨大な結婚式場の建て替えによるゼネコン利権だ。だが、そのひとつには金丸という自民党の実力者の足跡もたしかに残っているのである。

「住銀天皇」の愛娘のため

この雅叙園観光ホテルにおけるイトマンの救済策を機に、河村は伊藤や許と関係を深めていく。バブルの波に乗った伊藤は、銀座の商店組合の銀一ビルの地上げで、業界にその名前が轟《とどろ》いていた。そこで河村は、イトマンが本社屋移転をはかった南青山の地上げまで伊藤に任せている。ここは最終的に住銀の不良債権として残り、二〇〇七年の防衛省汚職で話題になった軍需商社「山田洋行《やまだようこう》」がその後、住銀から引き取った。二〇年近く経った後、これが山田洋行の不良債権として問題になる。

話を戻す。河村の絶大な信頼を得た伊藤は、イトマンに不動産開発計画を持ち込んだ。これが世にいう「イトウプロジェクト」である。

このイトウプロジェクトは桁外《けたはず》れのスケールだった。銀一ビルの再開発のほか、大半がゴルフ場開発を中心にしたリゾート計画だ。これに関するイトマンの融資額は、ピーク時でおよそ二〇〇〇億円にのぼる。むろん、プロジェクトには、許が中心になって進めた絵画取引やゴルフ場開発なども含まれていたのだから、河村、伊藤、そして許らの特別背任事件、通称、イトマン事件に発展するのは必然といえる。

イトマン事件の発火点は、許の絵画取引といわれる。イトマンは、許がオーナーになっていた「関西新聞社」や「関西コミュニティ」などと五五七億円にものぼる巨額の絵画取引をおこなった。

取引点数は二一一点。事件の公判では、この絵画取引を、検察側が売買《ばいばい》と主張し、許側はファイナンスだと反論してきた。許は、あくまで絵画を担保にして、イトマンから資金を借り入れたにすぎないと主張するが、いずれにせよ、これによってイトマンは、許の仕入れ値の三倍から五倍近くもする絵画を抱いたままになる。ひどいものでは仕入れ値の九〇倍以上で引きとった絵まであった。

あげく、許の会社は倒産し、くだんの絵画は住友倉庫に眠った。こうしてイトマンには、埋めようのない巨額の損失が生まれたのである。

絵画取引については、許自身、反省の弁を取り調べ検事に述べている。

「なるほど、私も、いまとなって考えれば、ちょっと度が過ぎたなと思っています。いくら私が請求書に記載した金額程度に担保価値を評価しても、もう少し控え目な額で取引すべきであったのではなかったか、と。そうすれば、こんな誤解は招かなかったのに」（一九九一年八月一三日事情聴取）

一連の無謀な取引に対し、大阪地検特捜部は、特別背任にあたるとして許や伊藤、イトマンの河村の摘発に乗り出した。しかし、取引はイトマンだけの責任ではない。焦点の絵画取引もまた、住銀と無縁ではないのである。

「社長、東京の黒川さんからです」

一九八九（平成元）年一一月、黒塗りのハイヤーが名古屋の高速道路を走っていた。唐突に自動車電話が鳴り、受話器をあげた運転手が後部座席を窺いながらそう告げた。

イトマン事件の核心といわれる許永中とイトマンとの絵画取引——。そのすべてが、この一本の電話から始まった。電話の声は、黒川園子《くろかわそのこ》。ほかならぬ住銀の天皇、磯田一郎の長女である。一九四八（昭和二三）年生まれ。根っからのお嬢さん育ちで、大学は同志社女子大に進んだ。磯田の一人娘である。

「河村さん、お久しぶり。園子ですけど、ちょっと頼みたいことがあって電話したんです……」

四一歳になったばかりの彼女が、甘えるようにいった。むろん磯田を師と仰ぐ河村が園子を知らないわけはない。

「どのようなことでしょうか。お急ぎの用件ですか」

用件を尋ねた。

「いえ、それほど急ぎというほどでもないんですけど」

電話口の園子は、いつものように屈託《くったく》のない口調だったという。

「じつはね、河村さん、私いま仕事で絵を扱っているんです。いい絵なんだけど、どこかいい売り先をご存じないかしら」

園子は、西武セゾングループの高級輸入美術品・宝飾品販売会社「ピサ」に、非常勤嘱託職員として勤務していた。ピサは堤清二の実母が設立した会社である。それだけにグループ内でも特別な位置づけであり、一目置かれていた。東京プリンスホテルに本店を構え、堤清二自ら会長に就任していた時期もある。

園子は一度結婚に失敗して出戻った後、再婚していた。黒川は再婚相手の姓だ。夫がブランド衣料販売の会社を経営し、ピサと取引していた。

出来の悪い子どもほど可愛いといわれるが、父・磯田にとって、この長女もその類《たぐい》だったのかもしれない。磯田は娘婿《むすめむこ》の面倒までよくみた。磯田の娘夫婦にとってピサは大事なお得意さんであり、そうした関係から園子自身ピサで働くようになる。しぜん、イトマンの河村も、磯田からピサや園子のことを聞かされていた。

その園子が、河村へ持ちかけた絵画取引は、フランスの名画「ロートレック・コレクション」の売買話だった。園子は、その売り先を探していたという。

河村にとって磯田は、住銀時代に高卒の自分を常務にまで取り立てた恩人である。河村を住銀からイトマンに送り込んだ磯田は、いうなればイトマンにおける河村の後見人でもあった。その磯田の娘の申し出だ。

元来、イトマンは絵画を扱ってはいないのだが、売り先を探してほしいという恩人の娘の言葉をむげに断ることはできない。河村は二つ返事で園子の申し出を了解した。こうして、イトマンはピサから「ロートレック・コレクション」を購入する結果になる。唐突にかかってきた一本の電話を境に、不透明な絵の世界に手を染めていくのであった。

イトマンにとっての絵画取引とは、あくまで商社として絵を仕入れるという意味だ。問題はそこからどこに絵を転売するか。河村は伊藤寿永光に相談した。そして伊藤が許永中に、絵を買わないか、と打診したのである。

折しも、許は「韓国高麗現代美術館」と銘打ち、自宅のある大阪市北区中崎に美術館の建設構想を練っていた。実際、許の事業パートナーであり、京都・円山公園の敷地内の豪邸に住んでいる前出の大阪韓国青年商工会会長・鄭英全は、その「韓国高麗現代美術館館長」の肩書を持っていた。朝鮮半島の高麗王朝時代に夢を馳《は》せた許らしい発想といえる。ちなみに、韓国を意味する英語のコリアは、高麗がなまった発音だとの説もある。

「私は総合的な美術館構想を抱いてきました」

許は、イトマン事件の取り調べで韓国高麗現代美術館や絵画取引について、担当検事にそう供述している。

許の供述によると、本人が韓国高麗現代美術館を買収したのが一九八四（昭和五九）年。以降、日中韓の美術品の収集をずっと続けてきたという。念願の「コリアンタウン」構想の一環として、大阪市北区中崎の自宅周辺に韓国国際文化センターの建設を計画。一九八九（平成元）年以降、建設工事に着手し、地下二階部分まで完成したが、その後の資金繰りのせいで地上部について工事はストップしたままになる。

むろんこの美術館は、同じ在日韓国人のコレクターが寄贈し、司馬遼太郎《しばりょうたろう》が理事を務めてきた京都の「高麗美術館」（館長・上田正昭《うえだまさあき》京大名誉教授）とはまったくの別ものだ。

許の供述によると、イトマンとの絵画取引のきっかけとなった「ロートレック・コレクション」の購入は一九八九年一一月のこと。伊藤寿永光が定宿にしていた東京の帝国ホテル八三五号室で、初めて取引を持ちかけられたという。許は伊藤から、西武ピサの調査リストや、シンメル夫妻のコレクションの紹介記事などを見せられた。コレクションにはロートレックの作品のみならず、ロートレックが友人たちに宛てた書簡など、身の回りの品も含まれている。そこで、許はこの話にすぐに飛びついたという。

仕入れ先である西武ピサは、堤清二の肝《きも》いりで設立された。堤に対しては、京都銀行株の引き取りをドタキャンされた怨念もある。だが、それよりイトマンとの取引に大きな意味があったに違いない。イトマン社長の河村は、この前年、塩漬けになってしまった京都銀行株の処理を頼んだ相手であり、雅叙園観光ホテルの一件でも世話になっている。イトマンのバックには、住銀という財閥企業も控えている。絵画取引をきっかけにイトマンに接近できれば、何かと好都合だと許は考えたのではないだろうか。

このとき、イトマンが西武ピサから仕入れた絵の総額は約一六億円だった。許はそれを約六八億円で購入すると約束する。じつに仕入れ値の四倍の価格だ。イトマンにとっては、絵を右から左に流すだけで五〇億円以上の儲けになる。まるで打ち出の小《こ》槌《づち》のような好条件だ。むろん河村もこの条件で了解した。というより、一六億円の絵が六八億円になるのだから、実現すればイトマンにとってこんなうまい儲け話はなかったのである。

この「ロートレック・コレクション」の売買をきっかけに、イトマンの河村は絵画取引にのめり込んでいく。ピサから購入した絵画の代金だけで、総額一〇〇億円にのぼった。そして、許永中とも絵画取引における関係を深めていったのである。

こうして許は、逆に自ら仕入れた絵画をイトマンへ持ち込んだ。それが、事件に発展した二一一点、五五七億円の絵画取引なのである。

奇しくも、黒川園子からイトマンに持ち込まれた「ロートレック・コレクション」の売り値と同様、イトマンは許を相手に、本来の価格の三倍から五倍近い金額で絵画取引をおこなう。あげくその絵画リストが流出し、市場価格とかけ離れた取引が問題になっていったのである。

おまけに、一時は大儲けしたと喜んだ黒川園子の「ロートレック・コレクション」も、結局はイトマンの焦げ付きになる。許からイトマンへの支払いは、「高麗美術館」の完成予定の三年後とされていたが、案の定、美術館が完成することはなかった。そのため、コレクションはイトマンにとどまったままになる。園子の話に乗り、絵画取引にはまっていったイトマンは、反対に許から持ち込まれた絵画まで抱え込む羽目になった。あげく、絵画の購入が負担になり、資金繰りが苦しくなっていく。

占子《しめこ》の兎《うさぎ》とでもいえばいいのか。許にとって、イトマンは格好の取引相手だったといえる。絵画取引は非常に大掛かりだった。流出した絵画リストには、モジリアニやシャガール、ドガ、日本画では加山又造《かやまたぞう》や東山魁夷《ひがしやまかいい》、横山大観《よこやまたいかん》などの高名な画家の作品がずらりと並ぶ。そのなかには佐伯祐三の名前もあった。繰り返すまでもない、許の生まれた大阪・中津の英雄である。

佐伯画伯《がはく》に関して、許は取り巻きに「ワシの家の近所で生まれたんや」「佐伯画伯の実家の幼稚園に三年間通っていた」と話すほど、思い入れが深い。実際、許はこの佐伯作品をことのほか好み、コレクションした。

しかし、それもまた金儲けの道具と化す。佐伯祐三作「自動車小屋」は、四億五〇〇〇万円で許が購入し、イトマンへその二倍の九億円で買わせている。こうして許永中は、大量に仕入れた絵を、次から次へとイトマンへ法外な価格で引き取らせていたのである。

絵画担当課長の失踪劇

ピサの一件もそうだが、許は京都銀行の株取引以来、不思議と西武セゾングループと縁がある。イトマンに絵画を持ち込む直前、許は片っ端から絵を買いあさった。その仕入れ先の大半が西武百貨店だ。

許の窓口は、兵庫県尼崎の西武つかしん店の外商部に勤めていた、福本玉樹《ふくもとたまき》という課長だ。同じ画商の福本邦雄《ふくもとくにお》とは縁もゆかりもない、一介のサラリーマンである。しかし、このサラリーマン課長が、「戦後最大の経済事件」で重要な役回りを演じている。そして、許と関わった関係者の多くと同様、本人もまた悲惨な運命をたどることとなる。

まさしく事件の渦中にある一九九一（平成三）年七月、福本玉樹に大阪地検から逮捕状が請求された。許と共謀して絵画の鑑定書を偽造し、イトマンを騙したという詐欺容疑だ。本人はこの二ヵ月前の五月、謎の失踪を遂げている。以来、逃亡生活はじつに九年半に及んだ。

福本は一九九九（平成一一）年一〇月、許が石橋産業事件のさなかに失踪すると、入れ替わりのように姿を現す。自ら名乗り出て二年間の懲役刑に服してきた。

その福本が、出所後、唐突に口を開いたことがある。場所は大阪高等裁判所、二〇〇一（平成一三）年三月二二日のことだ。行方不明になってから数えると、一〇年の歳月が過ぎていた。伊藤寿永光の第四回控訴審で、証人として出廷したのである。意を決したように、こう切り出した。

「野村さんは、西武にとって非常に大切なお客さんでした。西武の外商売り上げの七割近くは、野村さんの売り上げで持っていたほどです。そのため会社からも、野村さんの仕事を全部西武でとるようにと指示されていました。とりあえず二四時間態勢で野村さんに張りついて注文を受けるよう、上司から命じられていたし、そういう態勢で臨んでいました」

西武百貨店の福本玉樹元課長が許と出会ったのは一九八五（昭和六〇）年、中之島にある大阪ロイヤルホテル（現リーガロイヤルホテル大阪）で開かれた、西武百貨店の美術品展示会だった。野村栄中こと許永中は、北新地の高級クラブのママ、愛人の岡西恵を連れ、福本の前に現れた。

「彼のことは、西武百貨店のつかしん店がオープンするころ、岡西君恵（恵のこと）に紹介されて知りました。西武百貨店が主催する関西高輪会の折であったと思います。その後、彼が私どもの担当となり、以後、外商の関係でいろいろと世話になっておりました」

福本との出会いについて、許自身、検事にそう話している。その場で一点数千万円もする高級絵画を買い、主催者である西武百貨店の度肝《どぎも》を抜く。そこから福本は許の術中にはまっていく。以来、許は福本の上顧客になった。福本は伊藤の公判でいった。

「野村さんからは、休みの日とか、夜遅くとか、しょっちゅう自宅に電話がかかってきました。とりあえず絵を見てほしいとか、絵のチェックをしてほしいとかいう。それで、突然呼び出されることが、一五〜一六回ほどございました。家へ行く度に一〇万円をいただきました。いわゆる車代とか食事代という名目です」

許は、福本を「福ちゃん」と呼んで可愛がった。渡したのはタクシー代程度ではない。

「福ちゃん、あの車使うたらどうや」

許はそういってトヨタのアメリカ製逆輸入車レクサスを福本にプレゼントしたことまである。夜は一緒に高級クラブで豪遊した。一介の百貨店の外商課長が、毎晩のように岡西の経営する高級クラブで若い女性に囲まれ、一本数十万円もするワインやブランデーを飲んだ。そうして、許の絵画取引の指南役《しなんやく》にまつりあげられていったのである。

「最初は、イトマンが西武の評価書を欲しがっているので、それを書いてくれないかという依頼でした。それがだんだんエスカレートしていったんです」（公判供述より）

やがて福本は、許がイトマンに絵画を納入した際の鑑定書まで偽造する羽目になる。結果、大阪地検特捜部は、福本によるこれら絵画のにせ鑑定書づくりを有印私文書偽造、同行使の詐欺にあたると判断する。一九九一年五月になると、福本の事情聴取を開始した。本人が姿を消したのは、ちょうどそのころだ。

「野村さんから、京都駅のほうへ出てきてくれ、と電話の呼び出しがありました。行ってみると、京都駅前のパチンコ屋でパチンコをしている。そこで落ち合い、大阪へ戻ったのです」（公判供述より）

伊藤寿永光の代理人の尋問に対し、福本はよどみなく答えた。

パチンコ屋を出た二人は、新幹線に乗り、新大阪へ向かう。京都から二〇分ほどの車中にもかかわらず、二人はグリーン車の指定席に並んで座った。窓側の席の許がいった。

「ちょっとまずいことになっとるんや。田中先生（田中森一）がいわはるには、ワシとおまえが詐欺で狙われとるようや」

許が隣の福本へ囁《ささや》く。田中は伊藤寿永光の顧問弁護士だった関係から、事件に関して許の相談に乗っていた。

「どうすればいいんでしょうか」

福本が口を挟んだ。

「どうもこうも、田中先生がいわはるには、おまえに日本にいてもろたら、非常に困ることになるそうや。半年でええから、ガラをかわして（姿を消すこと）くれへんか」

当然、福本は迷った。悩んだ末、福本は北陸の福井に向かう。ちょうど運転免許が取り消しになったため、とりあえず大阪を離れ、北陸の合宿教習所に通うことにしたのだ。

しかし、そんな程度で許が許すはずもない。どこで調べたのか、大阪の暴力団組員が合宿場所の旅館まで追いかけてきた。そうして大阪へ連れ戻される。福本はヒルトン大阪の部屋で許に詰問された。公判で福本が話す。

「野村さんとこの若い人の案内で、ホテルへ連れていかれました。（部屋に）入っていったら驚きました。現金が二〇〇〇万円、備え付けの机の上に積んであるのです」

机の上の現金は、当座の逃亡資金という意味だ。もはや迷ってはいられなかった。

「おまえ、どこ行っとったんや。この金でアメリカへ行け。半年でいいから。ええな」

選択の余地はない。有無をいわさぬ口調で許が命じた。

「向こうへ行っても、ぜったいに家のもんには電話すなや。手紙も書いたらあかん。家族へ電話すると盗聴されるからな。家族とはいっさい連絡をとるな。それから、アメリカに入る前に、とりあえずヨーロッパへ行け」

福本は、ヨーロッパを経由してアメリカへ渡るよう指示された。目的地のアメリカへ直行しなかったのは、できるだけ行き先を捜査当局に察知されないようにするためだ。こうして福本は、ヨーロッパに向かった。そこから家族と弁護士宛に手紙を書き、行方をくらます。それで検察側にはアメリカへの渡航をごまかそうという計画だった。公判で福本は当時の苦しい真情を吐露《とろ》した。

「家に帰って、家内にいおうかな、どうしようかなと思い悩んでいました。そんなところに、家内がいったんです。『お父さん、もう逮捕されるんやし、逮捕されるのを自宅で子どもたちに見せたくないんや』と。そうか、はよ出ていけ、いうことなんやな。すぐにそうだとわかりました。そのとき、『ああ、おれはもう、この家にはおれないんだな』と思いました。それで、決心したんです」

許から指示された最終的な潜伏先は、サンフランシスコだ。そこに、許の知人である在日韓国人金融業者の夫人が住んでいた。福本はそこを頼ることになる。ヨーロッパを転々とした後、目的地へ赴《おもむ》いた。

「ヨーロッパでは、まずフランスに滞在しました。ルーブル美術館とかいろんな美術館を回りました。パリで二、三泊したと思います。それから電車に乗り、オランダへ行きました。オランダからスペインに行きましてね。日本へ帰ったら、また美術の仕事をしたいな、という淡い期待をもっていましたので、美術館巡りをしたのです。そうして、たしか五月の一六日か一七日ぐらい

にアメリカに入りました」(公判供述より)

そこから長い逃亡生活が始まる。サンフランシスコの許の知人宅でおよそ三年半、監視されながら生活していた。そのうち金融業者の夫人と仲良くなり、解放されたという。その後、安アパートを借りて数年間、西海岸やメキシコ国境周辺を放浪することになる。福本が続けた。

「とにかく本名を名乗れませんので、私の好きな渥美清《あつみきよし》とか、高倉健とかの偽名を使いました。アメリカでの私の名は、その両方をかけあわせて、ケン・アツミでした」

この間、奇妙な事件が起きる。サンフランシスコの当初の潜伏先だった在日韓国人の金融業者が、日本に帰国した折、殺されてしまったのだ。夫人をサンフランシスコに残したまま帰国した金融業者は、大阪駅前第三ビル前で何者かに待ち伏せされた。そこで、いきなり射殺されたのである。

福本は、サンフランシスコの夫人へたまたま電話連絡した。そのときに、初めて事件を知らされ、福本は愕然《がくぜん》としたという。すぐさまサンフランシスコの夫人宅へ駆けつけた。公判で、本人がいった。

「向こうはピリピリしていました。夫人宅へ着いたのが夜でした。家の周りは真っ暗です。タクシーのライトを家に向け、ぱっと照らしたのですが、向こうは家のなかからなのでこっちの様子がわからない。あやしい奴が襲ってきたとでも思ったのかもしれません。息子さんが玄関でピストルを持って、僕のほうに銃口を向けて、誰やという。身構えていたんだと思います。私だとわかるとほっとした様子でした。で、夫人がいった。『福本さん、あんたも危ないで、気をつけたほうがいいで』と」

この金融業者は、許に一八〇億円を貸し付けていたという。その金銭トラブルのせいで何者かに殺されたというのが、福本の見方だった。福本はアメリカにいても、こうした闇社会に脅えながら、九年半もひっそりと身を隠して暮らしたのである。

かくして長い逃亡生活を余儀なくされた福本は、一九九九年一〇月、現地の読売新聞で許自身が渡航先の韓国で失踪したのを知る。そして、その一年後に帰国を決意する。

日本を出国したのが四三歳のとき。帰国したときにはすでに五二歳になっていた。福本は公判で過去を振り返って涙した。

「家内がいいました。『あなたは私たち家族と野村栄中とどちらが大事だったのか。結局、野村栄中を選んだんや。私たちを捨てたんだ』と。『だから今度は私があなたを捨てる番や』と、そういわれました」

公判の翌日、福本は夫人と正式に離婚した。それ以来、家族と離れ、郷里の九州でひとり暮らしている。

スケジュール帳が記す真実

イトマン事件では、戦後の日本社会が抱えてきた数多くの矛盾や不条理が顔を出す。住友銀行という財閥系企業の事業には、政界の思惑が見え隠れし、その先には闇社会の扉が開いている。

だがそんな日本の企業社会は、在日韓国人の青年実業家が、夢見た晴れの舞台でもあった。

許永中とイトマンがのめり込んだ絵画取引。事件の渦中、不可解な出来事が相次いだ。絵画取引におけるイトマン側の責任者だった常務の加藤吉邦《かとうよしくに》が自宅で怪死を遂げる。

そんな事件の鍵を握る絵画取引の指南役として、もうひとりの福本がいる。許の事件でたびたび登場する竹下登の盟友、画商の福本邦雄である。許は福本の経営する画廊《がろう》、フジ・インターナショナル・アートからも絵を仕入れ、イトマンとの取引に利用していった。

許は福本を通じて、竹下とのパイプづくりに専心する。イトマン元社長の河村は、そうした現場に何度も遭遇したという。

「竹下さんとは、許永中がお膳立てした宴席でよく顔を合わせました」

再び河村本人が証言する。

「会合の場所は、東京の高級料亭が多かったですな。私が出た宴席では、メンバーも店もたいてい同じでした。料亭の名前は忘れましたけど、赤坂やったかな。いつも二〇畳くらいの大きな部屋でした。そこに長い座卓があったのを覚えています。宴会参加者の座る位置まで決まっていました。竹下さんが中央の上座で、私がその対面。許はだいたい下座の隅っこのほうで控えていました。そうそう、東邦生命の太田社長や会社の幹部の顔もよく見かけましたね」

河村が許から竹下との宴席をセッティングされたのは、五回から六回ほど。時期は、昭和の終わりから平成のはじめにかけた一年あまりの間だったという。その間、二ヵ月か三ヵ月に一度は、宴席を開いていた計算になる。ちょうど、許が京都銀行株や近畿放送KBS京都の債務処理問題で奔走《ほんそう》し、イトマンとの絵画取引に没頭していた時期にあたる。

「絵の取引については、東邦生命の太田さんが話を持ち出すことはあっても、竹下さんからは出なかったと思います。ただ、その場にいて、あの調子でウンウンと頷いているだけでした。それでも、あれだけの実力者が簡単に宴席に出席するのだから、許永中と竹下登という二人の関係は相当なものだ、と感心したもんです」

この章の冒頭で簡単に触れた河村メモは、まさしく昭和最後の六四年から平成三年まで（一九八九～一九九一年）の記録である。全部で五冊あるノートの記録内容は、いずれもイトマンの社長時代のスケジュールだ。秘書室が管理していたチャート式のノートが二冊、それに持ち歩くための三冊の携帯用手帳である。

そのうち大きなほうのスケジュールノートは、一週間単位の見開きで、左ページに行動予定が手書きで記され、右ページにはその日の行動結果が書かれている。右ページにはワープロ打ちされたメモが貼りつけられている週もある。メモの中には、アルファベットの記述もあり、意味不明の部分も多い。このスケジュールノートの平成二（一九九〇）年三月第三週のページを開くと、左ページの「三月一五日午後六時」の下にこんな予定が見える。

会食　竹下事務所
竹下……
福本

竹下登

伊藤KBS野村
吉兆

ここに出てくる「KBS」とは京都新聞グループの近畿放送のこと。「福本」は福本邦雄であり、「伊藤」は伊藤寿永光、「野村」は許永中に違いない。「吉兆」は築地にある高級懐石《かいせき》の料亭だ。政財界の密談によく使われる。

そして、この日の右ページ、つまり行動結果の欄には、「お菓子三つ」と走り書きされている。竹下らに対する手土産を指すのだろうか。あるいは菓子にたとえた符牒《ふちょう》、たとえば「お礼」だろうか。さらに七月の第三週のページ、「一八日午後五時」のスケジュールには、「マル接」として、こう記されている。

会食 KBS福本さん
竹下登
亘《わたる》 野村栄中
TGAD 吉兆7人
泊 ホテル

この右ページには「マッサージ三つ」と書かれている。さすがに記載はかなり細かい。東京に泊まったイトマンの河村たちが、マッサージを頼んだという意味だと推測できる。この日のスケジュール欄の隅には「O8：55―T9：55　JAL」との記述もあるが、おそらく大阪（O）―東京（T）間の航空便だろう。当時はまだ関西空港は開業しておらず、伊丹―羽田間はちょうど一時間の距離だ。

また、河村所有のもうひとつの携帯手帳でこれらの日付を確認すると、たしかに同じ内容の記録がある。

「平成二年三月一五日（木）」には、「O―T18：00～会食　竹下氏」

「平成二年七月一八日（木）」には、「O8：55―T9：55　18：00～会食　竹下氏　吉兆」

この平成二（一九九〇）年は、まさしくイトマンに許や伊藤が深く関わっていたさなかのことである。許はこの年の一月末からイトマンとの絵画取引を始めている。

さらに五月には、「イトマン従業員一同」という差出人で、当時の大蔵省銀行局長宛の怪文書が大蔵省やマスコミに送付され、関係者たちが騒然となる。つまり、世の中がイトマンを巡って騒然とし始めたまさにそのころ、許永中たちは竹下登という時の政界最高権力者と密会を繰り返していたことになるのだ。

二度の大蔵大臣を経て「経世会」を旗揚げした竹下は、一九八七（昭和六二）年一一月、第七四代内閣総理大臣に就任する。リクルート事件の煽《あお》りをくらい、一九八九（平成元）年六月に内閣総辞職をしたものの、師である田中角栄に代わり、金丸信とともに自民党のキングメーカーとして政界に君臨していた。その竹下が、よりによってこの時期、許の用意した宴席にたびたび顔を出していたのである。いったいなぜか。

三〇〇〇億円が闇に消えたとされるイトマン事件は、その言葉の示すとおり、いまもって金銭の流れが不透明である。事件の主役とされる許永中や伊藤寿永光、河村良彦らが依然として口をつぐんでいるせいもあるが、何より不思議なことに摘発した検察側も、それを明らかにしようとしてこなかった。大阪地検特捜部が押収《おうしゅう》した膨大な資料のなかには、それらの理由を解き明かすヒントがある。

事件の主役のひとりである、協和綜合開発研究所元代表の伊藤寿永光は、渦中の一九九〇（平成二）年当時、理事、または企画監理本部長兼常務としてイトマン社内にいた。大阪地検特捜部は、伊藤の秘書が書き残したスケジュール帳も押収している。書式は前述した河村のものとほぼ同じだ。同年「五月十日（木）」の記載を要約して紹介する。

午前八時　ヒルトン（朝食会）
　KBS高山氏お迎え　携帯TEL030―×××―××××　伊丹行KBS車　KBSにて手配
十時五分→十一時五分
十一時三十分　昼食会　東京會舘　KBSにて手配

午後二時　告別式
六時三十分　会食　吉兆
竹下先生　橋本先生（野村会長より）接待

河村のスケジュール帳と同様、右ページにはメモ書きがなされている。「ＫＢＳへ迎えの車の件確認！」「伊丹行ＫＢＳ車０４０－×××－××××」「東京會舘行ＫＢＳ車０３０－×××－××××」「東京會舘迎えの車に喪章、ネクタイ、数珠、香典」といった具合である。一九九〇（平成二）年当時、携帯電話の頭の番号は「０３０」、自動車電話は「０４０」となっていた。

東京會舘は、フジ・インターナショナル・アートが入っている東京・有楽町国際ビルの隣にあたる。建物の歴史は古く、オープンは一九二〇（大正九）年だ。いまも芥川賞や直木賞をはじめ、格式を重んじるパーティなどはここで開かれることが多い。

この日、許永中は東京にいて、フジ・インターナショナル・アートで伊藤寿永光らと落ち合う約束をしていた。一方、当日の朝まで大阪にいた伊藤たちは、梅田駅前のヒルトン大阪で朝食会を済ませた後、東京へ向かう。スケジュール帳にある「伊丹行ＫＢＳ車」とは、伊藤たちがヒルトンホテルから大阪の伊丹空港へ送ってもらった近畿放送ＫＢＳ京都の黒塗りハイヤーを指している。

大阪から飛行機で羽田に着いた伊藤たちは、羽田に迎えに来ていたＫＢＳ京都の車両で東京會舘へと急いだ。伊藤たちは東京會舘の玄関前に到着すると、会館の脇に車を待機させた。その足で隣のフジ・インターナショナル・アートへ向かった。国際ビルはそこから徒歩で一分もかからないほど近い。このときの様子について、私は伊藤寿永光に質問したことがある。当の伊藤が話した。

「私らが到着したときは、もう永中さんが待っていました」

福本邦雄の経営する画廊フジ・インターナショナル・アートは、国際ビルの一階に事務所を構えていた。伊藤たちは、受付も通さず奥にある福本専用の書斎を目指す。すると、そこにはすでに許と福本が待機していた。

「ちょうどいいところですな。ワシもさっき来たばかりやから」

挨拶もそこそこに、許が伊藤に話しかける。長い楕円形《だえんけい》のテーブルの上には、大きな段ボール箱が三つ積まれていた。

「これじゃあ、大きすぎて具合が悪いよ。もっと小さな箱に詰め替えよう」

福本がいう。

福本に命じられて、女性事務員が小さめの段ボール箱を持ってきた。段ボール箱は折りたたまれていて、許たちはそれを組み立てる作業から始めた。ちょうどそのときだったという。

「遅くなりました」

汗をかきながらやって来たのが、竹下亘だった。竹下登の実弟《じってい》だ。いまは自民党代議士だが、当時は兄の秘書官を務めていた。

こうして詰め替えた段ボール箱の中身――。それが新札の札束だったというのだ。

「もちろん現金は竹下先生に渡すつもりのものでした。亘さんはそれを取りに来ていただけです。五億円だったと思います」

その場にいたという伊藤が打ち明ける。

「札は全部新札で一〇〇万円の束になっていて、富士銀行溜池支店の帯封がついていました。それで、福本さんが『これじゃあまずいから、ゴムバンドにつけ替えよう』ともいったのですが、これだけの札束の帯封をつけ替えるのは無理だ、と誰かが反対していました。段ボール箱の詰め替え作業だけでも大変なんですから……」

さらにこんな話まで飛び出した。

「それでもなんとか三つの箱を五つに詰め替え、亘の乗ってきた車に載せようとした。すると、今度は車のトランクが狭くて入りきらない。二つしか積めなかった。それで、仕方なく、残り三つを後部座席に積んだことをよく覚えています」

これほどの現金を竹下に渡したとしたら、その理由は何だったのか。

むろん竹下亘は、この金銭の授受を「事実無根」と全否定する。竹下亡き後のいまとなっては、真相は藪のなかといえる。だが、伊藤はこうも話した。

「このころ許永中グループ企業の金融機関が、大阪国税局に目をつけられていた。査察の動きがあって、困っているという話でした。そこで、大蔵大臣経験者で官僚の人事権を握るとまでいわれた竹下先生に頼み込んで、それをなんとか回避しようとしたのではないか。そのために永中さんは国税局の幹部にも会ったそうです。『やっぱり竹下先生はすごいもんや』としきりに感心していました」

そして、さらに言葉を繋いだ。

「いよいよイトマンが問題になった一九九〇（平成二）年一二月ごろ、亘が永中さんに金を返したい、と申し出たらしい。永中さんはそのとき『いっぺん渡した金を返してもらうような不細工《ぶさいく》な真似はできんから、突き返してやった』というてましたけどね」

果たして、伊藤の話は事実なのか。竹下登への金銭授受はあったのか。かつて福本事務所に勤務していた元側近に改めて尋ねてみた。

「もともと竹下事務所における福本さんの担当は亡くなった秘書の青木伊平さんでした。青木さんはリクルート事件渦中の昭和六四（一九八九）年に自殺されますけど、その二年ほど前に福本さんの担当窓口を亘さんに譲った。だから、亘さんが福本事務所に来るようになったのはたしかです」

こう明かす。

「竹下事務所への金銭授受の橋渡しを福本事務所でやっていたのも事実です。ただ、亘さん本人と許永中、伊藤寿永光とのやりとりがあったかどうか、はわかりません。青木さんのときはそんな危ないまねはしなかった。金銭のやり取りは、いったん福本事務所で現金を預かり、持ってきた人をいったん帰してから竹下事務所の青木さんへ連絡するようにしていました。お互い、顔を合わせないように気を使っていたのです。青木さんはそれほど慎重でしたから」

イトマン事件で許や伊藤が逮捕されたのは、一九九一（平成三）年七月二三日のことである。

許永中は一連の絵画取引をはじめ、鹿児島県のゴルフ場開発会社、「さつま観光」へのイトマングループからの融資案件などで逮捕された。結局、住銀側で検挙されたのは、イトマン元社長の河村だけだ。

逮捕後、許は二年五ヵ月も拘留《こうりゅう》された末、六億円の保釈金を積んで釈放される。そして保釈後、刑事被告人の身でありながら、またしても石橋産業事件を引き起こす。

イトマン事件をはじめ、許が引き起こした一連の事件では、必ずといっていいほど日本の政財界や官界の実力者たちが蠢いている。それは闇社会と連携しながら発展してきた戦後の日本社会の縮図ともいえる。

在日韓国人の実業家としてデビューした許永中は、表と裏の経済を結ぶパイプと呼ばれてきた。実際、その存在価値がわかっていたからこそ、本人も表に出ず、フィクサーとしての道を歩んだのだろう。

しかし、日本社会の変化とともに、許永中が果たしてきた役割や影響力にも陰りが見えはじめる。

第六章　逃亡

蒸し暑い梅雨のさなかの金曜日、東京地方裁判所は午前中から物々《ものもの》しい雰囲気《ふんいき》に包まれていた。地裁の入り口には、開廷一時間前から、傍聴希望者が長い列をつくっている。午前中だというのに、すでにかなり蒸していた。黒っぽいダークスーツを着込み、列に並ぶ男たちの異様な姿がやたら目につく。多くはパンチパーマだ。見るからに暑苦しい傍聴希望者たちは、ときおりハンカチで汗をぬぐいながら、開廷を待っていた。

イトマン事件で逮捕された許は、一九九三（平成五）年一二月、二年半ぶりに保釈を許された。その保釈中、刑事被告人の身でありながら、石橋産業の手形事件を引き起こす。捜査が始まると、忽然《こつぜん》と姿を消し、二年間の逃亡の末、身柄を拘束された。以後、イトマン事件と石橋産業事件という二つの公判が同時に進められていく。そのため、許には、大阪市都島区にある大阪拘置所と東京拘置所を往復する日々を送っていた時期がある。

東京の公判で争われてきたのは、逃亡中における許本人の犯人蔵匿教唆《はんにんぞうとくきょうさ》、それに石橋産業事件における手形詐欺容疑だった。なかでも、本人が気にかけていたのが手形詐欺容疑に対する審判である。

許永中は「悪人」「悪漢」を目指して生きてきたと悪びれずに話す。その一方で、自ら問われてきた詐欺容疑という言葉には、猛烈な拒絶反応を示す。

「詐欺師のレッテルだけは避けたい」

興奮している許の心理が手にとるようにわかる。それは、ある種の恐れか焦りのようにも受け取れた。問題の石橋産業事件の一審判決が、二〇〇二（平成一四）年六月二八日、東京地裁でくだった。

卒倒

午前九時四五分、傍聴希望者の黒い人波が、東京地裁のなかでももっとも大きな一階右奥の一〇四号法廷に向かう。法廷の入り口前では、例によって物々しい警戒態勢が敷かれていた。法廷前には、数人の刑務官が待機している。そこで入念なボディチェックを受けなければならない。ようやく法廷に入り、みな無言で腰掛ける。静まり返った部屋で開廷を待っていた。

一〇時五分前、後方のドアを開ける乾いた音がした。反射的に振り返ると、二人連れの女性が扉をあけて法廷に入ってくるところだった。一見すると、どこにでもいるようなOL風の女性に思える。二人連れは、許の三番目の妻である金美佐子とその姉だった。二人は用意されていた最前列の傍聴席に並んで腰掛けた。美佐子はイトマン事件を含め、許の公判を欠かさず最前列で傍聴している。慣れているはずだが、今回は普段と違う。緊張のせいか、幾分その顔が強張《こわば》っているように見えた。

被告人である許の弁護団は五人いる。前列三人と後列二人の弁護士が、傍聴席から見て右手に座り、まったく同じ位置関係で左手に座る五人の検察官と対峙《たいじ》している。そこへ許の側近である尾崎稔、田中久則《たなかひさのり》、元特捜検事の田中森一らが入廷した。

最後に、手錠《てじょう》に繋がれ、六人の刑務官に連れられた許本人が法廷に姿を現した。淡いグレーのスーツにストライプのワイシャツ姿、金縁めがねをかけ、側頭部にはわずかに残った髪の毛――。その髪はすっかり白くなっていた。

許はいつものように、傍聴席の美佐子に視線を送る。少し笑《え》みを浮かべた後、ほかの関係者に一礼してから、弁護団の前の長椅子にどっかりと腰掛けた。

「それでは開廷します」

黒い法衣に身を包んだ裁判長が宣言する。被告人は全員立ち上がり、四人並んで裁判長の前に進み出た。傍聴席は水を打ったような静かな空気が張り詰める。そして、裁判長が告げた。

「主文、被告許永中に懲役七年、未決拘留加算を三〇〇日とする」

その声とともに、さざなみのようなざわめきが広がる。裁判長が構わずつづけた。

「被告田中森一は懲役四年……、尾崎稔は……」

許は直立不動だった。身体を硬直させ、そのまま目を閉じている。

「もう一度、繰り返しますと……」

傍聴席の右斜め後ろから許の横顔がかすかに見えた。後ろ姿は微動だにしないように見えたが、そうではなかった。しきりに頬を膨らませている。かと思うと、歯を食いしばる。そのせいで、ときおり、こめかみと顎《あご》のエラのあたりがヒクヒクと痙攣《けいれん》していた。

「判決文の朗読は少し長くなりますから、座ってください」

裁判長の声を聞くと、四人はそのまま元の席へ腰掛けた。法廷内の空気が重苦しい。冷房が効いているにもかかわらず、湿気で肌が汗ばむようなじめじめとした感じだ。

裁判長による判決文の朗読が続いた。

「被告、許は平成一一年五月一四日、恵比寿のウェスティンホテルへ大和田義益名義で宿泊し……、一〇月三〇日、早稲田のリーガロイヤルホテル、それからグランパシフィックメリディアン二一三六号室に金美佐子の名前で宿泊した……」

裁判長が許の罪状のひとつである犯人蔵匿教唆に触れた。

許は、保釈中の二年間の逃亡生活において、札幌の弁護士だった大和田や金美佐子に対し、逃亡を幇助《ほうじょ》するよう働きかけたという。自分自身の逃亡そのものは罪に問われないが、かくまうよう唆《そそのか》したら、犯人蔵匿教唆になる。その容疑に関する判決文だ。

そして、判決文の朗読が問題の詐欺罪に差しかかる。石橋産業から約一七九億円もの手形を詐《さ》取《しゅ》したとされる件だ。許自身が無罪だとこだわりつづけてきた罪状である。

結果は懲役七年の実刑——。

許は初め、まっすぐ検察官のほうを見ていた。が、しばらくすると、座ったまま天井を見上げるような仕《し》草《ぐさ》をし始める。相変わらず目は閉じていた。そうして間もなく、明らかな変調が起きた。みるみるうちに顔面や頭から汗が噴き出す。許はハンカチを取り出し、しきりに禿げ頭や額をぬぐいはじめた。何度かその仕草を繰り返すと、天井を向いたまましっとしている。

それに気づいた弁護団のひとりが、後ろから左肩を二度ほど軽く叩いた。肩をつかんで振り向かせようとする。すると、首がガクンと折れ曲がり、うなだれて動かない。白目を剝いていた。座ったまま卒倒していたのである。

あわてて刑務官が許のそばに寄り、口のなかに手を突っ込んだ。誤って舌を嚙まないようにするための緊急処置だった。

「どないしたんや」

「何や、何や」

傍聴席のガラの悪そうな男が二人、三人と立ち上がり、法廷は騒然となった。

「静かにしてください。立ち上がらないで」

刑務官になだめられ、しぶしぶ男たちは座った。異様な緊張感が法廷内を包む。その場にいる全員が、許の様子をじっと見入っていた。

時間にすればわずか三、四分の出来事である。だが、静まり返った部屋のなかでは、異様に長く感じられた。刑務官たちに肩を揺すられ、本人がようやく気づく。

「大丈夫ですか」

声をかけた裁判長に対し、頭を左右に振りながら、許が答える。

「すみません。大丈夫ですから」

だが、その顔面は蒼白《そうはく》だ。裁判長が身を乗り出しながら、指示を出す。

「医務室へ連れて行ってください。歩けますか」

「もちろん歩けますが、そんな必要はありません。ただ、水を一杯いただけますか」

「どちらにせよ、一時休廷します。医務室へ」

ストレッチャーを押しながら、白衣を着た看護師たちが法廷に入って来た。許はストレッチャーに乗せられ、無言のまま出て行った。そのまわりを薄いブルーの制服を着た刑務官たちが囲んだ。

休廷――。裁判長が石橋産業事件で詐欺罪の有罪判決をいい渡してから、一時間あまり後の出来事だった。

この一件以降、許永中は大阪と東京の拘置所を行き来することがなくなる。石橋産業事件の刑が確定する二〇〇八（平成二〇）年まで、ずっと東京拘置所にとどまってきた。

無罪だと確信していただけに、ショックだったに違いない。何より許は、「詐欺」という言葉の断罪に対し、ことのほかこだわっている。

イトマン事件は会社へ損害を与えたという背任事件であり、詐欺ではない。しかし、石橋産業事件では、かつての在日のヒーローが、詐欺師のレッテルを貼られた。在日韓国人の実業家として認められようと必死にあがいてきた努力が水泡に帰す。心臓に異常をきたしたのは、そんな恐怖が先に立ったからではないだろうか。

自ら「悪党」「悪漢」を自認していながら、詐欺についてはここまで反発する。それは、自身が選択した「生き方」に対する彼なりの思い入れがあるからにほかならない。

命取りになった向島の会合

日本の中央官庁が林立する霞が関から東に向かい隅田川を越えると、東京の代表的な花街、向《むこう》島《じま》がある。近ごろ官官接待《かんかんせったい》が禁じられ、すっかり下火になった都内の花柳界《かりゅうかい》にあって、いまだその人気は衰えない。いろは坂をのぼったあたりは、昔ながらの駄菓子屋《だがしや》やおもちゃ屋が連なっている。懐かしい下町風情を色濃く残した街だ。料亭街に一歩足を踏み入れると、黒い板塀が並んでいる。そこは別世界である。

向島の地名の由来は、隅田川を挟んだ色街、浅草・吉原《よしわら》の川向こうという意味らしい。都心に近い赤坂や新橋などと異なり、むしろ目立たないところが政財界の密会に適している。なかでも、「波むら」という老舗の料亭前は、いまでも夜な夜な黒塗りのハイヤーが絶えることなく、主を送り迎えしている。

一九九六（平成八）年七月四日、この「波むら」で建設省（後に国土交通省へ編入）の会合が開かれた。名目は、前日の定期異動に伴う送別会だ。事務次官を退官した藤井《ふじい》治芳《はるほ》の慰労会だった。藤井は建設省を退官後、いったん省の顧問に就任し、後に日本道路公団の総裁を務める。民営化前の公団総裁として、物議をかもしたのは記憶に新しい。

実力次官の退官慰労会。この会合を計画したのが、建設省とは何の関係もないはずの初老の画商である。竹下の盟友、福本邦雄だ。会合はいつものそれとはまったく趣《おもむき》が異なっていた。そこには、建設大臣に就任したばかりの中尾栄一が駆けつけた。後にこれが大問題に発展する。

藤井の退官慰労会には、スポンサーがいた。石橋産業グループの中核、若築《わかちく》建設である。会には建設省職員にまじり、若築の社長や会長も出席していた。

若築建設は福岡・北九州の若松築港会社が前身の中堅ゼネコンだ。業界内では、港湾の護岸建設を得意とする「マリコン」として知られる。若築建設元営業部長の説明によれば、創立は一八九〇（明治二三）年に遡る。

「若築はもともと半官半民の会社でした。渋沢栄一《しぶさわえいいち》や三井財閥が音頭《おんど》をとって設立された会社だったのです。八幡製鉄のため、沼地だった洞海湾に船舶が停泊できるよう、護岸工事を請け負ってきました。その後、戦後の財閥解体で三菱から株を買い取り、当社を傘下《さんか》におさめたのが福岡の富豪、石橋家だったのです」

石橋家は、ブリヂストンのオーナーとして知られる福岡の名門である。若築建設はその石橋家が運営してきた石油商社石橋産業グループの中核企業として成長してきた。

藤井治芳

そんな石橋家に、相続をめぐる内紛が起きる。それが、結果としてクセ者たちを招き寄せた。

若築建設の会長は家長の石橋浩《いしばしひろし》である。石橋産業の社長でもあった。「波むら」での藤井次官退官慰労会のスポンサーだ。宴《うたげ》が盛りあがったころ、建設大臣の中尾が宴会に駆けつけた。席に着くなり、居並ぶ建設省の役人に向かってこう切り出した。

「若築建設にはいろいろとお世話になっています。ちょっと頼まれていることもあるので、藤井さん、よろしく頼みます。幹部の人にも、後で相談があると思いますから」

中尾の言葉は、退官慰労会の席上、建設省顧問に就いたばかりの藤井のほか、省の幹部たちにも向けられていた。若築建設へ建設省の公共工事で便宜を図れという趣旨である。さらに建設省内で再就職の斡旋を取りまとめている技監に対し、こうも付け加えた。

「若築さんは優秀な人材を欲しがっている。然《しか》るべき人を入れるよう頼むよ」

中尾は会合に同席していた若築建設の首脳へ、聞こえよがしにそういう。建設省職員の天下りを希望していた若築建設へのあからさまな点数稼ぎだ。返す力で若築建設の会長、石橋にわざとらしく告げた。

「仕事の件は藤井顧問に話してあるし、人の件もちゃんと担当者に話しておいたから」

すると若築建設会長の石橋も、スポンサーとしてふんぞり返っているわけにはいかない。

「藤井顧問、相談があるのですが」

藤井の席に歩み寄り、あいさつを交わした。

「大臣から聞いています。時間が空きましたら、こちらから連絡します」

藤井に続いて、担当技監にも声をかけた。

「大臣からお聞きかと思いますが、お願いしていることがあります。その件で、社長を伺わせますので、よろしくお願いします」

「大臣から聞いています。どうぞご都合のいいときに役所にお越しください」

実力次官の退官慰労会は、いつしか若築建設の首脳が建設省へ取り入る根まわしのための会合と化していた。

もとより石橋産業グループの石橋らと大臣の中尾は、このときが初対面ではない。初めは一ヵ月半前の五月二二日、中尾の建設大臣就任祝いの席上、石橋とその義兄《ぎけい》にあたる林雅三《はやしまさみ》が、同じ「波むら」で顔を合わせている。林は石橋産業の関連不動産会社H・R・ロイヤルの社長を務めていた。彼らが中尾と接したのは都合三回。それだけで現役の建設大臣がここまで肩入れしたのには理由がある。

石橋・林が中尾と初めて会った五月二二日の大臣就任宴席でのこと。石橋は、表に「石橋産業社長」と書かれ、裏面に「若築建設株式会社代表取締役会長石橋浩」と記載された一枚の名刺を中尾に差し出し、自己紹介した。

「若築建設の会長をしております石橋です。どうぞ、よろしくお願いします」

中尾栄一

と同時に、大きな紙袋を差し出す。

「これ、荷物になるでしょうが……」

中身は二〇〇〇万円の現金だった。

続いて六月一二日。永田町の赤坂東急ホテル一階の高級フレンチレストラン「葡萄亭」で、二度目の会談がもたれた。そこで初めて、石橋側が中尾に対する具体的な依頼内容を話す。主題は二つあった。「建設省職員の同社への天《あま》下《くだ》りの斡旋《あっせん》」と「公共事業競争参加資格の等級区分の格上げ」だ。繰り返すまでもない。退官した藤井次官への依頼事項である。その謝礼として、さらに中尾に一〇〇〇万円の現金が手渡された。

「この前はどうもありがとう。こうして石橋さんと知り合えたのだから、まだまだ何か私でお役に立てることがあれば、いってください」

二回目の席で中尾が笑顔でそういうと、石橋はかしこまって答えた。

「よろしくお願いします。当社は、これまで主にマリコンとして港湾関係の仕事が多かったのですが、今度は是非とも陸の仕事を増やしていきたいと考えています。それで、建設省関係の仕事もたくさんやらせていただきたいと思っています」

「わかった。よく考えてあげるよ」

「当社は、いわゆるマリコンとしての技術力はありますので、建設省発注の工事でも浚渫《しゅんせつ》や護岸などの河川関係の土木工事ならすぐにでも対応できます。どの河川工事でも結構ですから、何とか建設省発注の新規の河川工事の指名業者に入れていただいて、うちが受注できるようにお願いできませんか」

じつはフレンチレストラン葡萄亭で、両者のこんなやりとりを遠目に眺めながら、黙って頷《うなず》いて聞いていた人物が二人いる。二人は豪華な料理に舌鼓《したつづみ》をうち、高級ワインを片手に、時折顔に笑みを浮かべていた。石橋・中尾の宴席を仕掛けた人物でもある。

ひとりは政商、福本邦雄。以前、許永中とともに近畿放送KBS京都を牛耳《ぎゅうじ》った男である。許にとって、政界人脈の最大のキーマンが福本邦雄であることは、すでに述べてきた。イトマン事件が起き、一九九一（平成三）年にＫＢＳ京都を追われてからは、もっぱら画廊《がろう》経営者として身をひそめてきた。

そして、もうひとりがほかでもない許永中だ。中尾とは以前からの顔見知りである。レストラン葡萄亭は、許の三番目の妻、金美佐子の弟が経営していた。許本人はあくまで黒子だ。したがって密談そのものには加わらず、離れた席から福本と二人で眺めていたのである。

しかし、こうした一連の会合が、四年後に中尾の命取りになる。

二〇〇〇（平成一二）年六月、東京地検特捜部は、中尾を受託収賄容疑で逮捕した。「波むら」の会合で建設省幹部と中尾が交わした口利きが、若築建設からの請託の決定的証拠となったのである。ただし、この件でほかの関係者たちは、いっさい罪に問われていない。

同じ「波むら」で開かれた中尾の建設大臣就任祝いの宴席には、一〇人の建設官僚や財界人が参加している。建設省からは、退官前の次官、藤井治芳や官房長の伴襄《ばんゆずる》、建設技監の豊田《とよだ》高司《たかし》、総務審議官の小野《おの》邦《くに》久《ひさ》ら、日本の建設行政をあずかる重鎮《じゅうちん》が顔をそろえた。

なかでも藤井に対しては、会合後、石橋側から六〇〇万円が銀行口座に振り込まれていたことまで判明している。さすがに金は返却されたものの、それほど問題にもならず不問にふされている。不思議なくらいだ。財界からは、破《は》

竹下亘

綻《たん》した元千代田生命会長の神崎安太郎《かんざきやすたろう》や元社長の米山令士《よねやまれいじ》なども参加している。そして、竹下登や実弟の秘書、亘も宴に出席していた。

一九九三（平成五）年暮れ――。イトマン事件で逮捕された後、保釈された許は間もなく石橋産業事件に手を染めた。それは唐突に引き起こされた事件ではない。これまで許が築いてきた人脈がなければ、ここまで大きな仕掛けを用意するのは不可能だったに違いない。裏社会と表の経済界の狭間《はざま》を渡り歩いてきた許永中独特のポジションが、ここで花開いたといってもいい。

在日韓国人のならず者は、表と裏の世界を結ぶ触媒《しょくばい》になるため腐心《ふしん》してきた。そうしてここまでになったのである。取り沙汰され続けてきたあの竹下登でさえ、許が関わってきた政財界のひとりにすぎない。

イトマン事件の渦中に記した先の伊藤や河村のスケジュール帳には、竹下以外にも多くの政財界の面々が記録されている。政界では、亀井静香をはじめ、柿澤弘治、浜田卓二郎・マキ子夫妻の名前も登場する。これまで謎に包まれてきた許と政界の関係は、予想以上に深く入り組んでいる。とりわけ、許のことを「兄弟」と呼ぶほどの亀井は、石橋産業事件でも、確実にその足跡を残していた。

紙袋の三〇〇〇万円

「一九九六（平成八）年四月上旬、私は許永中に亀井代議士の事務所へ連れて行かれました。そこで、石橋浩が亀井代議士に三〇〇〇万円を手渡すところをたしかに見たのです」

東京地裁の法廷に立った林雅三が、こんな衝撃的な発言をしたのは二〇〇二（平成一四）年二月二六日のことである。石橋産業グループの中核ゼネコン若築建設からの受託収賄罪に問われた元建設大臣、中尾栄一の公判での証言だった。林は、若築建設元会長の石橋浩の義兄であり、石橋産業事件における中心人物である。

この事件で取り沙汰されてきた政治家は、むろん中尾だけではない。むしろ、東京地検が事件におけるキーマンとして注目してきたのが、亀井静香である。

林は中尾の公判で事件における亀井の関わりを証言してきた。だが、亀井本人はその都度《つど》、「事実無根」を繰り返す。むろん法廷で証言した林は、仮に証言が虚偽なら、偽証罪に問われかねない。にもかかわらず亀井は、

「デタラメだっ。何でこんなデタラメをいうのか。その心理がわからない」

と何の根拠も示さず、念仏のように繰り返し唱えてきた。石橋産業事件は合点《がてん》の行かない部分が多い。

経済事件は、社内の権力争いやライバル企業とのいがみ合いなどから発覚するケースが少なくない。もともと許永中が石橋たちと接点を持ったのも、石橋家の内紛がきっかけである。一九七四（昭和四九）年、石橋家の先代当主、建蔵が他界したことにより、浩、克規の異母兄弟のあいだでいさかいが生じたのである。若築建設の幹部社員が話す。

「浩は本妻の子どもで、克規は妾腹《しょうふく》の異母弟でした。でも、先代はむしろ克規を可愛がっていました。そのため、克規を若築建設の専務にしていたのです。その先代が亡くなった後、未亡人が

息子と組んで克規を会社から追い出してしまった。それで、頭にきた克規が若築建設の持ち株会社である石橋産業の株を暴力団関係者に渡してしまったのです」

そこから浩は夫人の兄である林に相談し、株の回収に乗り出すことになる。その最初の交渉相手が、検察OBの元弁護士、田中森一だ。田中は、かつて東京地検特捜部の辣腕《らつわん》検事としてならした。退官後はイトマン事件の伊藤寿永光や山口組若頭、宅見勝の顧問弁護士を務める。

わけても田中は、許と親しかった。大阪中崎の許永中御殿の前にある石碑に長らく「田中森一」の名前が刻んであったのは、先に触れたとおりである。許永中との出会いについて、改めて田中に聞いた。

「許永中とは検事をやめて間もないころ、（大阪北）新地のクラブでたまたま会ったのが、最初だったと思います。検事時代、岸昌大阪府知事を内偵《ないてい》捜査していたことがあり、そのスポンサーだった野村周史や、さらに野村のかわいがっていた彼を調べていた。だから、お互い名前は知っていました。その後、イトマン事件で私が伊藤寿永光の弁護人となり、永中とも付き合っていくようになったのです」

田中は、石橋産業事件で許とともに逮捕されている。その端緒《たんしょ》は一九九五（平成七）年、許から相談を受けたことによる。石橋産業事件に関与したいきさつについて、こう話す。

「一九九四年にイトマン事件後、拘置所から保釈された祝いを（山口組元若頭の）宅見さんと一緒にやって、許永中と再会しました。その後、石橋産業の株問題で相談に乗ってほしいといわれ、私も事件に首を突っ込むようになったのです。もともと許は妾腹の克規側についていました。一方で、反対側の浩らは、克規側から暴力団関係者に流出している株を回収したがっているという。こちらとしては浩たちにそれらの株を引き取ってもらうべく、交渉するため、私が石橋浩側と会ったのです。それがきっかけだったと思います」

イトマン事件などと同様、石橋産業事件も、その登場人物たちの人間関係の綾《あや》が、事態を大きく変化させている。内紛の当事者である石橋産業グループの石橋浩や林雅三は、当初、関東の広域暴力団「住吉会」を頼っていた。住吉会といえば、その最高幹部と許自身が、若いころボクシングの世界タイトルマッチ興行などで接点があった、いわゆる「兄弟分」という仲だ。田中は交渉の席で、相手方の石橋や林の後ろ盾がその住吉会だと知り、許に話した。それから許は石橋浩側と急速に打ち解け、石橋たちは許と親密になっていく。

元来、克規サイドに立っていた許は、逆に流出した克規名義の石橋産業株を暴力団関係者などから取りまとめていった。こうして、石橋浩側は許を頼るようになっていく。

その機を逃さず、許は石橋たちにさまざまな事業計画を持ち込んだ。やがて、巨額の手形を預かるまでの関係に発展する。簡単にいえば、これが石橋産業事件のあらましである。一九九六年から九七年にかけての出来事だ。

グループの頂点にいるはずの石橋浩は、若築建設の会長でもあったが、異母弟との権力争いの結果、その克規を若築建設から追い出した。当然、幹部社員からの評判はよくなかった。石橋産業グループにおける求心力がまるでないため、経営者としての存在感を示す必要に迫られていた。

会社のなかで経営者の存在感を示す手っ取り早い方法は、大型工事の受注や新規プロジェクトにおいて自ら営業力を発揮することだ。許永中はそんな彼らの焦りを見透《みす》かしていたのかもしれない。イトマン事件のころ、株を買い占めていた神戸の中堅ゼネコン、新井組と石橋産業グループの若築建設の合併構想を描き、それを彼らに話した。

そして、ゼネコン同士の合併という一大プロジェクトには、政界工作が欠かせない。許のもっとも得意とする分野だ。こうして石橋浩や林雅三はますます許を頼っていく。

許はまず石橋たちを亀井に引き合わせた。石橋たちは許からいわれるまま亀井と会う。

「全日空が大阪駅周辺の開発に意欲的なので、亀井先生に全日空を紹介してもらえばいい」

許は、あらかじめ石橋や林にこう伝え、亀井を紹介した。亀井は一九九五（平成七）年八月まで、村山富市《むらやまとみいち》連立政権で運輸大臣を務めていた斯界《しかい》の実力者だ。航空業界は運輸省（現国土交通省）の所管であり、大臣となれば、権力は絶大である。その言葉どおり、亀井は彼らに大阪駅前の開発工事をもちかけた。

欲と相談、とはよくぞいったもの。現金のやりとりは、そこで起こった。

一九九六年四月四日午後一時過ぎ、許のボディガードである吉田雅彦《よしだまさひこ》の運転する大型ベンツが、都内の林の会社へ迎えにきた。林は後部座席で許と並んで座り、車はパレロワイヤル永田町へ向かった。

パレロワイヤル永田町は、かつて副総理の金丸信が個人事務所を構えていたことで有名な、自民党政治家たちの牙城だ。以前、京都河原町二条の再開発の一件で、許たちが金丸事務所へ現金を運んだとされるマンションである。そこへ向かう車中、許が手提げの紙袋を林に渡した。

「これを、アンタたちから先生に渡しなはれ」

許が紙袋を開いて林に中身を見せる。そこには、帯封のついた一〇〇万円の束がぎっしり詰まっていた。予想していたとはいえ、あまりにもあっさりと現金を手渡されたため、林はそれを数える余裕もない。

「三〇個ある。これを先生に渡しなはれ」

許はそういうと、紙袋の手提げ部分を折りたたんだ。コピー用紙のような白い紙を取り出し、熨斗《のし》代わりに袋の上に貼る。念のため、現金の授受をカモフラージュしたという。

二人を乗せたベンツが、パレロワイヤル永田町の玄関前に到着したのは午後二時ちょうどだった。先に到着した石橋が、ビルの入り口で立って待っていた。車を地下の駐車場へ滑り込ませ、三人は地下から建物に入った。先頭が許、石橋と林はその大きな背中の後をついていく。

エレベーターで九階まであがる。二人を連れた許が、亀井事務所のチャイムを鳴らす。ドアが開く。ノブをつかんで声をかけたのは亀井本人だった。

「ようっ、兄弟」

ドアの隙間から許の顔を見た亀井が、ニヤリと笑いながらいう。そして三人を部屋のなかへ招き入れた。

許、石橋、林の三人は、亀井に案内され、まず玄関を入って右奥の応接間に通された。

「この人が若築建設の会長さんですわ」

許が亀井へ石橋と林を紹介した。そこには亀井事務所の金庫番である秘書の高橋志郎《たかはししろう》をはじめ、あらかじめ部屋に来ていた許の秘書など、何人かの関係者もいた。

ところが、しばらくすると、石橋たちを部屋に残し、亀井と許だけが連れ立って隣の別室へ消えた。二人で何やら打ち合わせをしている様子だ。石橋らはそこで三〇分ほど待たされ、まわりを秘書たちが囲んだ。

「こちらへ来てくれまへんかなぁ」

隣室から顔をのぞかせた許が、石橋へ声をかけた。張りつめた空気が流れる。緊張して二人が入ったのは、窓ひとつない、広さ一〇畳ほどの部屋だった。亀井専用の密談部屋である。本人が奥のソファーにもたれるようにして、ふんぞり返って座っていた。

「お待たせしましたな。まあ、こっちへ腰掛けてください」

笑みをたたえた亀井が席を勧めた。石橋と林の二人が亀井の向かい側に腰掛ける。許はソファーの脇に立ったままだ。

「全日空の件は、亀井先生がうまいこと通してやる、いうてます。安心してください」

まず許が口火を切った。そういいながら、石橋たちを横目でチラリと見る。石橋たちにとっても打ち合わせどおりの許の言葉だったが、そういったきり、許は黙ってしまった。部屋には四人だけしかいない。

全員が押し黙ったまま、何秒か経った。ふと気がついたように、石橋が亀井のほうを向いて話しかけた。

「どうも、大変お世話になります。いろいろお気遣いいただきまして、ありがとうございます」

許から預かった手提げの紙袋は、ソファーの脇に置いてあった。石橋はそれをおもむろに取りあげ、テーブルの上に置いた。誰も口を挟まない。ややあって、ソファーに深々と身を沈めていた亀井が、両手を膝について腰を浮かせて中腰になる。

「やぁ、やぁ、どうも、どうも……」

そういったきり、膝から手を離して身を乗り出し、手を伸ばす。紙袋を手元に引き寄せ自分の脇に置いた。この間、四人が交わした言葉はそれだけだ。不必要な会話はいっさいない。ほんの一分足らずの出来事だった。

それから緊張の糸が解けたように、打って変わって和《なご》やかなムードになる。亀井は、現金の入った紙袋を傍らに置いたまま、すこぶる上機嫌な様子で石橋たちへ話を向けた。

「建設会社も、この不況で大変でしょう。まあ、頑張ってくださいよ」

石橋、林の二人も、

「はい……」

と頷き、しばらく雑談した。

四人がその部屋にいたのは、ものの一五分程度。石橋たちが亀井事務所に入ってからの時間を全部合わせても、一時間足らずだった。用を済ませた石橋たちは、亀井事務所を後にしたが、許永中は亀井とともに部屋に残ったまま、二人を見送った。

以上が、関係者の証言から再現した亀井との金銭授受の顚末《てんまつ》である。

「殿様と足軽」

この会談から八日後の一九九六（平成八）年四月一二日、石橋たちは全日空の首脳と会う。それを段取りしたのも亀井だった。亀井本人が全日空社長（当時）の普勝清治《ふかつせいじ》を呼び出し、築地の料亭「吉兆」で石橋と林に引き合わせている。東京地検特捜部は、事件における亀井の関与の有無を調べあげた。

石橋産業事件は、石橋の義兄、林が東京地検へ提出した「陳述書」が、事件解明の突破口《とっぱこう》とされる。そのなかにこんな記述もある。

「平成八（一九九六）年四月下旬、許の事務所に呼ばれました。許は私に、『（中略）これからはワシの人脈をフル活用してもらう様になりますし、政界の先生方や一流の財界トップとも、その付き合い方も石橋さんの今までのやり方ではアカンのです。（中略）そこで、ここに十億円用意しました。この金をワシの指示に従って、有効に軍資金として使って欲しいんですワ（中略）』といって、スーツケース三、四個に入っていた現金十億円を出したのです」

この一〇億円は、暴力団に流れた株を回収する折に石橋側が許に預けていたものの一部だったとされる。許は亀井を引き合わせるとき、そのなかから林を通じて三〇〇〇万円の現金を石橋に手渡したという。許が亀井に直接現金を手渡すより、そのほうが効果的だからだ。さらに林は、自らの「陳述書」のなかで、亀井をはじめ、国会議員に渡した金についてこう簡単に記している。

「亀井静香（三千万円）・竹下登等との会食をセットされた。

この頃は、ほとんど中野区のＨ・Ｒ・ロイヤル社に行く時間もなく、赤坂―大阪の往復に追われていた。向島の料亭で、竹下登（三千万円）・中尾栄一（二千万円）建設省の官僚等との会食」

Ｈ・Ｒ・ロイヤル社とは林が経営する不動産会社で、この時期、石橋産業グループでは、亀井静香のファミリー企業である「ジェイ・エス・エス」にも出資している。ジェイ・エス・エスは、亀井が設立し、関西国際空港や成田国際空港などの空港警備を主業務としている警備会社だ。亀井が警察庁ＯＢなのは知られたところだが、同社には警察出身者が多い。

東京地検の関係者が、問題は現金受け渡し後の雑談だ、と以下のように話す。

「許から亀井を紹介された当日、石橋と林は、『大阪駅前の全日空ホテル建設で全日空の普勝清治社長を紹介する』とか、『関西空港の二期工事を受注してもらう』といったうまい話を聞かされている。その話が一段落すると、亀井本人が、石橋たちに、『俺はジェイ・エス・エスという警備会社を持っているが、その会社へ加盟してもらいたい』と切り出したのです」

そこで、石橋たちが亀井に尋ねた。

「先生、それはどういうことでしょうか。具体的に私どもは何をどうすればいいのでしょうか」

すると、亀井は次のように答えたというのだ。

「加盟料は一社あたり年間一〇〇〇万円。俺の会社へ加盟すれば、公共工事の計画だとか、入札に関する情報を優先的に提供できる。おたくのようなゼネコンにとって役に立つのではないかな。おたくはグループ企業を何社も抱えているから、それぞれの社で加盟してもらいたい。加盟社は多ければ多いほどいいですな」

ジェイ・エス・エスへの加盟料とは、会費のようなものらしい。実際、このやりとりの後、石橋産業グループでは、持ち株会社の石橋産業のほか、中核の若築建設や林の経営する不動産会社H・R・ロイヤル、衣料メーカーのオーベクスの四社がここへ加盟している。合計で年間四〇〇〇万円の加盟料となる計算だ。

ジェイ・エス・エス本社は、東京平河町《ひらかわちょう》にあった。一九八八（昭和六三）年二月設立。会社の資本金は一億円で、設立時には、日本航空がそのうち半分を出資している。運輸事務次官からJALへ天下り、社長になった山地進《やまじすすむ》が、それを決めたという。ジェイ・エス・エスの設立について、山地本人に聞いたことがある。

「あるパーティの席上で亀井さんと会ったとき、会社設立を相談されました。亀井さんは危機管理のプロなので、こちらも出資に応じたのです。残りの半分は、亀井さんのところから出してもらった。まさか亀井さんが会社の代表に就くわけにもいかないので、彼が先輩の元警視総監を連れてきて社長に据えてくれました。ですから、あそこはあくまで亀井さん主導の会社です」

その後、会社の代表には、亀井の東大時代の同級生も就任している。役員や幹部社員も警察庁出身者が多い。亀井の夫人が株主にもなった。

「まさしく警察出身の亀井がつくった警備会社です。運輸族議員であることも強みにしている。ですが、それだけでなく、じつはこの会社には許永中も深く関わっているのです」

こう打ち明けるのは、ある韓国人ロビイストである。

「この会社は、海外の日本企業の危機管理を目的に設立したとされています。その設立のきっかけは一九八八年のソウルオリンピックでした。許永中は当時、大阪国際フェリーを就航させ、韓国内でも政財界との太いパイプを持っていました。その後ＫＯＣ（韓国オリンピック委員会）の委員にも就任したほどです。だから、ジェイ・エス・エスの設立時は、この会社にかなり協力できた。大阪国際フェリーの幹部が、ジェイ・エス・エスによるソウルオリンピックの警備を韓国政府へ働きかけていたともいわれています。警備員の拳銃の携帯を韓国政府に認めさせようとしたらしい。だが、さすがにそれは認められませんでした」

参考までにいうと、ジェイ・エス・エスは「ジャパン・セキュリティ・サポート」の略称だ。亀井は一九九四（平成六）年三月、同じ平河町のビル内に、ジェイ・エス・エスとは別に、略称ではないジャパン・セキュリティ・サポートという社名で、新たに警備会社を設立している。つまり、同じ所在地に似たような会社が二つ存在したことになる。恐らく使い分ける必要があったからだろう。後から設立されたほうは、亀井の妻が監査役に就任し、設立時に夫人が出資もしている。先の韓国人ロビイストはこう語る。

普勝清治

「亀井さんは、先妻との間にできた子供までジェイ・エス・エスに入社させています。表に出ることはありませんが、これらは亀井さんのファミリー企業であり、彼が『俺の会社』といったのももっともなのです」

亀井本人も、運輸大臣に就任する一九九四（平成六）年まで顧問料を受け取り、ひところはこの会社からベンツまで提供されていた。石橋や林に、亀井自身がこれらの会社を売り込んだのは、そういういきさつがあったからにほかならない。

かたや石橋たちにとって、これで全日空の大阪駅前開発事業や公共事業を受注できれば、願ったり叶ったりに違いない。当時、全日空社長の普勝は、画商の福本邦雄とともに「かささぎ会」や「政治家を囲む会」といった懇親会を催していた。会には亀井や中尾も出席していたというから、石橋側にはそうした人脈づくりの狙いもあったのではないだろうか。

許本人が意図的につくりあげたネットワークではあるまいが、彼をとりまく政界人脈には妙な接点が多い。そして、クモの巣のように張り巡らされたネットワークの中心には、往々《おうおう》にして亀井静香がいる。

じつは、亀井は、選挙区の広島県三次《みよし》市の工業団地に許のグループ企業「ガラニン製薬」という健康食品会社を誘致したことまである。社名はガラナという南米ブラジル・アマゾン原産のツル植物の実から付けられている。ガラナは原地の住民が健康飲料として古くから愛飲してきた木の実だ。

亀井の地元三次市は、中国地方のほぼ中央に位置する山深い過疎《かそ》地である。工業団地の建設は市民の悲願だった。そこの一角に一九八六（昭和六一）年、許永中が製薬工場を建てていたのだ。工場用地は、六万平方メートルを優に超える。設立当時のガラニン製薬の社長には、ジェイ・エス・エスの代表が就いていたのである。

しかし、イトマン事件や石橋産業事件を経て、ガラニン製薬は倒産する。ちなみに広島県とガラニン製薬は、その後、土地の貸借問題をめぐって裁判沙汰になっている。同社が一五億円もの土地代金を滞納し、その明け渡しを県が求めて提訴したからだった。この件は二〇〇一（平成一三）年になってようやく和解が成立する。そうした倒産整理のため、亀井の秘書が奔走《ほんそう》していたという話まである。許の事業失敗は、亀井の地元である広島県をも巻き込んでいたのである。

事件で東京地検特捜部は、石橋や林の訴えをもとに、約一七九億円の手形詐取や中尾の受託《じゅたく》収賄《しゅうわい》に切り込んだ。しかし、こと政官界に対しては、中尾栄一ただひとりにメスが向けられたにすぎない。許と亀井の蜜月関係――。のど元に突きつけられたこれだけの事実がありながら、亀井は何の咎《とが》も受けていないのである。

その後、亀井は小泉純一郎《こいずみじゅんいちろう》の郵政民営化に反対し、自民党を去るが、かつては運輸と建設両方の大臣を歴任してきた族議員のボスのひとりだった。業界内の力は誰しも認めるところだ。

その亀井本人がゲストとして出席していたある自民党代議士の宴席で、私は許との関係について尋ねたことがある。折しも、自身の派閥「志帥会《しすいかい》」を旗揚げしたばかりのころだ。

「イトマン事件の渦中、許永中氏はゴルフ場やサーキット場を広島県内につくろうとしました。彼らが現地で説明会を開きましたね。亀井さんは、そのときわざわざ彼らを出迎え、説明会でもずいぶん許氏たちのことを持ちあげていたと聞きましたが……」

隣に座り、そう聞いてみた。亀井は酒が入り、顔を赤らめて上機嫌だ。初めは表情ひとつ変えずこういった。

「それは地元のためになると思ったからだよ。あのころはイトマン事件のことなんてわからんかったからな。それだけの関係だよ」

重ねて尋ねた。

「三次市に建設されたガラニン製薬という会社には、亀井さんの関係者と許氏の側近が並んで役員になっていた時期もありますね。これはどういうことですか」

「あそこは工業団地をつくったばかりで、そこに彼の会社が来た。だから最初は俺の人間関係で協力した。そういうことだ」

亀井の顔から徐々に笑顔が消えていく。次第に興奮していった。

「許氏のことを『俺の兄弟』とも呼んでいたようですが、それほど深い関係なのですか」

「そりゃあ、知ってはいるがね。おたくらマスコミは何か勘違いしとるんじゃないか。兄弟分なんてもんじゃないよ。まあ殿様と足軽みたいなもんかな」

すっかり酔いがさめてきた様子だ。心配になった秘書が、

「先生、そろそろマッサージが来る時間ですので」

と割って入る。議員宿舎にマッサージを出張予約しているという。しかし、構わず続けた。

「イトマン事件のころゴルフ場の誘致もしていますが、このときのセレモニーで許氏を出迎えたのは亀井さんのほうです。どちらが殿様なんですか」

秘書が止めるのを制しながら、亀井が声を荒らげた。

「何をいっているんだ。馬鹿をいっちゃいかんよ。俺が殿様で、あっちが足軽に決まっとるだろ。当たり前じゃないか」

許永中は、亀井の主宰していた「国家基本問題同志会」という勉強会に参加し、自らそれを真似た「韓国版国家基本問題同志会」の設立構想を練っていたと明かす。先のガラニン製薬のあった三次市はもちろん、少年時代に亀井の通った庄原《しょうばら》市の雪深い山道を見に行ったことまであるという。しかし、やはり二人の関係についてその核心を語ろうとはしない。

その亀井は、許の関連企業から一九九八（平成一〇）年にパーティ券の購入という形で、事実上の献金を受けている。判明しているだけで一〇〇万円。どういうわけか、その献金は許の逃亡中の出来事なのである。

謎の失踪

「許永中がソウルで倒れた。そう聞かされ、急遽《きゅうきょ》、現地へ向かったのは一〇月の初めでした。新《しん》羅《ら》ホテルで会ったときの彼は、真っ青な顔をしていたので、サウナで倒れたという話はウソやないと思いました。ただ、ちょうど宅見さん（山口組元若頭の宅見勝）が神戸のホテルで射殺された後だけに、嫌な気がしていました」

石橋産業事件で許永中の共犯として逮捕されたヤメ検弁護士の田中森一がいう。東京地検は、この事件を立件するにいたるまで、かなり遠回りをしている。その直接の原因となったのが、許の失踪だった。

石橋らが手形を騙《だま》し取られたとして許を東京地検に告訴・告発したのは一九九七（平成九）年六月二三日。しかし、特捜部が動き始めたその直後の一〇月六日、肝心の許本人が姿をくらましてしまったのである。およそ二年間の逃亡生活。東京港区台場のホテルで警視庁の捜査員が発見するまで、いったい何をしていたのか、いまもって本人は口を閉ざしたままだ。

このとき許は、イトマン事件の被告人でありながら、内縁の妻、申順徳の実家の法事という名目で韓国に渡っている。一九九七年九月二七日から一〇月一日までの渡航予定だった。だが、帰国間際になって、ソウル市内の延世《ヨンセ》大学校附属病院に入院する。一〇月初めに本人が出廷することになっていた大阪地裁のイトマン事件公判の直前の出来事だ。

韓国の医師により、「狭心症《きょうしんしょう》・不整脈」という診断書が提出された。そして、一〇月六日、ソウルの病院から忽然と姿を消したのである。

「病院で退院の手続きをとった形跡もないし、病室の荷物は置いたまま。どう考えても拉致《らち》されたとしか思えません」

許の代理人である弁護士の笹山利雄《ささやまとしお》ですら、そう話していた。それほど、謎の多い失踪劇だった。その後、許は病院に迎えに来た申の弟とともに、ベンツでソウルの金浦《キムポ》空港へ向かう途中、行方不明になったと発表される。

「道中《どうちゅう》、何者かに連れ去られた」

申の弟がソウル警察へそう届け出たためだ。

ところが、実際はこれが真っ赤な偽り《いつわ》だった。許はそのまま空港へ向かい、ソウルから福岡へ入っていたことが後日判明する。福岡空港の入国管理局で許の指紋が採取されたのである。許が自らの意思で福岡入りしたのは間違いない。

「暴力団の抗争に巻き込まれ、命を奪われる危険がありました。それで一時、姿を隠そうとしたのです」

逃亡生活の末、身柄拘束された許は二〇〇〇（平成一二）年九月一二日、再開されたイトマン事件の公判でこう語った。暴力団の抗争とは、田中が話した山口組元若頭、宅見勝の射殺に端を発した、山口組内部の抗争事件を指している。

許の発見以降、再開された公判は前代未聞《ぜんだいみもん》の厳重な警戒態勢が敷かれた。法廷では、傍聴席と被告人席の間に常に防弾ガラスが設置されるようになる。多くの刑務官が警備にあたり、裁判所が異様な空気に包まれた。そこで発した許の言葉には説得力がある。だが、失踪中の真相は、深い闇に包まれ、許もそれ以上は語ろうとしない。これまで不明だったその足取りを追う。

逃亡中の許の謎めいた行動を解明するうえで、何人かのキーパーソンがいる。その筆頭はいうまでもなく亀井静香、その人である。亀井は逃亡中のはずの許の関係会社から、たしかに献金を受けている。しかも、失踪中に彼と会っていたという風説《ふうせつ》まで流れた。

大阪にある不動産会社「サンケイハウス」と、その子会社の「三覚《さんがく》」。この二社が、亀井に献金していた問題の企業だ。政治資金管理団体「亀井静香後援会」の政治資金収支報告書に、その献金が明確に記されている。献金方法はいずれもパーティ券の購入だった。亀井事務所は、この二社から一九九八（平成一〇）年の五月と七月という二度にわたり、合計一〇〇万円分のパーティ券を買ってもらっているのだ。

「もともとサンケイハウスは、大阪のマンション開発業者でしたが、長年、許永中の支配下に置かれてきたところです」

こう語るのは許の知人のひとりである。

「許は、かつて兵庫県宝塚市の『水明館』という老舗旅館を買収したのですが、表向き、それを所有させていたのがサンケイハウスでした。その後、一九九一（平成三）年のイトマン事件で許が逮捕された。元来、水明館には本館と新館があったが、許の拘留《こうりゅうちゅう》中、サンケイハウスが勝手に本館を売却してしまった。それで、保釈後に当人が怒り狂ったこともありました。サンケイハウスの社長を無茶苦茶に殴り、それから完全に忠誠を誓わせた。その際、残った水明館の新館は許の指示どおりに運営する、といった内容を記した合意文書まで書かせています」

この水明館には、亀井も招待されていたという。さらにこんな話もある。

「法廷で証言した林さんや若築建設の石橋元会長なども、許から誘われて水明館に連れて行かれている。許は、『ゆくゆくはここを日本の要人が寛《くつろ》げる大阪の奥座敷にしたいんですわ』と自慢していました。新館最上階の一一階に許専用のプライベートオフィスをつくり、そこにサウナや大浴場を備えつける計画まで立てていたのです」

そう説明するのは先の東京地検の関係者だ。

「石橋元会長は、許から、『これはワシの部下なんですわ』とサンケイハウスの社長を紹介されたそうです。それは彼が失踪する間際のこと。サンケイハウスは、まさしく許のグループ企業そのものなんです」

許永中が失踪して半年後、くだんのサンケイハウスの社長にこの件をぶつけると、弱りきった声でこう答えるばかりだった。

「たしかに以前は永中さんや亀井先生とは親しかったけど、別々の付き合いです。それも昔の話です。もう勘弁してほしい」

その取材の二年後にあたる二〇〇〇年二月六日に開かれた石橋産業事件の公判では、石橋浩の義兄、林はこう証言している。

「金を渡すのは恥ずべき行為かもしれません。だが、日本の政治家にはそれを受け止める体質がある。（亀井代議士に）渡した金は献金などというものではなく、便宜《べんぎ》供与《きょうよ》の見返りを期待して渡した現金です」（元建設大臣中尾栄一の受託収賄事件公判より）

金で縛られ、連綿と続いてきた日本の政財界と闇社会の関係。その根は深い。逃亡中に国会議員のパーティ券を買っていたのはなぜか。それは両者のあいだに何らかの連絡があったからではないだろうか。そんな疑問も湧く。逃亡中の許永中と亀井静香が密会していた、という怪情報も、まんざら偽りではないかもしれない。

逃亡中の亀井静香との密会については何度も許本人に尋ねた。するといつも「そんな事実はない」と言下に否定した。

しかしこの間、亀井事務所と接点を持っていたのは紛れもない事実である。奇《く》しくも、許は本人の秘書である廣瀬《ひろせ》公子《きみこ》が、亀井の秘書と連絡を取り合っていた事実を認めている。

廣瀬公子は、許が帝国ホテルに事務所を構えていたときからの女性秘書だ。当時は四〇歳前の独身女性だったが、頭脳明晰《めいせき》で許がずっと頼りにしてきた。逃亡中も、許は彼女にさまざまな指示を与え、廣瀬自身も犯人隠避の罪で逮捕されることになる。

この廣瀬が書いたとされる何通かの手紙が手元にある。手紙は、逮捕直前に彼女自身が書いたものだという触れ込みだった。その書面には、こんなメモ書きがある。

「私が会長からの指示を受けた日時　平成九年（九七年）から１００回以上
高橋さんに会長の指示があった日時　平成九年から〔特にお金の件〕50回以上
高橋さん、亀井先生からの呼び出し　平成一一年〔会長〕」

このメモ書きの真偽を許永中に質《ただ》したことがある。

「高橋さん」とは、亀井事務所の金庫番と呼ばれる秘書の高橋志郎《たかはししろう》のことだ。高橋は当時まだ三〇代後半。国士舘大学に在学中から右翼活動に没頭し、卒業後、元農水大臣の玉沢徳一郎《たまざわとくいちろう》の秘書を経た後、亀井事務所に入った。前出のパレロワイヤル永田町に常駐し、石橋産業との金銭のやりとりの際ももちろん現場にいた。

質問に対する許の反応は微妙だ。すべてが虚偽だとはいい切れないが、間違いがあるという。

ここにある「高橋さん、亀井先生からの呼び出し」とは、許本人を呼び出したのか、廣瀬を呼び出したのか、定かではない。

だが、少なくとも高橋に関して許は、逃亡中に呼び出したのは高橋ではなく自分のほうだ、と明言しているのだ。つまり秘書ごときに呼び出されるいわれはないという趣旨だろうが、換言すれば、これは亀井の秘書との接点を認めている証左にほかならない。

逃亡中の許永中と、亀井の金庫番である高橋志郎。二人の繋がりは、当時封切られた映画を巡る金銭トラブルで如実に現れる。

亀井が利用した映画「新・尾道三部作」

一九九九（平成一一）年七月、大林宣彦《おおばやしのぶひこ》が監督した映画『あの、夏の日―とんでろじいちゃん』が上映された。スポンサーとなったのが、福岡市内の「ヴァーナル」という化粧品会社だ。テレビコマーシャルに、シャロン・ストーンやキム・ベイジンガーなどアメリカの人気女優を使い、社長自ら有名人とのトーク番組に出演して会社の宣伝をしてきた。

ヴァーナル創業社長の大田勝《おおたまさる》は、シーボン化粧品の営業マンから身を立て、一代でこの化粧品会社を築いた。ここ一〇年で急激に業績を伸ばした新興化粧品会社である。

そして、ひょんなことから、許とこの会社との関係が浮き彫りになっていく。

一九九九年一一月、許が台場にある高級ホテル、グラン・パシフィック・メリディアンで三番目の妻、金美佐子と一緒にいるところを警視庁の捜査員に発見されたことは何度も触れた。このとき捜査員たちは、ホテルの部屋に置いてあった許の荷物を押収する。そのなかから、ヴァーナルとの取引を示す資料が出てきたのである。

取引は、映画のスポンサー契約をめぐる手形の振り出しだった。これにより、逃亡中の許にヴァーナルの資金が流れていたことが判明する。さらに、一連の取引には亀井事務所の足跡もあった。亀井の金庫番と呼ばれた高橋が、ここに深く関わっていたのである。警視庁の捜査員たちが、色めきたったのはいうまでもない。

•

くだんの映画『あの、夏の日』の舞台は、亀井の地元である広島県の尾道《おのみち》だった。東京の小学生が夏休みに祖父の家に遊びに行くところから、物語がはじまる。そこで小学生が体験した不思議な出来事を描いた作品である。演技陣では、菅井《すがい》きん、石田《いしだ》ひかり、根岸季衣《ねぎしとしえ》らが脇をかため、ぼけ老人役の主演、小林桂樹《こばやしけいじゅ》による味のある好演技が光った。大林が熱を入れた「新・尾道三部作」の最後を飾る作品となり、評判を呼ぶ。

その前評判とは裏腹に、映画の製作にあたり、スタッフは苦労していた。ときは折悪く、バブル経済崩壊後の金融危機を迎えていた時期だ。監督の大林やプロデューサーたちスタッフは、スポンサー探しに四苦八苦《しくはっく》した。そこで映画スタッフの相談した相手が、亀井事務所の高橋だったのである。

「それなら、いいところがあるよ。福岡のヴァーナルという化粧品会社なんだけど、最近急激に業績を伸ばしているんだ。そこに出資してもらったらどうだろう」

大林宣彦

高橋は、いとも簡単に大林らの申し出を引き受けた。会社の実情などまったく知らない大林らは、ひと安心する。こうして、スポンサー契約の一件を大物代議士の辣腕《らつわん》秘書に全面的にゆだねた。許の失踪のさなか、一九九八（平成一〇）年末のことである。

「あそこなら、三億円ぐらいは大丈夫。廣瀬さんという女性が窓口になって手続きするから、そうしてください」

映画のプロデューサーたちは高橋からこう聞かされ、廣瀬公子を紹介された。いうまでもなく、廣瀬とは先述の許の腹心《ふくしん》。許の逃亡幇助（犯人隠避）の罪で逮捕された女性秘書である。廣瀬は同じく逃亡幇助で逮捕された札幌の元弁護士、大和田義益とともに映画のスポンサー契約の手続きをする。

映画をバックアップする亀井事務所としても、地元の広島県を舞台にした映画だから、という面目が立つ。亀井静香自身も積極的にこの映画を応援した。こうして映画関係者は、高橋や廣瀬らの尽力《じんりょく》を得て、ヴァーナルとの間で三億円のスポンサー料での合意文書を取り交わす。映画の宣伝パンフレットには、プロデューサーのこんな感謝の言葉が述べられた。

「大林宣彦監督、恭子夫人、そして亀井静香先生、亀田良《かめだりょう》一《いち》尾道市長、夢を語る人々の熱意で生まれた映画です。そしてヴァーナルの大田勝社長をはじめ、この映画を支援していただいた企業の皆様、本当に心より御礼申し上げます」

この映画は、封切り間近になってトラブルが発生する。述懐するのは大林本人だ。

「最初はヴァーナルから順調にお金が振り込まれてきていたんです。でも、それは一億二〇〇〇万円まで。それ以降は音沙汰《おとさた》なしでした。残りの二億円近くについては、何の連絡もしてこない。すっかり困り果てていたんです」

このトラブルが起きるまで、映画のプロデューサーや監督の大林たちは、廣瀬のことをヴァーナルサイドの人間と思い込んでいた。やむなく廣瀬に掛け合う。

「これでは広告も打てません。なんとか資金調達を急いでもらえないでしょうか」

すると、彼女はいった。

「じつは、この件については私の一存ではどうにもならない。指示を仰がなければならない人がいるんです。私もその人となかなか連絡がつかずに困っています。もうちょっと待ってください」

なかなか連絡がつかない人とは誰か。しかし、廣瀬はそう弁明するばかりで、答えない。そうこうしているうち、封切り日が迫ってくる。プロデューサーたちは同じようにスポンサー契約に携わった北海道の元弁護士、大和田にも連絡した。すると大和田はこう答えたという。

「われわれはどうなっているかわからないんです。高橋さんがすべて把握しているので、彼に聞いてみてください」

しかし、亀井の秘書の高橋に連絡しても、言を左右にするばかり。一向に埒《らち》があかない。それは、失踪中の人物からの指示がなかったからだった。

最終的に三億円のスポンサー料のうち、未払い分の一億八〇〇〇万円は払われないまま、映画は全国で上映された。いきおい金銭トラブルは尾を引いていく。

そして、映画のスポンサー契約をめぐるトラブルの渦中、許永中が突然姿を現した。そこから「新・尾道三部作」における、許や亀井事務所の資金工作が明るみに出ていくのである。

じつは、許が身柄を拘束されたとき、問題の一億八〇〇〇万円は、ヴァーナルからとっくに支払われていた。額面六〇〇〇万円の手形で三枚。ヴァーナルの関連会社が振り出していたという。

ところが、映画の製作会社には渡っていない。それが、台場のホテルの部屋で発見された手形の資料により判明した事実だ。亀井の秘書が仲介し、スポンサー料名目で捻出《ねんしゅつ》された一億八〇〇〇万円は、逃亡中の許に流れていたのである。

警視庁は、映画のスポンサーとなったヴァーナルを逃亡中の許永中の資金源と見て捜査を進めた。すると、不明朗な資金の流れは、一億八〇〇〇万円どころではなかったことが判明する。

この時期、ヴァーナルは京都にある駐車場施設会社「内外テクニカ」のビルの買収や、日本レースの滋賀工場の買収などにも乗り出していた。日本レースと聞けば、覚えがあるのではないだろうか。かつて許が手形乱発事件を引き起こし、初めて証券業界にデビューした因縁《いんねん》の会社である。ひところ許の実兄も取締役に就任していた。こうして、映画のスポンサー契約と同時進行で、ヴァーナルの日本レースの工場買収計画などが進められてきた。それらの担当窓口は北海道の弁護士、大和田だった。

警視庁の捜査の結果、ヴァーナルと許永中関係者らとの一連の不可解な取引過程で、合計、二〇億円以上の金が行方不明になっていた事実が判明。ヴァーナル側は騙されたと知り、後に大和田に対し、損害賠償請求まで起こしている。


手元にA4判コピー用紙二枚の文書がある。「ヴァーナル関連映画製作費詐欺事件」と題された警視庁の捜査資料だ。

「調査すべき事項」として、以下のように記されている。

「①被害者及びその事情聴取　㈱ヴァーナル　代表　大田勝の事情聴取の継続
②欺罔《ぎもう》行為の解明並びに聴取対象者
　製作映画監督　大林宣彦　同製作会社社長
　高橋志郎　代議士秘書
　リンクスコーポレーションの実態について　秘書　廣瀬公子
③手形の受取人及び割引事実の裏付、使途
　A・EE0６２１９（期日99年11月末）
　受取人　吉田雅彦（許永中の運転手）」
資料はまだ続くが割愛《かつあい》する。映画監督の大林を除けば、ここに登場する人物はいずれも許や亀井の関係者ばかりに見える。たとえばほかにも「⑧許永中の資産実態パチンコ『フェスタ』の競売等債務の実態」という記載もあるが、それは韓国籍の内縁の妻、申順徳の経営していたパチンコ店だ。

映画のスポンサー名目で消えた一億八〇〇〇万円は、ヴァーナルが支出した二〇億円以上の不明金の一部である。警視庁はこの手形取引に注目した。そこに関与したのが、亀井の金庫番である高橋志郎なのだ。亀井本人はもちろん秘書の高橋も、この件に関し、「何ら一切関係ありません」と例によって全面否定してきた。だが、明らかにその足跡は残っている。

当のヴァーナル社長の大田にことの成り行きを確認すべく、私は福岡へ飛んだ。

映画製作費の資金操作

ヴァーナルの本社は福岡市の中心街にある。そこを訪ねると、アンティーク調の高級家具が部屋を彩《いろど》っている応接室に通された。現れた大田本人が語る。

「じつは、ワシをはじめ大林監督、映画の製作会社、みんなすっかり騙されとったんや」

関西出身の大田は、大阪弁で話す。ひところ脳梗塞《のうこうそく》で倒れ、その後遺症のせいで言葉がややたどたどしい。が、記憶は鮮明だった。

「実際に一億八〇〇〇万円の手形を受け取りにきたのは、弁護士の大和田やった。けど、そのとき『亀井先生に頼まれた』というとったんは間違いない。だから、あのときはてっきり映画の製作会社そのものが亀井さんの会社やと思ったくらいや。頼まれたその日に手形を振り出してくれ、というので、よほど亀井さんは映画製作の金に困っとる、と思ったんです」

そうして映画は完成した。その祝賀パーティにも大田は招かれている。

「ところが、大林監督と会うたら、ブスッとして挨拶《あいさつ》もせん。金出したのに、礼のひとつもないとはどないなっとんねん、と思ったもんや。けど、後で聞いたら、大林監督や製作会社は金が出たことすら知らんかったんやから、無理もない。つまり、映画のために出したはずのワシの金は全部、許永中に流れとって、製作会社にとっては予定していた金が入ってこんやったんやからな」

じつはこの大田も、許とは二〇年来の顔見知りだ。大田は、許の失踪中にも連絡を受けているという。失踪して一年ほどたったころのことだ。

「私が誰だかわかりますか」

当人から唐突にそう電話がかかってきた。逃亡中の出来事について、大田が明かす。

「すべてはそれからなんや。ほどなくして彼の秘書の廣瀬がやって来た。ワシの会社へ二五億円融資してくれる銀行を許が紹介するから、それを任されたという。ちょうど、あのころは化粧品の広告宣伝費に使う資金が必要だったんで話に乗ったんや。それで、廣瀬を窓口にしてヤツとの付き合いが再開されたんや。けど、結局、その融資話はアカンかった。最初はやっぱり許永中は信用できん、と思ったもんや」

しかも、これらの話には少なからず亀井も登場している。大田が映画とは別の次のようなエピソードを紹介する。

「許の秘書の廣瀬は『亀井先生が興銀（旧日本興業銀行）に口を利いて、三〇億円の融資を斡旋してくれる』というんや。『仲介手数料として融資の五パーセントのお礼は常識ですよ』とまでいわれた。それからしばらくして、廣瀬から亀井さん本人と引き合わされたんや。車で都内の料亭に連れていかれたんやけど、運転は、許の運転手の吉田（雅彦）やったな」

かなり声のトーンが高くなってきた。だが、言葉はひとつひとつ確かめるように選んでいる。こうつづけた。

「畳の部屋に連れていかれると、亀井さんの秘書の高橋が先に来とった。高橋は自分の出身地の山形県の話なんかをしてたな。そのあとに耳元まですり寄って来てな。『隣の部屋には、興銀の西村《にしむら》（正雄《まさお》）頭取が待っています。融資話がまとまり次第、こちらの部屋で合流することになっています』とそういうんや。『ついては仲介手数料の五パーセントの件、よろしくお願いします。ただしエチケットとしてこの場では、代議士本人に仲介手数料の件は話さないでください』と、廣瀬と同じことまで耳打ちするんや。まあ、三〇億円の融資やから、五パーセントとして一億五〇〇〇万円の礼ぐらい、しゃあないか、とも思ったもんや」

そこへ間もなく、亀井本人が現れた。なぜか、ある出版社の幹部と連れ立っていたという。もっとも、意外な理由から融資話はまとまらなかった。

「そばにいた出版社の幹部の態度が、あまりにも悪うてな。そいつは新潮社《しんちょうしゃ》の久恒《ひさつね》ちゅう名前やった。副社長の名刺を渡されたんや。酒に酔って大柄《おおがら》、目も濁《にご》っとった。その男が、ワシに『あんたのような若い経営者は地道《じみち》に金を稼がなアカン』と偉そうにぬかすんや。亀井さんは、その男をたしなめるわけでものう、黙って嬉しそうに眺めとる。男は『亀ちゃん』と馴《な》れ馴れしく呼んどったで。それで、頭に来てしもうて、さっさと帰ってしもうた。西村さんには悪いと思ったけど、腹が立ったからね。本当に隣の部屋におったかどうかわからんけど……」

もちろん興銀側では、この会合の一件を否定する。しかし、大田はその後、廣瀬とともに弁護士の大和田を紹介され、別の話に乗った。それが一連の映画のスポンサー契約なのである。

映画の件で廣瀬がヴァーナル側の窓口担当者として登場するのは、これまでの、そうした経緯があったからだという。大田の恨《うら》み節《ぶし》はとまらない。

「結局、ワシはあいつらのせいで、何やかんやで逆に二二億円も吐き出してしもうたんや。本当に初めはわからんかったんやけど、後でみんなわかった。映画に用立てたつもりやった一億八〇〇〇万円の手形にしろ、興銀からの融資話にしろ、あいつらは、みんなグルとしか思えへん。亀井と許永中、許にくっついとった廣瀬や大和田……。みんなダンゴや」

じつに不可解な映画の製作費をめぐる資金操作といえる。当の許永中は、「映画製作をヴァーナルの大田や高橋から一任されただけだ」と、その言い分が大田とは異なっている。反面、スポンサー契約や亀井の秘書の関与を否定しているわけではない。

それどころか、大林作品映画『あの、夏の日』について、許永中は逃亡の最中である一九九八年に、大田とのあいだで予算一〇億円として映画づくりを約束し、影のプロデューサーとして指令を発していたとまで明かす。その実務を担《にな》っていたのが、亀井の秘書である高橋や自分自身の秘書である廣瀬などだったという。

その製作および宣伝広告のため、新たに「リンクスコーポレーション」という広告代理店まで設立している。このリンクスコーポレーションは、前出の捜査資料にも登場している。代表はヴァーナルの大田本人で、資生堂の創業一族である福原有一《ふくはらゆういち》や同社の顧問弁護士なども役員に就任していた。

会社設立の目的は、年間一〇〇億円というヴァーナル社の広告宣伝費の管理、運用。このリンクスコーポレーションを設立するよう手配したのも、許永中だというのだ。逃亡中の許、それに亀井の秘書高橋は、リンクスコーポレーションを媒介にし、ヴァーナルと資生堂の提携話まで進めていたのである。これは大田の証言にあった、「許からの電話」の時期ともぴたりと一致する。

そんななか、許自身が、とりあえず映画のスポンサー料を三億円と決めたという。そのために亀井の秘書、高橋と頻繁に連絡を取り合い、プロデューサーが作成した「金銭消費契約貸借書原案」までつくらせたと告白している。

むろん監督の大林をはじめ、映画の製作サイドは、事実上、裏で取り仕切っていた許永中の存在など知るよしもない。まさか、逃亡中の刑事被告人が陰からすべてを操《あやつ》っていたとは、想像もしなかっただろう。

あげく、結果的に見ると、いったん支出された映画のスポンサー料の一部は、映画製作者側には渡らずに消えている。資金トラブルが発生したためだ。その原因が、逃亡中による連絡不足なのか、それとも意図的な資金操作なのか、そこについてはわからない。この間、三億円のスポンサー契約料はいったん二億円に見直されたが、それでもトラブルは続いた。

そうして一連の押収資料や関係者の証言から、捜査当局は、映画製作を逃亡中の資金づくりに

護送される許永中

利用したのではないか、と見たのである。

大林監督の映画『あの、夏の日』は、「童心を描いたファンタジー」と称賛された。しかし、「新・尾道三部作」の舞台裏で演じられたもうひとつのドラマは、本物の映画とはまるで正反対の泥臭いドキュメントといえる。

許の発見後、警視庁は映画の一件に関する捜査を続けた。だが、これも立件にはいたっていない。

一九九七（平成九）年一〇月に韓国で姿を消してからの二年間、許永中の正確な足取りは判明していない。遠くシンガポールやマレーシア、中国などを渡り歩いたという説、さらには北朝鮮潜伏説まである。

失踪した翌一九九八（平成一〇）年八月、その北朝鮮がミサイルの実験発射に踏み切った。「白頭山《ペクトウサン》一号」と命名されたテポドンが、日本列島を飛び越え、三陸海岸沖の海に落下する。そんな緊張感のなか、二〇〇二（平成一四）年に小泉純一郎《こいずみじゅんいちろう》が訪朝し、日朝首脳会談が実現した。

首脳会談では、金正日《キムジョンイル》が日本人拉致を認める、という歴史的な出来事が起きる。拉致問題は、日本人のみならず、在日社会に大きな波紋を投げた。とりわけ、朝鮮総聯に所属する北朝鮮シンパの在日朝鮮人たちの心を揺らした。金日成《キムイルソン》・金正日親子を崇拝してきた総聯離れが加速し、組織は崩壊の危機に瀕したといわれる。

一方、韓国籍の人々からも、北朝鮮に対する非難が起こり、日本人の拉致被害者に対する同情の声が相次いだ。それは、許の父親の時代にあった南北朝鮮の代理対立という構図とは異なる性質のものだろう。

もっとも、小泉訪朝を境に、在日社会が大きく変貌したのか、といえばそうでもない。朝鮮総聯離れは、すでに一〇年以上続いてきた傾向でもある。文字どおり、時代の流れ、ではないだろうか。

日本社会は、バブル崩壊のショックから立ち直ろうと懸命になり、そこに新しい感覚が芽生えてきた。在日社会もその影響を受けてきたといえる。そうして日本人と韓国人、という固定観念から離れた、社会から認められた若い政財界のリーダーが出現する。経済界では、孫正義《そんまさよし》に代表されるような在日韓国人実業家のスターが誕生した。孫はリヤカーを引いて行商をしていた祖母の姿を目《ま》の当たりにしてきた。被差別体験もあったという。だが、カリフォルニア大学バークレー校を卒業し、ＩＴ界の寵児《ちょうじ》と呼ばれるようになる。

そうしてやがて、韓国のテレビドラマ『冬のソナタ』の大ヒットをきっかけに韓国ブームが巻き起こる。それらの現象は、在日に対する日本社会の意識の変化がもたらした結果ではないだろうか。

二年間の逃亡生活を経て現れた許永中は、そんな時代の変化に取り残されてしまっていた。

第七章　日本の宿痾

アシアナ航空一三一便が、冬の仁川《インチョン》国際空港に舞い降りた。許永中が失踪してから五年半を経た二〇〇三（平成一五）年二月の福岡発ソウル行き。私は彼が韓国で姿を消して日本へ戻ってきたのと逆の経路でソウルを訪ねた。サッカーの二〇〇二年日韓ワールドカップを前に新設された仁川国際空港は、ソウルの中心地までおよそ五〇キロ。長らく未開の地だった孤島だ。空港の拡張工事が進み、いまは成田の五倍という広大な東アジアの空の玄関に成長している。巨大なターミナルビルをそなえ、仁川国際空港は東アジアのハブ空港になりつつある。

許は、かつて韓国に三五〇億円もの資金を投資したとされている。韓国の通貨にして三五〇〇億ウォン以上の金額だ。このうち、空港のある仁川市内の土地に、八〇億円を超える巨額の資金を投じたともいわれる。実際の投資活動は判明していないが、祖国へ巨額の資金を投じてきたのは間違いないだろう。

これまで話してきたような、日本国内における数々の事件とは裏腹に、許永中は母国で日韓のロビイストとしての地歩を固めてきた。竹下登や亀井静香をはじめとする、日本政界との太いパイプを築くことができたのは、日韓ロビーという顔があったおかげと見ることもできる。あるいは、日本の政界人脈を駆使し、ロビー活動に精を出した結果かもしれない。この点もやはり、戦後、児玉誉士夫《こだまよしお》らとともに日韓のコネクションを築き、関釜フェリーを運営してきた在日韓国人フィクサー、町井久之と似ている。

政界における近年の日韓交流は、日韓議員連盟が重要な役回りを演じてきた。日韓基本条約締結から七年後の一九七二（昭和四七）年に日韓議員懇談会として発足。歴代総理が日本側の代表を務めてきた。海外との政治交流を目的とした数ある議連のなかでも、もっとも重要なポストのひとつである。古くは岸信介を皮切りに、福田赳夫、竹下登、森喜朗《もりよしろう》と、会長の椅子が受け継がれてきた。

そして、竹下が日韓議連の会長を務めていたころ、許永中はその懐《ふところ》深くに食い込んだ。やがて朝鮮半島ロビーとして勇名を馳《は》せるようになる。そのきっかけが、第四章で触れた一九八六（昭和六一）年の大阪国際フェリーの就航である。

奇しくも、竹下が政界を昇りつめていったまさにその時期、許はこの船の就航に漕《こ》ぎつけている。竹下が田中派を割って「創政会」を旗揚げするのが一九八五（昭和六〇）年二月。許は、その二年前に大阪国際フェリーを設立している。竹下が第七四代内閣総理大臣に就任する前年、一九八六年に船は運航をはじめた。

だが、日韓の海峡を結ぶこの航路開設に至る複雑な経緯は知られていない。許は、いかにして大阪国際フェリーのオーナーとなったのか。改めて会社設立の足跡をたどると、そこにはまたしても、幾多の政財官の思惑が見え隠れ

児玉誉士夫

するのである。

大阪国際フェリー設立の真相

大阪国際フェリーは日韓の合弁会社だった。両国に運営会社があり、日本側を大阪国際フェリー、ソウルに設立された会社を国際フェリーといった。韓国側の専務に許の腹違いの実兄、百中が就任している。七〇歳をとうに過ぎた百中は、許と一五歳以上も年が離れている。弟とは異なり、長身痩躯《ちょうしんそうく》だ。

ソウルに到着した私は、真っ先に彼に連絡した。だが、実兄は病に倒れ、多くを語ろうとはしない。

「心臓病を患《わずら》いまして、手術をしたところです。いま入退院を繰り返しています。永中やあのころのことについては、もう話すつもりはありません。申し訳ありませんが、そっとしておいてください」

細面《ほそおもて》の兄は、静かにそう話すだけだった。

この実兄とともに、かつてフェリーの就航に尽力した老実業家が、いまもソウルに住んでいる。韓国側の運営会社、国際フェリーの設立にも立ち会ったその老実業家に会った。意外にも、この日韓航路は、韓国側によって発案されていたのである。柔和《にゅうわ》な表情で、老実業家が打ち明ける。

「国際フェリーは一九八〇年代の初頭、韓国政府のOBや国会議員など、わずか三人の仲間で計画を立てたのが始まりでした。韓国国内で五〇〇〇万ウォン（日本円で約五〇〇万円）の資本金で会社を始めたのです。一九八六年のアジア大会と一九八八年のソウルオリンピックに向け、たくさんの人を日本から招こう。それが目的でした」

当初の計画から、日本側の港として大阪を選んだという。それは、関西地方に在日韓国・朝鮮人がもっとも多いからだ。老実業家が言葉を補《おぎな》う。

「はじめ、私たちは韓国政府の港湾庁に働きかけました。韓国の港の使用権に関する仮許可を得るためです。仮許可なので期限は一年でしたが、そうしておいて日本に働きかけようとしたのです。日韓フェリーの航路開設は、それほど難しくないように思えました」

ところが、思わぬ横槍《よこやり》が入った。外務大臣だった安倍晋太郎《あべしんたろう》が国際フェリーの就航に反対したというのだ。当時、日韓の定期航路としては、すでに町井久之が、下関と釜山《プサン》を結ぶ関釜フェリーを運営していた。山口県を選挙区にする安倍は、町井や地元への配慮から、新たな航路の開設に異議を唱えたのである。

安倍晋太郎

韓国側の計画はねばり強く進められた。仮許可の韓国側期限である一年を三年に延長してもらい、交渉に臨《のぞ》んだ。問題は日本側の対応である。

「それでも諦めずに、なんとか日本側を説得しようとしたのです。そんななかに、運良く全斗煥《チョンドゥファン》大統領が日本を訪れ、首脳会談が開かれることになった。会談は一九八四

（昭和五九）年に決まった。そこで、首脳会談の前に国際フェリーの設立を頼み込んだんです」

日本側の窓口は運輸省（現国土交通省）だ。こうしてようやく、日韓の合弁会社として、フェリー運航会社の日本側の設立許可が下りたという。資本金は五億円。日韓の資本比率は、韓国側が五一パーセントで、日本側が四九パーセントに決まった。会社の設立が一九八三年一〇月だから、かなりの駆け込みといえる。

しかし、まだ問題が残る。肝心の出資者探しだ。むろん、船を手に入れなければならないが、それには莫大《ばくだい》な資金が必要である。出資者がそうたやすく見つかるはずがない。ソウルの実業家が続ける。

「今度は、日本側で金を出してくれるスポンサー探しをしなければなりませんでした。そのため、私たちは李《り》方子《まさこ》さんを訪ねました。方子さんは皇族梨本宮の第一王女として生まれた日本の皇族で、李王朝最後の皇帝である李垠《イウン》に嫁いだ人。日本と韓国を結ぶ架け橋になっていただこうと、力添えを得ようとしたのです。そして、この方子さんから紹介されたのが船舶振興会の笹川《ささかわ》さんでした」

韓国の実業家たちは、李方子の紹介により、旧日本船舶振興会（現日本財団）会長の笹川良一《りょういち》を知ったという。笹川は韓国側の交渉担当者に話した。

「私は世界平和のために走りまわっているので忙しい。専務理事によくいっておくので、彼と打ち合わせをするように」

船舶振興会の専務理事と常務理事が船探しの担当となった。とくに常務理事は運輸省出身で熱心だったという。ところが、なんとか船の手配ができそうになったとき、この常務理事が心臓病で急死した。そこで、話はまた振り出しに戻ってしまったという。

そうして、韓国側が新たなスポンサー探しをしているさなか、出会ったのが許永中である。このころの許は東邦生命社長、太田清蔵の後ろ盾を得て、近畿放送KBS京都問題に介入していた。

太田は、初対面の許に「韓国の国士になれ」と諭《さと》した人物だ。その言葉どおり、東邦生命は大阪国際フェリーの資本金の一割を負担する。一方、在日韓国人実業家という夢を抱いて走り始めた許にとって、釜山と大阪を結ぶ航路の開設は、願ってもない申し出だった。こうして、ついに許は大阪国際フェリーのオーナーとして世に登場するのである。

韓国の国士となると公言してきた許永中は、在日韓国人二世という、ある意味わかりづらい存在を肌で感じながら育ってきた。ただし、その歩みは在日の二世や三世に共通した部分もあれば、自らの特殊な体験による違いもある。

笹川良一

在日韓国人であるがゆえの不条理――。許にとってはその象徴が日本と韓国という「二つの国」の狭間《はざま》で辛酸《しんさん》を舐《な》めてきた母や姉だった。本人は、幼いころの大阪・中津を自らの原風景と呼ぶ。
しかし、それはあくまで母や姉の体験である。本人は「戦争を知らない子供たち」というフォークソングが流行し、高度経済成長期の豊かさを謳歌《おうか》した団塊の世代の年齢にあたる。戦後の貧しさから脱けだし、ついにバブル経済に突入する時代の変化を肌で感じてきた。許永中が抱いた在日韓国人実業家としての夢は、それゆえの危うさを感じる。

追い続けた甘美な夢の裏側

六〇代半ばを過ぎた許の実姉《じつし》は、ずっと中津に住んでいる。二〇〇三（平成一五）年が明けた一月末、そこを訪ねてみた。

決して豪邸ではない。むしろ庶民的な二階屋だ。料理支度《じたく》をしている最中らしく、家の外に香ばしい煮物の匂いがしていた。

訪ねると、忙しいなか、実姉は快《こころよ》く出迎えてくれた。

玄関から居間に入ると、右手の壁には、青年の写真がパネルにして飾られている。写真の男は、ワイシャツ姿で颯爽《さっそう》と馬にまたがっていた。短髪だが、髪の毛はまだ黒々としている。若かったころの許永中の姿だ。

「ああ、この写真ですか。身体が大きくて立派でしょう。私はこの写真を毎日眺めて暮らしています。見ると、つい涙がこぼれてしまうんですけど」

姉は、ぽつりぽつりとつぶやく。顔には半世紀前に空襲で負った火傷《やけど》のあとがくっきり残り、痛々しい。彼女は、ずっとその後遺症に苦しみ、この家から病院に通ってきた。夫は許のグループ企業で事務をしていた時期もあるらしいが、いまは隠居《いんきょ》している様子だった。

「あの子は本当に思いやりのあるいい子なんです。あんなに優しい子は世界中探してもいません。私はご覧のとおり、こんな身体ですから。ついおととい（二〇〇三年一月二九日）も救急車で運ばれたくらい、やっぱり身体のほうはなかなかよくなりません。でも、あの子はあんなところにいても、いつも私のことばかり心配して、手紙を書いてきます。つい昨日も手紙が届いたばかりなんです。ほんとにあんな心の優しい子はいやしません」

塀のなかの弟を思い、姉は涙を浮かべた。

古くから、韓国では二月一日の旧正月を盛大に祝う。在日韓国・朝鮮人たちは、いまでも祖国の慣習を重んじ、旧正月には豪華な料理をつくり、親戚が寄り集まる。

許の姉を訪ねた日は二〇〇三年の一月三一日。旧暦でいえば、大晦日《おおみそか》にあたる日である。正月を迎える準備のため、病弱な彼女が忙しそうに料理をつくっていた。家の外に漏れていたのは、その香りだと合点《がてん》がいく。通された居間にも、香《こう》ばしいニンニクの匂いが立ち込めていた。そして、彼女はこう言葉を継いだ。

「私らの育った時代は貧しくて、ろくにご飯も食べられへんかったんです。子どものころ、あの子は、すぐ下の弟と一緒に一〇〇円だけ握りしめて食堂に行ったことがありました。カレーを頼んだそうです。カレーが一〇〇円でした。だからポケットには一杯分しかない。それでもカレーを注文したあの子は、弟に『僕、腹いっぱいやからお前ひとりで食べぇ』っていうんだそうです。自分は福神漬《ふくじんづ》けと水だけ飲んで、弟がおいしそうにカレーを食べているところを嬉しそうに眺めている。そんな子なんです」

許の人生にとって、この姉はことのほか大きな存在といえる。さらに彼女が続ける。

「私はこんな身体ですから、家族にはずいぶん迷惑をかけたんです。でも、あの子はいつも優しかった。夜になると、あの子が布団《ふとん》を敷いてくれていました。そうして布団に寝かせてくれるんです。夜中には、『姉ちゃん、寒うないか』と、はだけた布団を直してくれる。私は、毎日、毎日そうやって暮らしてきました。結婚するまで、私は一度も布団の上げ下ろしをした覚えがないほど、面倒をかけてきました」

許は、そんな姉や、ドブロクづくりで家計を支えてきた実母の姿を目の当たりにしてきた。その思いが、成長してから後も頭から離れることはなかった。

「たしかに私は戦争被害者です。でも、一度だって、そのことで日本を恨んだり、他人のせいにしたことはありません。ただ、私らは負けたらあかん。そう思って生きてきました」

誠実な彼女の言葉に嘘はなかった。というより、その説得力に圧倒される。

「あの子は身体も大きいし、喧嘩《けんか》も強いからまわりに頼りにされる。私たち在日韓国人は、絶対に喧嘩に負けるなと教えられてきました。だから私の息子なんか、幼稚園のときに喧嘩に負けて帰ってきたので、私が掃除機の柄でぶっ叩いたこともありました。柄が壊れてしまうほど、叩いたんですけど、それが私らの教えでもあります。あの子もそうして育ってきたんです」

在日社会には、日本人に負けるな、という教えが根強く残っている。それだけではなく、さらに不遇な姉や母親の実体験に対する思いが、許永中を支えてきた。だがその一方で、日本人社会や環境の変化に影響されている自分自身もいる。そこに、自らの中途半端《ちゅうとはんぱ》さやある種の矛盾を感じとっていたのではないだろうか。

許永中は、いつしか「日韓の架け橋になる」という言葉に魅せられていった。そこへ、暴力団組員になりかけた不良時代を含めた、過去の歩みや望みを収斂《しゅうれん》させていったのではないだろうか。許が抱いた夢の実現は、「在日」として生きてきた証《あか》しを残すこと、ひいてはその存在理由を見出すための作業だったにほかならない。だからこそ、大阪国際フェリーの就航は生涯最大の事業だったのである。

許永中は、名古屋の在日韓国人実業家を通じ、国際フェリーの計画を聞いた。そして、二つ返事でこの話を引き受ける。

「私たちの計画をご覧ください」

計画を進めてきた韓国側の責任者が許を訪ね、計画書を見せる。

「しばらく検討させてください」

その場に同席した許の部下がそう返答した。すると、許は間髪《かんはつ》を容れず、部下を怒鳴りつけた。

「この人は韓国政府出身の方なんや。そういう人がずいぶん前からこの計画を立てとるんや。立派なものに間違いないやろ。なのに、お前のような頭で何を検討するいうんや」

決断の早さに驚く韓国側に対し、さらにこう言葉を足した。

「資金的なことは全部任しておくなはれ。韓国側も日本側も会社設立の資本金は両方私が用意しますよって。安心してください。船を買う金も私がつくります」

その言葉どおり、許は資本金と船の購入資金を支払い、名実ともに日韓の新航路運営会社のオーナーになる。船は、日本カーフェリーから買い取った。ソウル五輪にちなんで命名した「オリンピア88」だ。四〇億円の買い物だった。

船には、サウナやレストラン、劇場まで設置した。内装費用だけで六億円近くかけた豪華客船だ。一九八六(昭和六一)年のアジア大会に間に合わせるため、突貫《とっかん》工事をした。

このとき、韓国側の会社の専務に腹違いの兄、百中を据《す》えたのが許自身だとされている。が、事実は少し異なる。

「お兄さんが韓国にいらっしゃるそうですね。ぜひこちらの責任者として迎えたいのですけど」

と韓国側がいうと、許はむしろ遠慮した。

「私は兄のことをよう知らんのです。使えまっしゃろか。気を使わんといてください」

百中を経営に参加させようとしたのは、むしろ韓国側の配慮だ。それまで百中は、高速道路のサービスエリアでうどん屋を経営していた。韓国サイドとしては、オーナーの兄を会社に入れたほうが得策だと考えたのだろうが、許はむしろ兄の専務就任に異を唱《とな》え、百中自身もあまり乗り気でなかったという。

こうして悲願の航路は開通した。

大阪国際フェリーのオーナーは、韓国政府から大歓迎された。ソウル五輪の開会式では、韓国政府が貴賓《きひん》席を用意し、そこに座った。許永中は満面の笑《え》みを浮かべ、選手団の入場行進を眺めていたという。以来、許はソウルの高台にあるヒルトンホテルを定宿にし、日韓を行き来するようになる。

大阪国際フェリーオリンピア88は、一九八八（昭和六三）年のソウル五輪のとき、聖火を運んだ。聖火は、いったんギリシャから済州島に運ばれ、オリンピア88で、改めて釜山まで持ってきた。急遽それを決めた許は、予約していた乗客へのキャンセル料だけで数億円も支払ったという。

「日韓の架け橋になる」という甘美な夢に酔っていた許永中は、ただひたすら自らの存在理由を示そうと懸命にもがいていた。

イトマン事件の核心

知人のひとりが次のようなエピソードを話してくれた。

「あるとき、帝国ホテルに宿泊してマッサージのおばさんを呼んだのです。それも二人。マッサージが終わると、彼女たちに一〇〇万円ずつ渡したそうです。それがホテル内で評判になり、マッサージ師のあいだでえらく許永中人気が高まったという話ですわ」

許は女性に優しい。それはやはり、母親や姉に対する追懐の情から生まれているのだろう。

許は、ホテルや料理屋で多額のチップを弾《はず》んできた。反面、法外なチップは相手に対して礼を失《しっ》している。それに気づかないのは、金の呪縛《じゅばく》にとりつかれていたからではないだろうか。「日韓の架け橋」になるには金がいる。そうしていつの間にか、金を稼ぐために、手段を選ばなくなっていったように受け取れる。

夢のために投じたはずの資金も、しょせんマネーゲームの成果にすぎなかった。金あまりの時代の融資や出資、手形取引……。日韓を往復した船の代金は、KBS京都が裏書保証した手形で支払われた。大阪国際フェリーのオーナーになれたのも、バブル経済の恩恵といっていい。

日本国中があぶくの景気に踊っていた。許の夢もまた、あぶくそのものだったのではないだろうか。政財官界と闇の世界が一体となって踊った異様な宴《うたげ》だ。だが、まもなく、宴の幕が閉じる。あぶくがはじけて霧消し、日本中が大混乱に陥ったのである。

残ったのは不良債権という巨大なバブルの残骸《ざんがい》だった。すると、今度は責任のなすりあいがはじまる。かつて手に手を取り合って浮かれていた裏社会と政財界が、立場を変え、敵味方になって入り乱れた。そこで暗闘が繰り広げられていく。そうして、連綿と続いてきた戦後日本の大きな歪《ゆが》みを露呈していったのである。

日韓の架け橋を目指した男は、裏社会と表の政財界をつなぐパイプでもあった。だが、バブル経済の崩壊とともに、そんな身の置き所がぐらついていく。混乱のさなか、まず許永中を襲ったのがイトマン事件である。許にとって、事件の摘発は何を意味するのか。これまで、語られなかったイトマン事件の核心へ、いま一度、光をあててみる。

戦後最大の経済事件と呼ばれ、三〇〇〇億円が闇に消えたとされるイトマン事件。その闇は暗く、深い。なかでも、事件を巡る住友銀行や検察庁、さらには政界の関わりについては、まったくといっていいほど解明されていない。

イトマン事件は当初、住銀事件と呼ばれた。それはイトマンが住銀の別動隊だったからにほかならない。

日本経済を震撼《しんかん》させた事件の摘発まで一年あまり。一九九〇（平成二）年春、住銀首脳は経営危機に陥ったイトマンの処理に頭を痛めていた。バブルという宴に踊ったイトマンは膨大な負債を抱え、誰かが責めを負わなければならない。堀田庄三、磯田一郎という、二人の「住銀の天皇」によって進められた拡大路線が、グループの老舗商社をそこまで追い詰めていた。路線を引き継いできた住銀首脳は、思わぬ事態に見舞われ、うろたえた。やがて、それは銀行の内部抗争に発展する。許永中たちは、そこで大きな役割を果たした。

「こんな怪文書がうちに送られてきているが、知っとるかね。河村君はどうかな」

一九九〇年四月二四日、磯田は事件の主役のひとり、伊藤寿永光を東京港区の自宅に呼んでこう尋ねた。伊藤は、目黒の雅叙園観光ホテル手形処理問題で知り合って以来の許の事業パートナーだ。磯田邸は住友銀行の会長社宅である。磯田は社宅に呼び寄せるほど、地上げのプロと呼ばれた男と親しくなっていた。伊藤とはすでに切っても切れない関係だ。

土田正顕

怪文書は、大蔵省銀行局長（当時）だった土田《つちだ》正顕《まさあき》宛て、差出人は伊藤萬株式会社従業員一同となっている。文書はイトマンの社用便箋《びんせん》が使われ、住銀だけでなく実際に大蔵省にも送りつけられていた。

「住友銀行から現在の河村社長が、当社『再建』の為に派遣されてから早や10年が経ちました。表面上は100億円を越える利益を上げてきわめて順調に見えますが、その内情は今や最悪の状態になっています」（原文のママ、一部抜粋）

事件の端緒《たんちょ》として後に評判になった怪文書の第一号である。だが、このときはまだ、イトマン社長の河村良彦でさえ、事態を把握していなかった。

「怪文書はうちの巽《たつみ》（外夫《そとお》頭取）や常務の松下《まつした》（武義《たけよし》）らの仕業《しわざ》かもしれん。俺や河村を追い落とそうとしてるんじゃないか」

磯田は住銀内部の主導権争いをここまで伊藤に漏《も》らした。さらにこんなことまでいった。

「イトマンにスパイがいるかもしれんし、誰が怪文書を流しているか、調べてくれんか」

磯田の依頼を受けた伊藤は、松下を呼び出す。松下はニューヨーク支店長だったが、なぜかこの時期、頻繁に帰国していた。そのせいもあり、怪文書を流した張本人と疑われる。磯田の頭のなかは、イトマンの経営危機より、むしろ自己保身に支配されていた。

そして伊藤・松下会談が開かれる。それを仲介したのが、元首相、竹下登の秘書の亘だ。亘は竹下の実弟であり、兄の死後、二〇〇〇（平成一二）年六月に代議士を継いでいる。本稿でもたびたび登場してきた。

五月一〇日、亘は築地の料亭「吉兆」で伊藤と松下を引き合わせた。

「ところで、松下常務、問題の怪文書はあなた方と関係あるのですか。イトマンの解体を考えているとも聞いたが」

伊藤が単刀直入に口火を切ると、松下は顔を真っ赤にして怒り出した。

「亘さん、今日の会談はこれが目的だったんですか。それなら私は帰らせていただく」

会話はそれで終わった。さすがに、ただちに席を立つことはない。だが、そこから三人とも無言のまま。料理が次々と運ばれてきても、松下はいっさい箸《はし》をつけなかった。伊藤はその足で磯田邸に報告に向かう。

それから一ヵ月後の六月一六日、今度は伊藤が宿泊していた帝国ホテルの部屋に、磯田が自ら訪ねてきた。

「イトマンはマスコミ対策がなっとらん。君がマスコミ対策をしてくれんか。役員に就任してイトマン内部からいろいろ調べてほしいんや。僕自身もマスコミから追っかけられてかなわんし」

そうして伊藤は、イトマンの常務に就任する。これがかえって騒ぎの火に油を注《そそ》いだ。

伊藤と山口組元若頭の宅見勝との関係が流布《るふ》され、イトマンが山口組に乗っ取られたのではないか、などと根も葉もない噂が流れた。やがてバブル経済が崩壊し、それまでの絵画取引をはじめ、次第にイトマンにおける許や伊藤の関与が次々と明るみに出る。そこから住銀やイトマンの内部はさらに紛糾《ふんきゅう》していったのである。

九月下旬、住友銀行東京本店では、午前一〇時から緊急取締役会が開かれていた。議題は一兆円の不良債権をかかえるイトマン問題だ。メインバンクの住銀にとって、まさしく最大の懸案事項である。

取締役会は、予想外の展開を見せ、冒頭、頭取の巽が自ら緊急動議を発した。

「磯田会長、この際、職を退いてもらわなければならないと考えています」

落ち着いた口調で巽が切り出した。不穏な行内の状況を察知していたとはいえ、あまりにも唐突な解任動議だ。磯田は内心の動揺を押し隠し、静かに言葉を返した。

「なるほど、君がそういう以上、ほかの役員の了解も得ているんだろうな」

「はい、そういうことになります」

他の重役たちは誰も口を挟まない。重苦しい沈黙が続く。ようやく磯田が口を開いた。

「住友銀行の会長が役員会で解任されたということが世間に知れたら、大変な騒ぎになるよ。それでもいいのか」

「覚悟のうえです。決断してください」

やはり、ほかの重役は押し黙ったまま。まさしく一対一の息詰まるような攻防である。またしても沈黙が続いた。そして磯田が意を決したかのようにいった。

「わかった。ただ、いくらなんでも解任ではまずかろう。君たちのいいようにやりなさい。僕はこの場から出て行くから」

こう捨《す》て台詞《ぜりふ》を吐いて会議室をあとにした。そうする以外になかったのである。磯田天皇に対するクーデターは成功した。黙って会議室を出たのは、一六年にわたり頭取、会長という住銀のトップに君臨してきた男の精一杯の矜持《きょうじ》だった。

磯田の会長退任発表のタイミングをどのようにするか、住銀首脳としてはしばらく伏せたかったようだ。しかし、そこから思わぬ展開になる。

押収されなかった録音テープ

「伊藤君、今日の役員会で僕は会長を辞めることになったよ。ついては君もイトマンから身を引いてもらわにゃいかんな」

緊急取締役会当日の夜、磯田は伊藤を自宅へ呼びつけていた。そこで、磯田が伊藤にこう伝えた。

「私がイトマンと組んで進めてきたプロジェクトは、いったいどうなるんですか」

伊藤は食ってかかった。

「それは住友銀行にも責任がある。悪いようにはせん。この件は巽にも了解を取るから心配するな」

だが、そんな悠長《ゆうちょう》なことはいっていられなくなる。クーデターからこの間、わずか一ヵ月足らず。住銀やイトマンにとって、事態はますます悪くなっていく。

一九九〇年九月三〇日、岐阜県のゴルフ場でイトマン社長の河村とゴルフをしていた伊藤寿永光の携帯電話が鳴った。

「いま大阪の花博会場にいるんやけどな。大事な話がある。今日中に会いたいから、都合をつけてくれんか」

電話をかけてきたのは磯田本人だった。ただ事でないのは明らかだ。河村と伊藤は、ラウンドを切りあげ、慌ててゴルフ場をあとにする。落ち合う場所はＪＲ大阪駅前のヒルトン大阪に決まった。

午後八時過ぎ、磯田がヒルトン大阪のスイートルームに現れた。

「問題が起きた。大変な記事が『週刊新潮』に出るらしいんや」

部屋に入るなり、磯田がいう。

「作家の山崎豊子《やまさきとよこ》さんに頼んでみよか。ひょっとすると、記事を止められるかもしれへんからな」

そう話しながら、磯田は部屋の受話器を取る。さらに新潮社の幹部にも電話した。出版社は作家に弱い。それを利用し、「週刊新潮」編集部へ圧力をかけようとしたのである。

だが、「週刊新潮」の記事は掲載された。タイトルは「『住友銀行』『伊藤萬』心中未遂の後始末」（一九九〇年一〇月四日発売号）。イトマンの手形騒動に関する記事であり、これがイトマン事件の火付け役となる。記事は、発売前から各方面に反響を呼んだ。潜行取材を続けてきた新聞各社の社会部記者は、デスクから「特ダネを抜かれた」と大目玉を食らい、後追い取材に走った。

折も折、そんな磯田や住銀の関係者に追い打ちをかけるように別の刑事事件が起きる。大物仕《し》手筋《てすじ》、小谷光浩《こたにみつひろ》の「光進不正融資事件」である。細面のハンサムな容姿で、優男《やさおとこ》の紳士然とした小谷は、「兜町で二〇〇〇億円を動かす男」ともてはやされてきた。「住銀は心のふるさと」といってはばからない小谷に対し、青葉台支店長が不正融資を繰り返す。この大物仕手筋に不正に融資した金額は、ピーク時二〇〇億円にのぼっていた。磯田本人はこの小谷事件に関与していなかったものの、子飼いの副頭取、西貞三郎《にしていざぶろう》が事件の矢面《やおもて》に立たされる。あげく小谷、西、磯田のただならぬ関係が暴露されていった。

磯田の追い落としに成功した住銀首脳はこのとき、いっそのこと小谷事件で磯田一郎に責任を負わせ、イトマンから世間の目をはぐらかそうとしていたと思える。そうして一〇月七日、磯田の会長辞任発表がおこなわれる。表向きは、あくまで光進への不正融資事件による引責辞任だ。

むろん住銀にとって最大の懸案は、イトマンの不良債権問題である。だが、すでに磯田体制から脱した住銀首脳は、なんとかイトマン問題を隠蔽《いんぺい》しようと画策《かくさく》していく。そこで住銀頭取の巽は、いったんイトマンにおける伊藤寿永光や許永中の不良債権を棚上げしようとした。

なにも巽らが、伊藤や許たちに同情したわけではない。彼らの存在を隠さなければ、イトマン問題が銀行の屋台骨を揺らし、政界をも巻き込んだ一大スキャンダルに発展しかねない。そう考えたからである。

小谷光浩

皮肉にも、そのイトマン問題での隠蔽工作の役割を担《にな》わされたのは、追い落とされたかつての「住銀のドン」だった。

イトマン事件では、摘発した大阪地検特捜部が関係各所から膨大な資料を押収している。しかしじつは、当の住友銀行はおろか、イトマン本体には家宅捜索すらおこなっていない。そんな不可解な家宅捜索から抜け落ちていた一本の録音テープが存在する。

テープにおさめられているのは、伊藤と河村のイトマン退任をめぐる話し合いだ。そこに磯田一郎が加わっている。まさしく、事件の摘発直前に開かれた関係者の極秘会談である。そこで何があったのか。事件が大きく展開するきっかけとなった極秘会談テープをもとに、現場を再現する。

一九九〇（平成二）年一一月七日午後二時過ぎ、住銀会長を辞任したばかりの磯田は、その足でハイヤーに飛び乗った。向かったのは、大阪駅前のヒルトン大阪だ。

磯田、河村、伊藤の三者会談は、急遽決まったという。その直前の午後零時半過ぎからおこなわれた住銀の頭取、巽と河村の昼食会が、三者会談の伏線になっている。

もとはといえば、住銀頭取の巽とイトマン社長の河村は、住友銀行で磯田の部下として、ともに机を並べた旧知の間柄だ。この日、二人はホテルのレストランで会った。だが、むろん和《なご》やかな昼食会ではない。終始緊張した空気が流れていたという。一時間の昼食予定時間の半ばを過ぎたころだった。

「河村さん、銀行としてはこれからもイトマンを変わりなく支援していこうと思います。ただ、それには条件がある」

巽が河村に対し、そう口火を切った。

「どういうことですかな」

聞き返す河村に、巽が答えた。

「とりあえず、伊藤氏や野村氏（注＝許のこと）のプロジェクトは、イトマンから切り離す。住銀から向こう（伊藤と許のこと）へ一八〇〇億円を融資するから、それをイトマンへの返済に充《あ》てるようにしてください」

許、伊藤のプロジェクトを打ち切る条件として、彼らに借り入れの返済資金を新たに融資するという。

「なるほど……。しかし、それだけですか」

さらに河村が尋ねる。すると巽がきっぱりといった。

「融資の条件として、河村さん、あなたと伊藤さんにはイトマンから退《ひ》いてもらいたい」

巽の言葉が終わるか終わらないかの後に、河村の表情が一変した。そして、声を荒らげた。

「そんな馬鹿な。私にすべての責任を押しつけて、あなた方だけが助かろうとするのですか。私には責任がある。社長は絶対にやめませんよ」

巽外夫

巽と河村の話し合いは、完全に物別れに終わった。
そうして巽は磯田に連絡し、河村の説得を頼んだ。会長を辞任した磯田は、もはやかつての天皇ではない。巽の指示を無視することはできなかった。そうしてヒルトン大阪イトマン分室で磯田、河村、伊藤の三者による極秘会談が開かれたのだ。「週刊新潮」対策で開いた九月の三者会談のときとは比べものにならないほど、事態は深刻になっていた。磯田は河村の首に鈴をつける任を担《にな》い、巽から遣わされたのである。

「伊藤君、すぐに河村君との会談をセッティングしてくれ」

磯田は伊藤へ電話し、巽・河村の昼食会から一時間後、三人がヒルトンホテルへ集結する。このときの様がテープにおさめられているのだ。

ホテルに到着した磯田は、一階ロビーからエレベーターへと足早に進んだ。エレベーターに乗り込むと、両開きのドア横にある二三階のボタンを押した。目指す部屋は二三二六号室。イトマンが、秘密の打ち合わせをするために常時借りていたスイートルームだ。許は常々ここを「ヒルトン大阪のイトマン分室」と呼んでいた。

そのイトマン分室に集まろうとしたメンバーは、磯田のほか、イトマン社長だった河村良彦と伊藤寿永光である。河村と伊藤が先に待機し、部屋のなかで磯田を待っていた。エレベーターの磯田はまだ到着していない。録音テープは、部屋のなかの電話の話し声から始まっている。

「あ、河村でございます。昨日はどうも大変失礼いたしました。それで、じつは今日、お昼に巽さんと昼飯を食ったらですね。どうも話が違うんです。先生、どうしたもんでしょう」

そこへ部屋のチャイムが鳴った。河村が慌てて電話を切る。

「あ、磯田さんが見えたようですので……」

磯田は何食わぬ顔でホテルの部屋に入ってきた。間もなく伊藤も話に参加する。

「この部屋には寝室はなかったかな」

磯田が話しかけると、伊藤が緊張した声で即答する。

「隣がベッドルームになっております」

こんな調子で会談が始まった。

「やはりね、銀行が辞めろといってね。要するに河村君、それに伊藤君、君らがですね、いかにして（イトマンを）辞めるか。それにつきる」

磯田が切り出す。

「イトマンはほかにも、取引している銀行が六〇行ほどあるしね。仮にイトマンが潰れると、それらも黙っとらんしな。だからそれは避けなければな」

会談といっても、伊藤や河村の言葉は聞こえない。ほとんど磯田がひとりでしゃべっている。

「イトマンが倒産するとどうなるか。伊藤君への一八〇〇億円の肩代わりも、凍結せにゃならん。会社更生法に入っちゃうんだからね」

河村の苦虫《にがむし》を噛み潰したような表情がテープから伝わってくる。前のめりになって磯田が話す。

「このチャンスを逃したら、永久に駄目になるんですよ。（巽）頭取はその一八〇〇億円が全部返ってくるとは思ってないけど、それでも貸すいうんだからね」

磯田は必死で河村の説得にあたった。

「一六年前に、あなたにイトマンへ行ってもらって、これだけにしたんだ。呉服屋に毛の生えたような伊藤萬（後のイトマン）をね。でも、これはオール・オア・ナッシングです。それでもいかん、いうんだったら、僕はもう帰ります」

すでに磯田は三〇分以上、ひとりでしゃべりつづけていた。相変わらず、河村と伊藤の言葉はない。そしてついに業《ごう》を煮やしたように、磯田がいった。

「前の最高裁長官と検事総長、矢口、安原は二人とも僕の高等学校の六年後輩なんだ」

こう声を荒らげた。

「それで、僕はこの件でも彼らのところへ行ってね。そうしたら『磯田先輩、イトマンをなぜやらんか（摘発しろ）と検察へ矢のような投書が相次いでいる』というんだ。背任問題になるよ河村君、イトマンが潰れたらね。だからそれを避けるために、できるだけ銀行も協力するといっているんです」

磯田は、同じようなセリフを何度も何度も繰り返した。だが、それでも河村は黙っている。

住銀頭取の巽は、一八〇〇億円の融資と引き換えに、許や伊藤、河村らへ責任を押しつけようとした。かつての上司、磯田を使い、河村たちを黙らせ、不良債権処理の幕引きを図ろうとしたのである。

会談が始まって四五分が経過している。そうして、河村が初めて口を開いた。

「会長、お話はよくわかりました。しかし、私はイトマンの社長としての責任がありますんで、(答えは)ノーといわざるを得ません」

河村が磯田に反旗を翻《ひるがえ》したのは初めてといってもいい。落ち着き払ったかつての部下にこういわれ、住銀の天皇は明らかに狼狽《ろうばい》していた。

「それじゃあ、イトマンは潰れるよ。あんた、社長としての責任とは、いったいどういう意味なんや」

そういいかけた磯田の言葉を河村が遮《さえぎ》った。

「それは私が処置をいたします」

河村はあくまで社長の椅子に固執した。結果、一時間近かった三者会談も徒労に終わる。

それにしても、かつての大恩人や住銀頭取に対し、河村がなぜここまで強気に出ることができたのか。それには訳がある。

ヒントは、イトマン事件で大阪地検に押収された、河村の二種類のスケジュール帳にあった。ノートタイプのビジネス日誌と携帯用手帳である。このころのスケジュールは、やたらと空欄が目につく。いずれのスケジュール欄にも、三者会談のあった一一月七日の行動予定については、あまり詳しく書かれていない。

「一二時四〇分から巽」

秘書が記録していたビジネス日誌には、こう記されているのみだ。もうひとつの河村自身の携帯用手帳のスケジュール欄には、巽との昼食会のことすら書かれていない。ただ、この日の左ページの備考欄には、河村の自筆でこんな走り書きがある。

「亀井静香　03—508—×××」

磯田がヒルトン大阪に到着し、部屋の呼び鈴を鳴らしたとき、河村が電話していた相手。それが東京の亀井静香である。

一九九〇（平成二）年の電話番号なので、東京二三区の局番は三桁になっている。その「508」は衆議院議員会館内の番号、下四桁は当時の亀井事務所の直通電話番号である。

河村はイトマンの社長辞任について、事前に亀井へ相談を持ちかけていた。その河村を亀井のところに連れて行ったのが、ほかでもない、許永中である。

亀井自身はまだ当選三回生。当時はまだ入閣を果たしていなかったが、声の大きさには定評があった。許が河村を東京の亀井事務所へ連れて行ったのは、これで二度目になる。それが秘密会談の前日のことだ。

「先生、困りました。住銀は私の首を切ろうとしています。どのようにすればいいでしょうか。なんとかなりませんでしょうか」

河村は、亀井を前に文字どおり藁《わら》にもすがる思いで懇願した。

「あなたほどのイトマンの功労者が社長を辞める必要などない。私が全面的にバックアップしますから、任せてください」

亀井は胸をたたいた。同席した許は余計なことはいっさいいわない。

「しかし、どうにも大蔵省のほうが問題です。住友銀行としても、大蔵省の手前、私に退任を迫るつもりのようなんです」

河村が相談を持ちかけると、亀井が激昂《げっこう》していい放った。

「大蔵省っていっても、そんな権限はありませんよ。とんでもない話だ。私は土田銀行局長をよく知っているから、そういうことなら私から話をしますよ」

こう話すや否《いな》や、すぐに行動を起こした。

「おい、大蔵省へ電話してくれ」

その場で大蔵省に電話をするよう秘書へ命じ、銀行局長の土田正顕を呼び出した。

「私です。衆議院議員の亀井静香です。土田局長ですか。じつは折り入って相談したい件がありまして、一度お会いしたいのですが。こちらへ来ていただくわけにはいきませんか」

亀井は電話口で一方的にしゃべり、電話を切った。その行動力には舌を巻く以外にない。

このうえなく力強い援軍を得た、河村はそう感じた。磯田、河村、伊藤の三者会談で、河村があれだけ強気に出た理由が、ここにある。

こうして三者会談後、事態は急展開した。何者かがイトマン株を買い占め始めたのである。間もなく、「海浜開発」という聞きなれない会社が、突如イトマンの筆頭株主に躍り出た。

海浜開発とはどんな会社か、住銀内部は騒然となる。やがて、それが許のグループ企業だと判明する。「河村体制を支援する」という名目で、許がイトマン株を買い集めていったのである。

このころから、河村と伊藤の関係も危うくなっていった。河村は伊藤ではなく、許を頼り出した。結果、河村に見放された伊藤は、イトマン常務を解任されたも同然になる。以来、許・河村連合は、ますます住銀首脳部との対立を深めていく。

むろん、磯田に代わり実権を握った巽にとっても、できることならイトマン事件を表沙汰《ざた》にしたくはない。だが、かといって、許や河村の動きをそのまま放置するわけにもいかなかった。

ここで住銀首脳は、磯田時代に蜜月だった許や伊藤を切り捨て、またしても川崎定徳社長の佐藤茂らに相談する。と同時に、検察のパイプも使った。そこで、登場するのが弁護士の小嶌信勝《こじまのぶかつ》だ。大阪地検特捜部出身、「ヤメ検」の大物弁護士である。

じつはこのヤメ検弁護士が、住銀側の代理人として、大阪地検特捜部に刑事告訴状を提出している。

小嶌信勝について、許永中は、イトマン事件の捜査を組み立てた張本人だ、と力説した。恨んできたといってもいい。許は、イトマン事件は住銀事件だともいうが、それはあながち的外《まとはず》れとはいえない。その理由はたしかにある。

住友グループ「守護神」の役割

大阪地検最大の大捕物といわれるイトマン事件。特捜部の捜査が本格化したのは、一九九一（平成三）年四月二三日以降だ。この日、弁護士の小嶌信勝の手によるイトマンの告訴状が大阪地検に提出され、正式な捜査のゴーサインが出る。だが、それまでは舞台裏の話し合いが続いていた。

住銀・イトマン側から大阪地検へ告訴状を提出するにあたり、決断を下したのは、頭取の巽ら住銀の首脳だが、むろんそこにいたるまでには紆余曲折《うよきょくせつ》があった。

ヒルトン大阪の会談から五ヵ月——水面下では、「許・河村連合」と住銀首脳の暗闘が繰り広げられていった。住銀首脳の頼みが「川崎定徳」社長の佐藤茂。一方、許のリングサイドに立ったのは亀井静香である。

イトマン事件の核心は、許とイトマンとの絵画取引だといわれる。許が絵画取引でイトマンに支払うべき数百億が焦げ付いている問題だ。このときいったんはそれを解決しようと、「覚《おぼ》え書《が》き」が交わされているのである。

許は絵画取引において約六〇八億円の債務をイトマンに負っていた。両者が交わした「支払い覚え書き」によると、その債務を許が五回に分けて約束手形で支払うという話で双方が合意していたという。

1．平成三年四月一〇日、元本内金一〇〇億円
2．平成三年四月二〇日、元本内金一〇〇億円
3．平成三年六月二八日、元本内金一〇〇億円
4．平成三年九月三〇日、元本内金一〇〇億円
5．平成三年一二月二五日、元本残金二〇七億七七〇四万〇七〇一円

「覚え書き」そのものは、平成三年四月一日付になっている。そのなかにある日付は、いずれも手形決済の期限だ。とかく手形の取引は、決済日の延長や裏書保証など、複雑な形になり、問題解決の先延ばしに使われるケースが多い。ひるがえって、少なくとも住銀としては、このときまで事件化を避けようとしていた証しともいえる。

ところが、双方で交わされた「覚え書き」は、すぐに無意味になる。許が早くも二回目の一九九一（平成三）年四月二〇日の手形決済期限を守らなかったからだ。そのため、大阪地検に告訴

状が提出される前日の四月二二日、重大な会談が開かれた。住銀の代理人として、許と対したのは旧知のフィクサー、川崎定徳社長の佐藤茂だ。許によれば、なぜかそこには竹下登も参加したという。住銀と許、双方を知る大立て者、竹下登は微妙な立場だったといえる。

許が手形の決済期限を守れなかった結果、開かれた極秘会談に違いない。そして、話し合いは決裂した。許は、その直後に小嶌が動いて告訴状が出されたと語る。なぜそんな裏事情を許が知り得たのか。じつは竹下から許に連絡があったからだとも明かしているのである。

こう書くと、事件は一見、些細な誤解や対立から発生したように思える。世紀のイトマン事件も、許が佐藤や住銀側の求めに応じ、何らかの策を講じていれば事件化しなかったようにすら見える。

しかし、決してそうではない。すでにバブルの宴が幕を閉じ、政財界が自ら方向転換を始めていた。いずれ、許永中の破綻は目に見えていた。許は、そんな大きな流れに逆らい、さらに泳ぎ続けようとした。だがそれができなかったにすぎない。そして住銀をはじめ、政財界ではそれを見越していたのではないだろうか。

事件における告訴状を作成したとされる小嶌信勝は、大阪地検特捜部の検事を経て、広島高検検事長まで務めた検察OBの大物弁護士だ。住友グループの守護神ともいわれる。

小嶌は神戸の中堅ゼネコン新井組の顧問弁護士として、イトマン事件を仕掛けたといわれる。新井組と聞けば、覚えがあるかもしれない。京都銀行や雅叙園観光ホテルと同様、仕手筋コスモポリタングループの池田保次に株を買い占められた時期がある。石橋産業事件では、若築建設との合併相手として名前が挙がった。創業一族の内紛が起きた後、許が池田の後を受け、小嶌の顧問先である新井組の株を買い占めた。まるで許永中をとりまく人脈が総登場し、複雑に絡み合っているような様だ。

それから時を経て、住友グループの守護神として立場を変えた大物ヤメ検弁護士が、許の前に立ちはだかったのである。

実際、住友グループの意を受けた元広島高検検事長は、陣頭《じんとう》指揮を執って事件の立件に邁進《まいしん》する。小嶌が許の逮捕に執念を燃やしたのは事実だ。弁護士という立場でありながら、後輩にあたる大阪地検の検事たちを直接指揮したとも伝え聞く。

ある検察ＯＢが打ち明ける。

「小嶌さんは地検へ段ボール箱で事件の資料を持ち込んで、『これを調べろ』とやっていたそうです。イトマン事件では、事実上、小嶌さんが大阪地検特捜部の現場指揮を執っていたという人もいるほどです。『なんで俺たちがＯＢに命令されなあかんのか。あの人はもう検察の人間やないんやで』とこぼす検事までいたといわれます」

安原美穂

小嶌は影の特捜部長と揶揄《やゆ》された。その行為は表向き許永中という闇社会と政財界の接点を断ち切る作業だ。しかし、現実は違った。目的は住友グループを守ることだったのではないか。そして結果は政界どころか住銀にすら捜査が及ばなかった。事件を矮小化《わいしょうか》させたのは、小嶌だけでなく、元検事総長の安原美穂という法曹界の大物が住銀顧問に控えていたからだともいわれる。先の録音テープにも記録されているように、磯田も彼らのことを頼りにしていたのは疑いようがない。

一九九一年七月、イトマン事件の特別背任容疑で逮捕された許は、二年五ヵ月の拘置所生活を経て保釈される。保釈後、石橋産業を舞台に復活したかに見えた。政財界の人脈も健在だったかのように伝えられる。だが、そうではなかった。

判決が触れなかった政界工作資金

許永中はイトマン事件後、再起を期して石橋産業という舞台に挑んだ。そこでもあえなく逮捕・起訴されてしまう。

イトマン事件と石橋産業事件――。許永中は、日本の光と闇が渾然一体《こんぜんいったい》となった末に起きたこの二つの事件に日本の宿痾がすべて内包されている、といってはばからない。実際、石橋産業事件でも、表裏一体となった許の幅広い人脈が随所に見られた。政界では亀井はむろん、竹下との関係も登場する。それらはイトマン事件時代となんら変わっていなかったかのようにも見える。

以下、関係者の資料をもとに、一九九六(平成八)年の一年間に許が設定した会談を列挙《れっきょ》する。

四月一二日　亀井事務所で石橋産業から亀井静香へ三千万円提供
五月七日　同様に亀井へ三千万円

五月八日　亀井のファミリー企業「ジェイ・エス・エス」へ石橋から四千万円の振込み
五月二七日　永田町の料亭「山ノ茶屋」にて、竹下兄弟、亀井静香、金宇中《キムウジユン》、石橋浩、林雅三で会食
七月二日　築地「吉兆」にて、福本邦雄、竹下亘、石橋浩、許永中で会食
七月二六日「山ノ茶屋」にて、福本邦雄、竹下兄弟、若築建設関係者五人、日本輸出入銀行関係者、亀井静香で会食
一一月六日「吉兆」にて、許永中、亀井静香秘書二人、金宇中、韓国大使館領事二人、大宇《デウ》関係者二人で会食

このなかで四月一二日の亀井事務所でのやりとりは、石橋産業グループの林雅三が東京地裁で証言した内容と重なる。それ以外は表沙汰になっていない。また、これらは亀井や竹下が参加したものだけであり、逮捕された中尾栄一や建設省幹部との会合など、ほかの政財界への工作は除いてある。許はイトマン事件で保釈中の「刑事被告人」の身でありながら、わずか一年間にこれだけの会を開いているのだ。

なかでも、五月二七日と七月二六日、一一月六日の会合は、韓国の財界人まで招いている。出席者のひとりが話す。

「金宇中さんは大宇財閥の会長で、かつて許永中の仲介でイトマンと業務提携を結んだ人です。それで今度は日本からの円借款《えんしゃっかん》の計画を進めようとした。火力発電所の建設計画を立て、輸銀

（当時日本輸出入銀行、現日本政策投資銀行）の債務保証を取りつけようというもの。その発電所の建設工事を若築で受注しようという計画でした。そのために亀井先生だけではなく、竹下先生もご足労《そくろう》願ったのです」

許は、イトマン事件で発覚した竹下との関係を保ち続けていた。電話一本で竹下登を会合に呼び出したという。

「今度、大宇の金会長が見えるんですが、先生も時間をつくっていただけへんでしょうか」

電話の相手は実弟の亘だった。亘はためらうことなく、即答した。

「ほかでもない、野村会長からのお話ですから、喜んで行かせてもらいます」

「できましたら、亘さんもご一緒していただけませんか」

「私でよければ喜んで参ります」

一九九六年五月二七日、山の茶屋の会食前に、許永中と竹下亘はこんなやりとりを交わしたという。許はこの会合そのものには出席していない。竹下登も三〇分ほどしか席に着かず、会合を中座した。だが、それだけで抜群の効果があったのは、いうまでもない。とりわけ、二度目の山の茶屋の会合で竹下と初めて会った若築建設の幹部社員たちは、ひどく感激して舞いあがったという。

石橋産業事件は、こうした許と政財界の断ち切れない関係が遠因となっている。それは疑いようのない事実である。だが、中尾栄一の受託収賄事件以外、その実態は蓋《ふた》をされたままだ。東京地検特捜部も、ときには許と手を取り合い、あるいはそれを利用して肥《こ》え太ってきた政財界へメスを入れることはついになかった。

　東京地裁の一審判決から三年半後の二〇〇六（平成一八）年一月三一日、東京高裁で控訴審判決が下った。

「被告人許永中に対しては、原審の懲役七年を破棄し、懲役六年とする」

　一年減刑されただけの実刑判決だ。判決では、許がばらまいたとされる「政界工作資金の一〇億円」にはいっさい触れず、「詐欺ではない」という懸命の訴えも通用しなかった。許の上告は、二〇〇八年二月一二日、最高裁で棄却され、この判決は確定した。

　在日韓国人二世の実業家として選択してきた、裏社会と政財界のパイプ役という歩み。判決はある意味、その立場そのものがぐらつき、否定された結果ではないだろうか。

エピローグ

たしかにある時期の許永中は、光り輝く政財界と暗い闇世界の接着剤として、その力をいかんなく発揮してきた。許が長年にわたって築きあげてきた人脈は、裏社会や政財界のみならず、華やかな芸能界にまで及んでいる。しかし、一九九九（平成一一）年に身柄を拘束されて以来、すでに一〇年ほど自由を奪われている。

二〇〇二（平成一四）年一月、先妻の藤田紀子と正式に離婚し、逃亡生活をともにした金美佐子と獄中結婚をしたことは、知られていない。さらに、そのほかにもうひとり、韓国でひそかに彼の子どもを生んだ女性もいる。そんな明《あ》け透《す》けな話を書簡《しょかん》で伝えてきたこともある。反面、許の置かれている現実は絶望的である。

大阪中津のスラム街で生まれた在日二世は、他の同胞に比べても、ことのほか腕力が強く、頭の回転が速かった。おまけに、「心根の優しい」少年だ。そのため、幼いころから周囲に頼りにされた。

「小学生ぐらいのことやったでしょうか。一度、あの子が足に七針も縫うほどの大怪我をして帰ってきたことがありました。なぜそんなになったんか、と聞いても、『ただ転んだだけや』ていうだけなんです。おかしい思うてましたら、後で原因がわかりました。友だちの自転車が転びそうになったところを助けようとして、自分が怪我をしたんやそうです。その友だちの親御さんがうちへ挨拶にいらして、それではじめてわかったんです。決して弱いものいじめはせん。むしろ弱いもんを助けようとして無理する子なんです。捨てられた子猫を拾ってきて、『可哀相や、可哀相や』て本当に涙を流していた。そんな子なんです」

大阪・中津に住む許の最愛の姉は、弟のことを案じ続けていた。許永中のことが片時《かたとき》も頭を離れたことがないという。彼女は弟の顔を思い起こしながら静かに話してくれた。

「あの子は、小さいときから抜群《ばつぐん》に頭がよかったんです。IQテストもずば抜けてましたんや。あんまり数字がすごいんで、学校でおかしいって、なったこともありました。再検査までさせられたほどでした。だから、つい先、先を読んで行動してまう。そんなところがありました。私は、事件のことは詳しくはわかりません。けど、頭がよすぎて結果的にああなったんと違うでしょうか。弱いもんいじめは決してしません。絶対に人を騙すつもりで何かをする子ではないんです」

許は家族の自慢だった。それどころか、在日社会の期待を担っていた時期もある。

本人は手っ取り早く豊かさを手にする手段として、裏街道を歩んだ。やがて、その実行力と錬金術を駆使し、見たこともないような巨万《きよまん》の富《とみ》を手にする。大阪国際フェリーのオーナーという肩書も得た。ソウル五輪の開会式では貴賓席に招待された。それは見せかけの栄華《えいが》だったにしろ、許にとってはかけがえのないロマンの実現だった。

あくまで黒幕、悪役の道を目指した。本人もそう自覚している。ときには暴力装置を使い、また、非合法な手段を用いた。それが強力な武器ともなった。

結果、そんなやり方が日韓の両方の社会に認められた、本人はそう思ったのかもしれない。そうして、ますます裏社会と表の政財界との交流を深めていった。それが、在日韓国人二世の実業家として、許永中が選んだ生き方だった。

しかし、認められたという思いは錯覚ではなかったか。許永中はパイプ役という存在に過ぎなかったのである。だからこそ、関わりを持った人間にとって都合が悪くなれば、あっさり切り捨てられた。イトマン事件や石橋産業事件は、そうして摘発されたのではないだろうか。

しかし、それもまた、許が選んだ生き方の結末なのである。

「私もあの子がすべて潔白《けっぱく》やとはいいません。でも、人殺しをしたわけではないんです。なのに、なぜあそこまでの目に遭わなならんのでしょうか。司法のおかしさ、検察のいい加減さを本当に感じます。ほかに悪い人はたくさんいるじゃないですか。私はこんな身体ですけど、絶対にあの子が出てくるまでは死ねません。私もがんばるから、あの子にもがんばってほしい。夏の暑い日や冬の寒い日は心配で心配でたまりませんねん。どうしてるやろかて。私のことは心配いらんから、とにかくがんばってほしい。そう伝えてください」

年の離れた姉は涙を流しながら、懸命に訴えた。愛する弟に宛てた純粋な思いのメッセージである。

許永中に下された一連の事件の判決は、その身が押し潰されんばかりの重さだ。まずイトマン事件で七年半の実刑が確定し、そのあと確定した石橋産業事件判決の六年を加えると、じつに一三年半の懲役になる。

そして、その許と関わってきた人物たちの末路《まつろ》もまた、まちまちだ。大阪・中崎の豪邸脇にある石碑には、許と懇意《こんい》にしていた多くの人物の名前が刻まれていた。だが、かつてコリアンタウンにしようと夢みた豪邸はとり壊され、駐車場になっている。石碑もずいぶん減り、田中森一や境川親方の名前はもうない。もともとそこにはなかった名前は、太田清蔵、磯田一郎、河村良彦、さらに竹下登、亀井静香――。

「住銀のドン」の座を奪われた磯田は、イトマン事件摘発から二年半後の一九九三（平成五）年一二月、失意のうちに息を引きとっている。最期はアルツハイマーの病魔におかされ、痴呆《ちほう》症状まで現れていたという。八〇歳を超えた河村は、許より長い懲役九年の実刑判決を受け、刑が確定した。いったん収監されたが、高齢のため刑の執行が停止されている。晩年の磯田と同じような症状が出ているとも聞く。

一方、竹下は事件後も、自民党のキングメーカーとして君臨《くんりん》してきたが、二〇〇〇（平成一二）年六月にすい臓がんで他界した。残る亀井は、小泉純一郎の郵政民営化政策に反旗を翻《ひるがえ》し、自民党を割って出た。いまや政界における求心力はあまり感じられない。

「闇の帝王」「稀代《きたい》の詐欺師」「最後のフィクサー」「謎の日韓大物ロビイスト」……。許永中を語る表現は数多い。だが、それらはどれもあてはまらない。

黒幕と称される許永中は、日本の社会における「闇の伝達人」だった。とりわけ、政財界は、彼を歓迎し、役を与えてきた。

戦後生まれの在日二世は、身のまわりのさまざまな不条理を肌で感じ、あるいは伝え聞いてきた。暴力団組織でのしあがった在日社会の英雄も身近にいた。少年時代の許が愚連隊を率いて暴れまわっていたのも、そうした悪のヒーローに対する憧憬《しょうけい》があったからではないだろうか。だが、そこには厳然として彼らと違った現実がある。生きた時代が異なるのである。

世の中には生まれながら、犯罪者として生きるしかない人がいるという。生まれ育った社会環境や時代背景のせいで、法を破って生きていくしかない。そういう人たちがいるのは否定できない。迫害されてきたある時期の在日韓国・朝鮮人のなかにも、そういうケースがあっただろう。

許永中は自らの人生について、長く真っ暗なトンネルだと振り返った。だが、許の生き様《いざま》は決してそればかりではない。幼いころは幼稚園に通い、私立大学にも入学できた。少年時代に裏社会に足を踏み入れる必然性があったとは思えない。生きる選択肢はほかにいくつもあったはずだ。だが、けっきょくアウトローの道から抜け出せないままだった。

そのまま実業家としての成功を目指した。それでも、生まれながら図抜けた才能にあふれた在日二世は、のしあがっていく。頭の回転が速いうえ、心底優しい。だからこそ、政財界の重鎮から裏社会の大物までを惹きつけ、巻き込んでいった。彼らは、許を利用しようとしただけでもないだろう。許の周囲の人たちは、彼の人間的な魅力に惹かれていった面も否めない。

大阪国際フェリーの就航や若築建設と新井組との合併は、単なる空想ではなく、本気で実現させようとしたに違いない。しかし、じつは特別なノウハウを持っているわけでもなければ、彼を補佐する有能なブレーンを抱えていたわけでもなかった。許永中にあるのは、「闇の伝達人」としての機能でしかなかったのではないか。

それを察知した連中は、彼を利用し、やがて去っていった。むろん、日本社会が闇の世界と完全に切れることはないかもしれない。ただ、許が必要とされてきた高度経済成長期やバブル期の「闇の伝達人」という役割は終わった。

ふと気づいてみると、日本社会は変貌し、在日が活躍できる土壌が生まれつつある。在日韓国人実業家や映画監督、俳優やスポーツ選手、学者。一流企業で活躍する在日韓国人も少なくない。あらゆる分野で門戸《もんこ》が開かれつつある。

「トンネルの出口は断崖絶壁《だんがいぜっぺき》だった」

許永中はそう語った。アウトローから抜け出せなかった在日の二世は、じつは自ら歩んだ道を自覚していたのかもしれない。

その絶頂期、日本と韓国を往復する日々だった許永中は、南山の麓《ふもと》の高台に建てられたソウルのヒルトンホテルを定宿にしていた。このホテルで評判になった出来事がある。

ヒルトンホテルの近くには、韓国風おでんを売り物にした屋台がホテルを見あげるように並んでいる。屋台から見ると、ホテルはまるで別世界だ。許永中はある夜、そんな屋台の暖簾《のれん》をくぐった。そこは六〇歳を過ぎた女店主がひとりで切り盛りしている。皺《しわ》だらけの笑顔が人気の店だ。許は老女相手に焼酎をたらふく飲んだ。そして、その歳で働き続ける店主の苦労話に思わず涙した。

「アジュマ（おばさん）、ごっそうさん……」

勘定も聞かず、ポケットから日本の札を出してカウンターに置き、そそくさと立ち去った。翌日、金額に驚いた店主がホテルに届けた日本円は、一万円札にして三八枚もあったという。

（了）

参考文献

許永中「追跡15年」全データ（伊藤博敏著・小学館文庫）
住友銀行により百十年の〝のれん〟はかくして引き裂かれた（野木昭一著）
闇の帝王〈許永中〉（01年3月28日別冊宝島）
月刊朝鮮91年5月号
月刊宝石91年4月号
新大阪新聞88年10月19日

本文写真提供

共同通信社
講談社資料センター

著者略歴

森功（もり・いさお）
一九六一年、福岡県生まれ。岡山大学文学部（仏語・仏文学専攻）卒業。新潮社勤務などを経てノンフィクション作家となる。二〇〇八年、「月刊現代」の連載「ヤメ検―司法に巣くう生態系の研究」が、第一四回雑誌ジャーナリズム賞作品賞を受賞。
著書には、『ヤメ検　司法エリートが利欲に転ぶとき』『黒い看護婦　福岡四人組保険金連続殺人』（以上、新潮社）、『サラリーマン政商　宮内義彦の光と影』（講談社）などがある。

許永中《きょえいちゅう》　日本《にほん》の闇《やみ》を背負《せお》い続《つづ》けた男《おとこ》

二〇〇八年一二月一〇日　第一刷発行
二〇〇八年一二月二二日　第二刷発行

著者――森《もり》　功《いさお》
カバー写真――共同通信社
装幀――間村俊一

発行者――中沢義彦　発行所――株式会社講談社
東京都文京区音羽二丁目一二―二一　郵便番号一一二―八〇〇一
電話　編集 〇三―五三九五―三五二九　販売 〇三―五三九五―三六二二　業務 〇三―五三九五―三六一五
印刷所――慶昌堂印刷株式会社　製本所――牧製本印刷株式会社
落丁本・乱丁本は購入書店名を明記のうえ、小社業務部あてにお送りください。送料小社負担にてお取り替えします。
なお、この本の内容についてのお問い合わせは生活文化第二出版部あてにお願いいたします。
ISBN978-4-06-215167-2
定価はカバーに表示してあります。